"人类智能与人工智能"书系（第一辑）

游旭群　郭秀艳　苏彦捷　主编

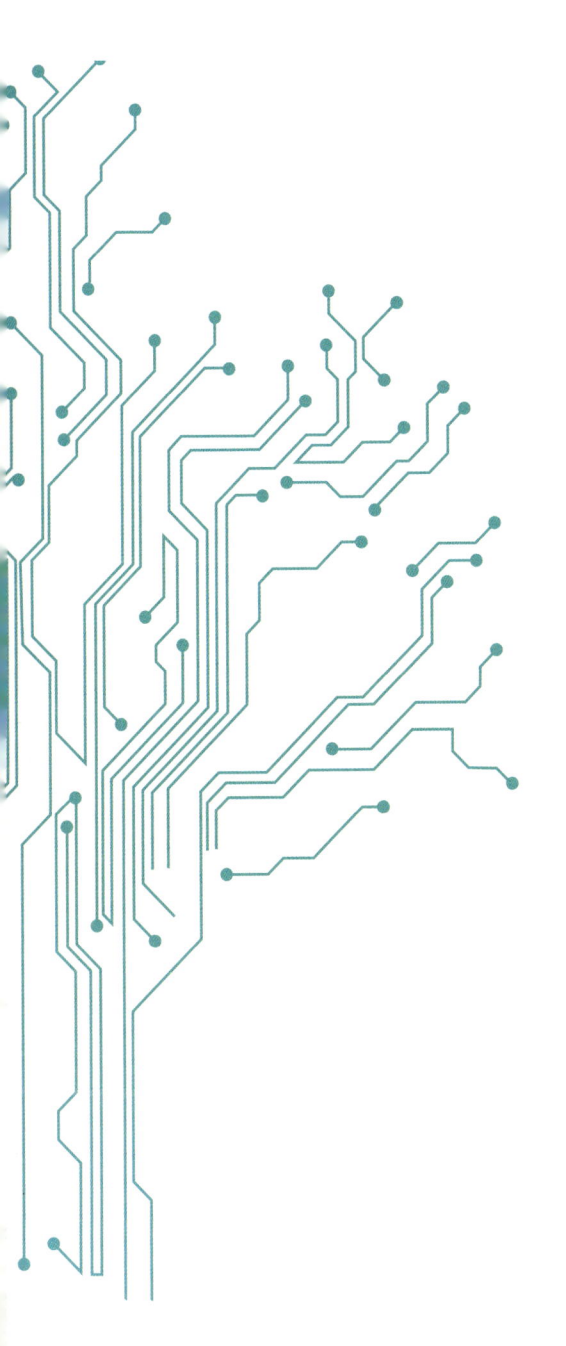

智能导学

INTELLIGENT TUTORING

张立山　胡祥恩 ◎ 著

陕西师范大学出版总社　西安

图书代号　ZZ25N0948

图书在版编目（CIP）数据

智能导学 / 张立山，胡祥恩著. -- 西安：陕西师范大学出版总社有限公司，2025. 4. -- ISBN 978-7-5695-4906-5

Ⅰ. G43

中国国家版本馆 CIP 数据核字第 2024RW1980 号

智能导学
ZHINENG DAOXUE

张立山　胡祥恩　著

出 版 人	刘东风
出版统筹	雷永利　古　洁
责任编辑	刘金茹　王红凯
责任校对	于立平　赵南南
出版发行	陕西师范大学出版总社
	（西安市长安南路 199 号　邮编 710062）
网　　址	http://www.snupg.com
印　　刷	中煤地西安地图制印有限公司
开　　本	720 mm×1020 mm　1/16
印　　张	22.25
插　　页	2
字　　数	342 千
版　　次	2025 年 4 月第 1 版
印　　次	2025 年 4 月第 1 次印刷
书　　号	ISBN 978-7-5695-4906-5
定　　价	86.00 元

读者购书、书店添货或发现印刷装订问题，请与本社营销部联系。
电话：（029）85307864　85303629　　传真：（029）85303879

总序

General introduction

探索心智奥秘，助力类脑智能

自1961年从北京大学心理系毕业到华东师范大学工作以来，我已经专注于心理学教学和研究凡六十余载。心理学于我，早已超越个人的专业兴趣，而成为毕生求索的事业；我也有幸在这六十多年里，见证心理学发生翻天覆地的变化和中国心理学的蓬勃发展。

记得我刚参加工作时，国内设立心理学系或专业的院校较少，开展心理学研究工作的学者也较少，在研究方法上主要采用较为简单的行为学测量方法。此后，科学技术的发展一日千里，随着脑功能成像技术和认知模型等在心理学研究中的应用，越来越多的心理学研究者开始结合行为、认知模型、脑活动、神经计算模型等多元视角，对心理过程进行探析。世纪之交以来，我国的心理学研究主题渐呈百花齐放之态，研究涉及注意、情绪、思维、学习、记忆、社会认知等与现实生活密切相关的众多方面，高水平研究成果不断涌现。国家也出台了一系列文件，强调要完善社会心理服务体系建设。特别是在2016年，国家卫生计生委、中宣部、教育部等多个部委联合出台的《关于加强心理健康服务的指导意见》提出：2030

年我国心理健康服务的基本目标为"全民心理健康素养普遍提升""符合国情的心理健康服务体系基本健全"。这些文件和意见均反映了国家对于心理学学科发展和实际应用的重视。目前，心理学已成为一门热点学科，国内众多院校设立了心理学院、心理学系或心理学专业，学生数量和从事心理学行业的专业人员数量均与日俱增，心理学学者逐渐在社会服务和重大现实问题解决中崭露头角。

　　心理学的蓬勃发展，还表现在心理学与经济、管理、工程、人工智能等诸多学科进行交叉互补，形成了一系列新的学科发展方向。目前，人类正在迎接第四次工业革命的到来，其核心内容就是人工智能。近几年的政府工作报告中均提到了人工智能，可以看出我国政府对人工智能发展的重视，可以说，发展人工智能是我国现阶段的一个战略性任务。心理学与人工智能之间的关系十分密切。在人工智能发展的各个阶段，心理学都起着至关重要的作用。人工智能的主要目的是模拟、延伸和扩展人的智能，并建造出像人类一样可以胜任多种任务的人工智能系统。心理学旨在研究人类的心理活动和行为规律，对人类智能进行挖掘和探索。心理学对人的认知、意志和情感所进行的研究和构建的理论模型，系统地揭示了人类智能的本质，为人工智能研究提供了模板。历数近年来人工智能领域新算法的提出和发展，其中有很多是直接借鉴和模拟了心理学研究中有关人类智能的成果。目前，人工智能已经应用到生产和生活的诸多方面，给人们带来了许多便利。然而，当前的人工智能仍属于弱人工智能，在很大程度上还只是高级的自动化而并非真正的智能；人工智能若想要更接近人类智能以达到强人工智能，就需在很多方面更加"拟人化"。人工智能在从弱人工智能向强人工智能发展的过程中，势必需要更紧密地与心理学结合，更多地借鉴人类智能的实现过程，这可能是一个解决人工智能面临发展瓶颈或者困境的有效途径。从另一个方面看，心理学的研究也可以借鉴人工智能的一些研究思路和研究模型，这对心理学来说也是一个很好的发展机会。一些心理学工作者正在开展关于人工智能的研究，并取得了傲人的成绩，但是整体看来这些研究相对分散，缺乏探索人类智能与人工智能之间关系以及如何用来解决实际问题的著作，这在一定程度上阻碍了心理学学科和人工智能学科的发展及相关人才的培养。在这样的背景下，中国心理学会出版工作委员会召集北京大学、浙江大学、复旦大学、中国科学院大学、中国科学技术大学、南开大学、陕西师范大学、华中师范大学、西南大学、南京师范大学、华南师范大学、宁波大学等单位二十余位心理学和人工智能领域的专家学者编写"人类智能与人工智能"书系，可以说是恰逢其时且具前瞻性的。本丛书展现出心理学工作者具体的思考和研究成果，借由人工智能将成果应用转化到实际生活中，有助于解决当前教育、医疗、军事、国防等领域的现实问题，对于推动心理学和人工智能领域的深度交叉、彼此借鉴具有重要意义。

我很荣幸受邀为"人类智能与人工智能"书系撰写总序。我浏览丛书后，首先发现丛书作者均是各自研究领域内的翘楚，在研究工作和理论视域方面均拔群出萃。其次发现丛书的内容丰富，体系完整：参与撰写的近二十位作者中，既有心理学领域的专家，又有人工智能领域的学者，这种具有不同学科领域背景作者的相互紧密配合，能够从心理学视角和人工智能视角梳理人类智能和人工智能的关系，较为全面地对心理学领域和人工智能领域的研究成果进行整合。总体看来，丛书体系可分为三个模块：第一个模块主要论述人类智能与人工智能的发展史，在该模块中领域内专家学者系统梳理了人类智能和人工智能的发展历史及二者的相互联系；第二个模块主要涉及人类智能与人工智能的理论模型及算法，包括心理学研究者在注意、感知觉、学习、记忆、决策、群体心理等领域的研究成果，创建的与人类智能相关的理论模型及这些理论模型与人工智能的关系；第三个模块主要探讨人类智能与人工智能的实际应用，包括人类智能与人工智能在航空航天、教育、医疗卫生、社会生活等方面的应用，这对于解答现实重大问题是至关重要的。

"人类智能与人工智能"书系首次系统梳理了人类智能和人工智能的相关知识体系，适合作为国内高等院校心理学、人工智能等专业本科生和研究生的教学用书，可以对心理学、人工智能等专业人才的培养提供帮助；也能够为心理学、人工智能等领域研究人员的科研工作提供借鉴和启发，引导科学研究工作的进一步提升；还可以成为所有对心理学、人工智能感兴趣者的宝贵读物，帮助心理学、人工智能领域科学知识的普及。"人类智能与人工智能"书系的出版将引领和拓展心理学与人工智能学科的交叉，进一步推动人类智能与人工智能的交叉融合，使心理学与人工智能学科更好地服务国家建设和社会治理。

杨治良

2023 年 7 月于上海

前言
Introduction

  智能导学是通过计算机技术、人工智能、机器学习等手段，促进教学高效率、高质量地开展。国务院于 2017 年印发的《新一代人工智能发展规划》中首次提出了"智能教育"，并明确指出要"推动人工智能在教学、管理、资源建设等全流程应用"。2019 年 2 月，中共中央、国务院印发了《中国教育现代化 2035》，强调要"统筹建设一体化智能化教学""利用现代技术加快推动人才培养模式改革"。2019 年 5 月，习近平总书记在给国际人工智能与教育大会的贺词中再一次强调："中国高度重视人工智能对教育的深刻影响，积极推动人工智能和教育深度融合，促进教育变革创新，充分发挥人工智能优势，加快发展伴随每个人一生的教育、平等面向每个人的教育、适合每个人的教育、更加开放灵活的教育。"2020 年、2021 年，中共中央、国务院发布的《深化新时代教育评价改革总体方案》和《关于进一步减轻义务教育阶段学生作业负担和校外培训负担的意见》也都明确指出，要利用人工智能等现代化技术，提升学习体验、教学评价等各个环节。总结来说，近几年我国密集发布了一系列国家级文件，促进人工智能技术在教育上的全面应用。教育部等相关部委也相应发布了《教育信息化 2.0 行动计划》等政策文件，对智能教育实施进行进一步指导。

  在该政策背景下，智能导学作为智能教育的重要组成部分，近年来逐渐受到教育从业者和研究人员的关注。业界也出版了一系列有关智能教育的书籍，探讨了当前的热点问题和典型应用，形成了各类相关专业（如教育技术、教育心理学等）的重要学习材料。然而，市面上尚缺乏对智能导学相关理论和技术进行系统性介绍的专业书籍。为了填补这一空白，本书从智能导学研究领域的诞生开始讲起，详细阐述了与智能导学相关的理论、技术、应用及其效果，并对智能导学未来研究要面临的伦理挑战和发展方向进行了展望。

全书分为以下五个部分：

第一部分主要讲述了智能导学研究领域近几十年不断发展壮大的过程，以及支撑研究发展的教育心理学和学习科学经典理论基础。早期的智能导学研究者几乎都具有心理学专业知识基础，甚至很多研究者本身就是知名的心理学家。因此，这一时期的智能导学在很大程度上是为了验证心理学理论的应用效果，研究者普遍对实际教学效果的关注有限，很难看到与智能导学有关的规模化应用。在这一时期，研究者对智能导学的导学模式形成了共识，定义了智能导学的外循环和内循环。随着以深度学习为代表的人工智能技术的迅猛发展，研究者愈发关注智能导学中一些具体功能的规模化，比如学生的知识水平追踪、状态预测、课程推荐等。然而，无论是智能导学中所涉及的具体算法，还是智能导学作为一个整体与人类教师的共处方式，都面临着继续发展的困境和挑战，智能导学和人类教师之间的相互理解程度还非常有限。第一部分的最后对这一困境做了具体阐述。

第二部分主要讲述了智能导学融入人工智能技术的方法路径。这一部分内容以智能导学系统的通用框架为牵引，分别对通用框架的四个部分（学生模块、教学模块、领域知识模块和用户接口模块）的研究发展做了总结。学生模块以知识追踪等学生模型为引擎，追踪记录学生在认知、元认知、情绪等方面的状态变化，为个性化的智能导学提供基础。教学模块通过加载有效的教学模型，依据学生的状态变化情况和领域知识模块所记录的教学内容，实施具体的教学干预行为。领域知识模块则定义了教学内容的组织方式，为前面教学模块的实施提供"弹药"。用户接口模块则规定了智能导学与学生包括老师的交互方式，沉浸式的交互体验可以有效提高教学实施的投入度。

第三部分通过四个案例详细介绍了智能导学如何融合认知、元认知、情绪调节等理论，并展示了其实际的导学效果以及相应的评估方式。首先，介绍了基于经典学习间隔效应的应用案例，该导学系统显著提升了学生获取编程知识的效果。接着，介绍了利用元认知策略提升学生系统动态建模能力的导学系统。在此基础上，进一步阐述了智能导学中情绪调节对认知和元认知的作用效果。最后，介绍了智能导学在探究学习这种相对开放的学习模式下的应用方式和作用效果。

第四部分探讨了智能导学与人类教学的关系，阐述了智能导学技术与人类教师和谐共融，并在实际教学过程中相互学习、共同提升的可能性。本部分以课堂教学、线上教学、线上线下混合的协同阅读教学等典型教学场景为例，详细阐述了智能技术在这些场景中辅助人类教师或是与人类教师协同的应用模式以及相应的效应评估方法。最后介绍了导学系统在实际教学中实现自我提升的探索研究。这部分内容对于应对当前智能技术迅速发展情况下的教育变革挑战，具有重要的意义。

第五部分对智能导学在我国教育信息化政策支持下的发展做出了展望。智能导学旨在通过个性化学习的方式，提高学生单位时间的学习效率。而学习效率的提升，将有助于缓解学生的学习压力，因此智能导学对于减少课业负担和课外培训负担（"双减"）具有重要意义。另一方面，大语言模型的出现，将会对智能导学的增益效果形成进一步的动力。

在本书撰写之际，恰逢ChatGPT等大语言模型开始风靡全球。随着以GPT

为代表的新一代生成式人工智能技术的发展和应用，智能导学的研究也正经历着翻天覆地的变化。当前的生成式人工智能技术（可能在诸位读者看到本书之际，又发生了新的重大进展），已经可以在少量提示词的情况下，自动生成大量高质量的教学内容，甚至能够生成具体的教学脚手架，这两部分生成内容分别对应了智能导学系统通用框架中的领域知识模型和教学模型。这种利用生成式人工智能技术的构造方法，大大有别于构造领域知识模型和教学模型的经典技术方法，可以显著减少人力的需求。然而在另一方面，笔者认为智能导学系统的经典通用框架，以及通用框架中每一部分的行为功能设定，即使在新一代生成式人工智能的时代仍旧是有效的。同样，本书所介绍的典型应用场景，也不会因为底层技术的更迭而失去其效用。相反，这些应用案例可以为有志于从事智能教育应用的技术人员提供充分的参考资料，并使读者了解智能导学应用的科学评估方法。第四部分所探讨的智能导学与人类教学的关系，在当下的智能时代显得更加重要。随着时代的发展，人类教师不仅需要和智能导学携手进行教学，还需要能够与研究人员进行智能导学的协同设计，在实际教学中不断优化智能导学行为，这种人机共融、相互促进的教学生态，将会是未来教育的一个重要特征。

  本书既可作为教育技术、智能教育等相关研究者的参考书籍，也可作为相关专业研究生或本科高年级课程的教科书使用。

著者

2024 年 11 月 2 日

目录
Catalogue

第一部分　智能导学的起源与发展 ……001

第1章　智能导学系统的诞生 …… 003
1.1　人类问题解决的研究 …… 005
1.2　早期经典智能导学系统 …… 008
1.3　智能导学相关研究社区和会议的建立 …… 016

第2章　一对一的智能导学 …… 021
2.1　一对一智能导学如何"导"？ …… 023
2.2　智能导学的外循环 …… 025
2.3　智能导学的内循环 …… 031

第3章　人工智能与智能导学的携手共进 …… 035
3.1　人工智能技术的迅猛发展 …… 037
3.2　智能技术驱动的学生知识追踪 …… 039
3.3　线上教学辍学率的自动预测 …… 041
3.4　个性化课程推荐 …… 042

第4章　智能导学的发展困境 …… 045
4.1　智能导学中的算法挑战 …… 047
4.2　智能导学、人类教学如何共处？ …… 050
4.3　智能导学中的伦理问题 …… 055

第二部分　智能导学中的人工智能 ⋯⋯⋯⋯⋯⋯⋯ 059

第 5 章　智能导学的"智能"体现在哪里? ⋯⋯⋯⋯⋯ 061
　5.1　智能导学系统的通用技术框架 ⋯⋯⋯⋯⋯⋯⋯⋯ 063
　5.2　学生模块 ⋯⋯⋯⋯⋯⋯⋯⋯⋯⋯⋯⋯⋯⋯⋯⋯ 066
　5.3　领域知识模块 ⋯⋯⋯⋯⋯⋯⋯⋯⋯⋯⋯⋯⋯⋯ 069
　5.4　教学模块 ⋯⋯⋯⋯⋯⋯⋯⋯⋯⋯⋯⋯⋯⋯⋯⋯ 072
　5.5　用户接口模块 ⋯⋯⋯⋯⋯⋯⋯⋯⋯⋯⋯⋯⋯⋯ 076

第 6 章　对学生状态的自动感知 ⋯⋯⋯⋯⋯⋯⋯⋯⋯ 079
　6.1　学生认知状态的感知 ⋯⋯⋯⋯⋯⋯⋯⋯⋯⋯⋯⋯ 081
　6.2　学生元认知的感知 ⋯⋯⋯⋯⋯⋯⋯⋯⋯⋯⋯⋯ 085
　6.3　学生情感状态的感知 ⋯⋯⋯⋯⋯⋯⋯⋯⋯⋯⋯⋯ 090

第 7 章　灵活个性化的教学 ⋯⋯⋯⋯⋯⋯⋯⋯⋯⋯⋯ 095
　7.1　教学反馈的时机与内容 ⋯⋯⋯⋯⋯⋯⋯⋯⋯⋯ 097
　7.2　适应性教学脚手架 ⋯⋯⋯⋯⋯⋯⋯⋯⋯⋯⋯⋯ 101

第 8 章　沉浸式的交互 ⋯⋯⋯⋯⋯⋯⋯⋯⋯⋯⋯⋯ 105
　8.1　游戏化场景中的教学 ⋯⋯⋯⋯⋯⋯⋯⋯⋯⋯⋯⋯ 107
　8.2　XR 技术下的沉浸式学习体验 ⋯⋯⋯⋯⋯⋯⋯⋯ 109
　8.3　与学习者的多模态交互 ⋯⋯⋯⋯⋯⋯⋯⋯⋯⋯ 114

第三部分　智能导学的效果 ⋯⋯⋯⋯⋯⋯⋯⋯⋯⋯⋯ 117

第 9 章　学习间隔效应促进的编程学习 ⋯⋯⋯⋯⋯⋯ 119
　9.1　学习间隔效应 ⋯⋯⋯⋯⋯⋯⋯⋯⋯⋯⋯⋯⋯⋯ 121
　9.2　导学系统的构建 ⋯⋯⋯⋯⋯⋯⋯⋯⋯⋯⋯⋯⋯ 122

9.3　导学系统的实证效果 ·············· 127

第10章　智能导学手把手教动态系统建模 ·············· 135
10.1　系统动态建模的学习难在哪里？ ·············· 137
10.2　导学系统的构建 ·············· 142
10.3　系统的实证效果 ·············· 150

第11章　教知识的同时抚慰情绪 ·············· 159
11.1　学习中情绪调节的作用 ·············· 161
11.2　基于情绪调节导学系统的构建 ·············· 170
11.3　系统的实证效果 ·············· 183

第12章　智能导学下的探究学习 ·············· 185
12.1　探究学习的"痛点" ·············· 187
12.2　针对探究学习导学系统的构建 ·············· 190
12.3　导学系统的效果 ·············· 194

第四部分　智能导学与人类教师的共融 ·············· 197

第13章　教师与智能导学携手课堂教学 ·············· 199
13.1　课堂活动导学系统 ·············· 201
13.2　课堂活动导学系统与教师的协同 ·············· 203
13.3　课堂活动导学系统的效果 ·············· 206

第14章　协同设计
　　　　——一线教师参与智能导学的研究 ·············· 211
14.1　为什么一线教师要参与智能导学的研究？ ·············· 213
14.2　一线教师参与智能导学研究的几种方法 ·············· 216

III

第15章 智能导学技术支持下的协同阅读 ·············· 221
15.1 几种典型协同阅读批注系统 ················ 223
15.2 自研协同阅读批注系统的构建 ·············· 226
15.3 系统的实证效果 ························· 236

第16章 让线上辅导变得更有效 ···················· 249
16.1 人类一对一教学的实践与分析方法 ·········· 251
16.2 线上一对一教学的支持系统 ················ 254
16.3 线上一对一教学支持系统的评估方法 ········ 256
16.4 线上一对一教学的优与劣 ·················· 261

第17章 在教学中提升
——智能导学系统的雄心 ················ 265
17.1 智能导学系统的适应性学习与强化学习 ······ 267
17.2 智能导学系统能够自我提升的基本步骤 ······ 269
17.3 协同阅读批注系统中的干预策略提升方法 ···· 272

第五部分 展望 ···································· 275

第18章 新时代教育下的智能导学 ·················· 277
18.1 智能导学之于"双减" ···················· 279
18.2 大语言模型在教育中的应用 ················ 282

参考文献 ·· 287

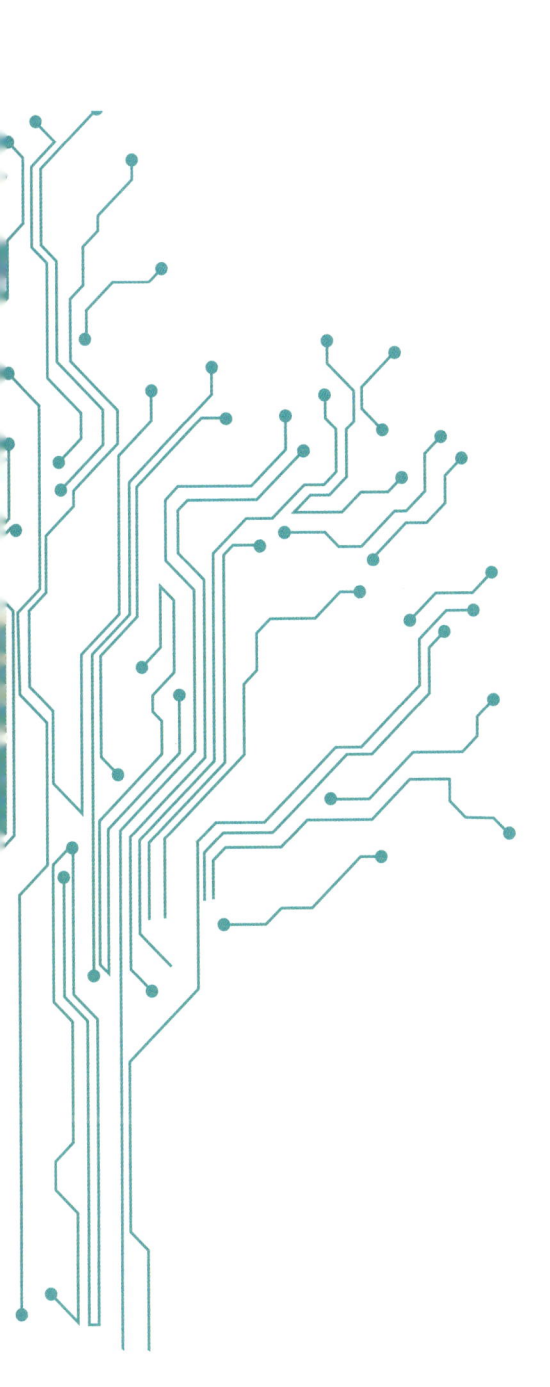

第一部分
智能导学的起源与发展

第1章
智能导学系统的诞生

智能导学系统（intelligent tutoring systems，ITS）的相关研究起源于20世纪七八十年代，迄今大约经过了50年的发展。其主要研究对象从最初实验环境下的一对一教学，逐步发展到了当前线上线下融合实际场景下的个体自主与群体协作教学，并研究这些教学场景所关联的一系列技术和应用问题。然而在ITS研究高速发展并不断复杂化的同时，也出现了很多问题。比如很多研究过于关注某个技术点的突破，缺乏技术在系统集成中的整体思考以及教育技术应用背后的学习科学理论支撑。另一方面，很多成熟的教育心理学和学习科学理论，虽然在小规模实验研究中取得了很好的效果，但缺乏智能导学应用研究的转化。本章通过对ITS最初阶段发展的回顾，阐释学习认知理论和人工智能技术研究者在初始阶段的协作研究模式，以期对当前新一轮的跨学科研究带来一些启示。具体来讲，本章将首先回顾"问题解决"（problem solving）的相关经典研究，揭示其与人工智能和智能导学的关系。接下来，介绍早期ITS的诞生和发展。最后，介绍与智能导学研究相关的国际社区和相应的会议。

1.1 人类问题解决的研究

"问题解决"是指从初始状态出发寻找实现目标的方法的过程,与领域、初始状态、目标和手段高度相关。其中,领域专业知识通常起着重要作用。正如 Chi 和 Glaser(1985)所描述的那样,领域专业知识在个人解决问题的表现中起主导作用,受过教育的成年人可能会表现出对领域一般问题出色的解决能力。然而,年轻学生在解决复杂领域一般问题方面具有不同水平的能力(OECD,2014),这催生了向这些学生教授领域一般问题解决技能的巨大需求(Greiff et al., 2014)。

问题解决中的经典任务是汉诺塔任务,如图 1-1 所示。任务中有三根立柱和三个大小不一的碟片。在初始状态,三个碟片都放在最左端的立柱上,问题的解决者需要通过

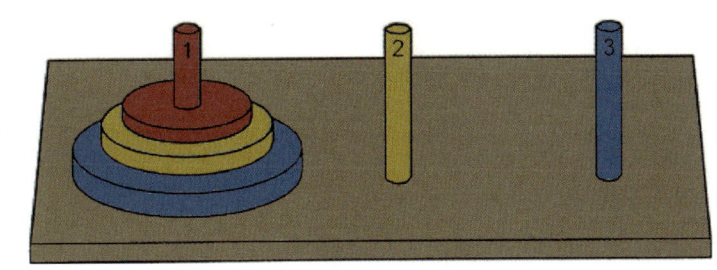

图 1-1 汉诺塔任务

一系列移动碟片的操作将这三个碟片都移动到最右边的立柱上,这个是问题解决的最终目标。在移动过程中,操作者需要遵守碟片摆放的顺序,即大碟片永远放在小碟片的下方。为了完成相应的移动操作,操作者在问题解决的过程中,通常将最终目标分解并定义成一系列的子目标,通过对所有子目标的完成,最后实现最终目标的完成。像这类清晰定义了问题初始状态、最终需要达到的目标状态以及状态转移过程中需要满足的限制条件的问题,我们称之为界定清晰的问题(well-defined problem)或良构问题(well-structured problem)。

不同于界定清晰的问题和良构问题，另一种问题是界定不清的问题（ill-defined problem）或称病构问题（ill-structured problem）。这种问题往往在某些方面没有描述清楚，解决问题所需要的信息并没有全部包含在问题的描述当中。比如写一篇文章或者设计一个房屋。在写文章的时候，作者往往只知道文章的主题和字数等限制，并不会清楚文章最后的样子。在设计房屋的时候，设计者只知道房屋的设计风格以及面积等限制条件，同样无法精确预计房屋设计的最终结果是什么样子。因此，如何解决这类问题并没有一个统一的流程，也无法确定应该采用怎样的步骤来解决。

基于良构问题和病构问题各自的特点，早期的心理学家都是在前者上的研究比较多，也比较充分，而且良构问题的解决过程也更容易被计算机程序所实现。心理学家通过建立出声训练技术，让问题解决者在解决问题的过程中描述其解决问题的步骤，用录音设备进行记录，并在实验之后进行转录和分析，从而得出每个实验个体具体是如何解决问题的以及他们的问题解决策略。而这种问题解决策略则可以通过计算机程序进行模拟，从而使得计算机可以依照类似的模式解答问题。

另一方面，先验知识也会在很大程度上影响问题解决的过程。然而，汉诺塔这类问题则几乎不需要问题解决者具备任何先验知识，因此在利用这类问题进行心理学研究时，可以忽略个体先验知识上的差异对其问题解决过程的影响，使得研究者能够更加清晰地剖析个体问题解决能力对其问题解决过程的影响。

人们解决问题的过程可以认为是一个信息处理（information processing）的过程，问题解决者首先通过阅读题目对问题所描述的初始状态、最终状态、状态转移的限制在头脑中进行表征，然后通过不断改变问题当前的状态，将初始状态转变为最终需要达到的目标状态。研究者认为，包括问题初始状态、最终目标状态以及所有中间状态在内的所有问题状态都可以表征为空间中的点，而这些点之间的连接，则是在问题解决过程中可以实施的动作。问题解决者通过实施相应动作，实现问题状态之间的转移。一个问题的解题空间即是由所有连接问题初始状态和最终目标状态的点和线所组成的集合，所以一个解题空间中可能包含很多解题路径，但只有其中的一条或为数不多的几条路径可以实现从问题初始状态到最终目标状态的成功转变。而一个特定的解题过程就是在解题空间中进行搜索，以找到这些解题路径。其中，状态转移的次数代表了问题解决路径搜索中的深度，每一步状态转移过程中可选状态的数目决定了问题解决路径搜索的宽度。

问题解决路径的搜索方式也就是问题解决的策略。教育心理学研究者总结出了几种常见的问题解决策略，包括方法目标分析（means-end analysis）、子目标法（sub-goaling）、假设检验法（generate-and-test）等。

方法目标分析：在明确目标状态和初始状态的前提下，分析目标状态与初始状态（即当前状态）的区别，然后选择一种能够减少目标状态和初始状态差别的方法，并且实施该种方法，从而使得问题的当前状态发生改变，从初始状态转变为一种与目标状态差距更小的状态。而后，再次分析目标状态和当前状态的区别，并选择执行相应的方法，以此来逐渐减少目标状态和当前状态的差别，最终使得当前状态转变为目标状态。

子目标法：因为直接完成问题解决这一最终目标往往难度很大，子目标法将最终目标合理分解为若干相对容易达成的子目标。当所有的子目标都被达成的时候，最终问题解决的目标也就相应达到了。子目标法常常与方法目标分析一起使用。

假设检验法：假设检验法是由问题解决者首先提出若干可达到转移状态的假设，然后通过应用相应方法对当前状态进行转化，并观测当前状态是否转化为预期的状态。如果应用相应方法后，当前状态没有发生预期的转化，就说明该假设不成立，可以尝试其他的假设并进行检验，重复此过程直至目标状态达成。该种方法适用于相对简单的问题场景，对于复杂的问题，该种方法可能会使问题解决者陷入不断地试错当中。

人类解决问题的基本策略为 ITS 理论的构建提供了重要的思路和线索。ITS 的一个基本思路就是在学生问题解决的过程中提供相应帮助，从而促进学生的学习。

1.2　早期经典智能导学系统

ITS 从计算机辅助学习（computer-assisted learning，CAL）系统演化而来。这两者最显著的区别在于，后者只能提供一种线性的学习体验，忽略学生的回答，无法提供个性化学习反馈和体验。最早线性教学模式的 CAL 系统可以追溯到 20 世纪 50 年代，由心理学家 Skinner（1958）提出。学生在该系统中依次回答一系列填空问题，无论学生的答案正确与否，在回答完当前题目之后，系统都会进入到下一题。由于这种学习模式可能会对学生产生错误认知的强化，因此在 20 世纪六七十年代涌现出了一批适应性学习系统。早期的适应性学习系统在已有线性学习模式的基础上加入分支模块，通过比对学生答案的模式判断学生答案的正确性，从而引导学生进入相应下一需要学习的问题。然而，随着分支数量的增加，有效组织学习问题和相应学习资料变得越来越复杂。因此，适应性学习系统的研究者开始致力于研究基于规则和参数产生具体学习问题的方法，这些系统在产生学习问题的同时还需要生成相应的解题方法。但是，这一阶段的学习问题自动生成方法需要对每一类问题的具体表达形式进行非常具体的定义，所生成问题的可变参数非常有限，这些学习问题也无法与学生需要掌握的知识点产生任何关联（Sleeman，1983）。比如，一个代数问题的模板可以

是 $x+a=b$，这里面的 a 和 b 可以被任意整数所替换，在 a 和 b 确定之后，就可以生成一个具体的代数计算问题。而近年来随着深度学习算法和大语言模型的广泛应用，学习问题的自动生成再次成为研究热点。与早期的学习问题自动生成研究所不同的是，基于深度学习问题生成算法所产生的问题表达，并不受限于问题模板，因此也就更具多样性。

从20世纪80年代中后期开始，为解决适应性学习系统中学习问题零散，缺乏基于学生知识体系组织的问题，研究者们开始确立了ITS的基本特点。不同于适应性学习辅助系统，ITS需要明确所要教授的"领域知识"，建立领域知识模型用于存储相应的知识内容，并且在学生学习解决领域问题的过程中提供提示和反馈等教学服务。此种形式ITS的实现，就需要集合人工智能技术、心理学模型以及教育学理论，相应地，也就需要这三个方面研究人员的通力合作。这个四十年前就达成的跨学科共识，在今天显得更加重要。因此，优秀ITS的研发一般需要满足四个方面的条件：（1）明确界定所需教授的领域知识；（2）动态追踪学生的学习表现和认知状态；（3）针对学生解决问题的步骤和状态提供细颗粒度的教学干预；（4）能够与教师和学生形成有效的协同，甚至在使用过程中形成导学系统的自我提升。

早期的典型导学系统基本能在一定程度上满足前三个方面的要求，但随着ITS研究的不断推进，研究者越来越关注第四个方面的内容。

以下将对几个经典的ITS进行介绍。

1.SCHOLAR

SCHOLAR起源于1970年，由Carbonell（1970）提出，是公认的第一个完善的ITS，为后续ITS的研究奠定了理论基础。在SCHOLAR系统中，学生通过英文的自然语言句子与系统进行交流，系统也可以提问的方式与学生进行互动。SCHOLAR系统主要教授学生南美洲的地理知识，所要教授的知识通过语义网络进行组织。这样的好处在于，系统可以通过语义网络的概念节点和概念节点之间的连接关系进行简单的规则推理，从而得出一些语义网络中没有直接存储的事实信息。比如，在语义网络中存储了"巴西位于南美洲""巴西首都是巴西利亚"这两则事实，则可以根据规则"如果 A 位于 B 并且 A 的首都是 C，那么 C 位于 B"推断出"巴西利亚位于南美洲"这个新的事实。这种规则实时推演的方式可以有效降低语义网络需要存储的事实的数量，从而减少对于存储空间的需求，也能降低人工输入事实的工作量。在 SCHOLAR 中语义网络所存储的信息也是理想情况下学生要学习的所有知识内容，导学系统可以通过对语义网络中节点的标识来记录相应学生对于知识点学习的覆盖情况。当学生对某一具体问题进行作答的时候，SCHOLAR 会利用关键词匹配的方式，检测学生的答案是否覆盖了题目所对应语义网络中的所有信息。然而，这样也意味着该系统无法理解学生的错误答案。在学习问题引导方面，SCHOLAR 可以根据语义网络中所存储的关系，选择一个大主题下的小主题让学生进行有针对性的学习，但该系统并不包含复杂的学习主题选择策略。无论如何，SCHOLAR 是具有里程碑式意义的第一个 ITS。在这个导学系统中利用语义网络清晰定义了领域知识模型，利用语义网络上的特殊标识定义了学生模型，即对知识点掌握的覆盖情况，还定义了基于语义网络的学习主题选择方式，即教学模型。初步建立了 ITS 的框架。

2.SOPHIE

SOPHIE 最早出现于 1975 年，由 Brown 等人（1975）研发，并经历了五年的持续开发，迭代了三个版本。SOPHIE 同样是让学生和导学系统通过自然语言进行互动，但不同于 SCHOLAR 的是，SOPHIE 致力于为学生提供更加开放的问题解决过程，让学生在解决问题和 debug（方案纠错）的过程中进行学习。SOPHIE 教授学生电力系统问题排查的相关知识。学生需要给出自己的问题排查方案，然后 SOPHIE 通过语义检测的技术来理解学生的方案，并对学生的方案形成批评和改进建议。这种建议不只是针对方案细节，还有方案策略方面的。学生可根据所收到的批评和建议对自己的方案进行调整和改进。值得一提的是，SOPHIE 在美国国防部的在职训练当中进行了小规模使用，这是早期 ITS 的一大突破。另外就是 SOPHIE 所实现的相对开放式学习方式，为后续诸如 Betty's Brain 等很多学习系统提供了启发，起到了举足轻重的作用。

3.WEST

WEST 是由 Burton 和 Brown（1979）的团队研发的，它在某种意义上是 SOPHIE 的副产品。WEST 被认为是最早提供游戏化学习场景的 ITS。该系统实现了一个类似桌游的走棋游戏，允许两个真实的学生玩家对战，或者让学生玩家与电脑对战。玩家移动的步数取决于三个骰子的随机点数以及玩家提供的计算方法。玩家在移动时，可以用任何合法的计算方式对这三个点数进行组合运算，以达到指定的位置。玩家的计算方式将与导学系统存储的最优计算方式进行比较。当系统检测到玩家的计算与最优计算不同时，将会根据差异，对玩家进行教学干预，以提高学生的计算能力。

WEST 系统教授的运算相对简单，主要是个位数的整数运算。该系统在小学课堂中进行了对比实验验证，研究发现学生非常享受这种游戏化学习环境。相比于有教学干预的条件，学生会更享受没有教学干预的游戏化学习环境，并自主进行运算学习。WEST 系统的成功为后来的众多游戏化学习 ITS 开辟了道路，促进了这类导学系统的快速发展。

4.Cognitive Tutor

Cognitive Tutor 由卡内基梅隆大学在 1996 年开发完成（Aleven，Koedinger，2002）。系统界面如图 1-2 所示。非常难能可贵的是，时至今日，其后续衍生的 ITS 和命题工具（cognitive tutor authoring tool）仍然活跃在很多科学社区当中

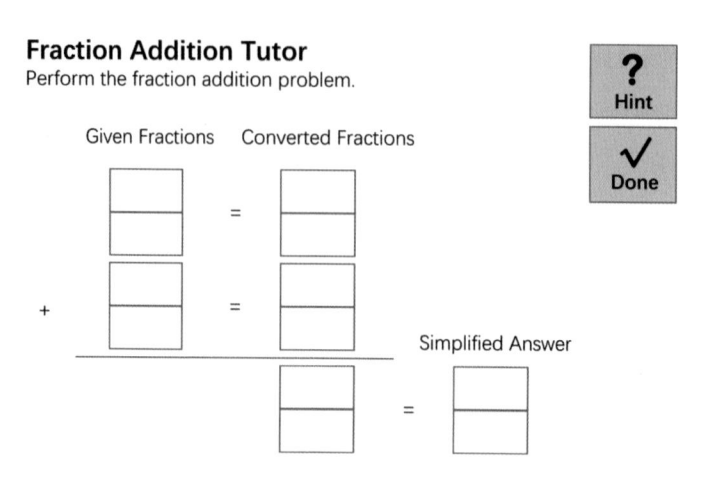

图 1-2 Cognitive Tutor 的界面示意图

（来源：http://ctat.pact.cs.cmu.edu/）

（Matsuda et al.，2015）。另外，以 Cognitive Tutor 的成功研发为基础，Carnegie Learning 公司得以成立，并同样活跃在大众视野之内。Cognitive Tutor 在二十余年的发展过程中，为 ITS 在产、学、研三方面的结合提供了一个非常好的样本，同时也培养了一大批这方面的学术和产业界人才，极大地促进了该领域的发展。就此 ITS 的功能来讲，它主要针对小学数学领域提供智能服务，让学生通过补全运算过程的方式进行学习和练习。Cognitive Tutor 的领域知识模型提供了多种命题方式，比如示例、专家规则等。为了更好地为学生提供教学辅导，Cognitive Tutor 不但可以识别学生正确的计算结果，也可以通过其所构建的漏洞规则（bug rules）识别学生错误的计算结果，从而针对学生的典型错误给出反馈。除了反馈，学生在不知道如何作答的时候，还可以向导学系统索要提示，导学系统会根据学生所在的解题路径给出下一步提示。学生回答的正确性、索要提示的行为都会被记录在系统的日志文件当中。为了方便对学习行为进行分析，Cognitive Tutor 以及之后提到的 Andes 等这一时期的 ITS 统一了学习行为记录的格式，建立了 DataShop，提供学习行为记录的云空间并内置实现了常用的若干学习行为分析方法（Stamper et al., 2010）。Cognitive Tutor 所记录的学习行为也常常被用作学习行为分析教学的样例数据。可以说 Cognitive Tutor 对近二十年 ITS 的发展有着奠基性的作用。

5.Andes

Andes 是与 Cognitive Tutor 同时期的 ITS，由匹兹堡大学研发完成（VanLehn et al., 2005），主要面向物理学科提供导学服务。学生在该导学系统中除了可以一步步代入物理公式的数据完成物理练习题目，还可以画受力分析图以辅助题目作答。系统界面如图 1-3 所示。该系统同样提供了对学生答案的即时

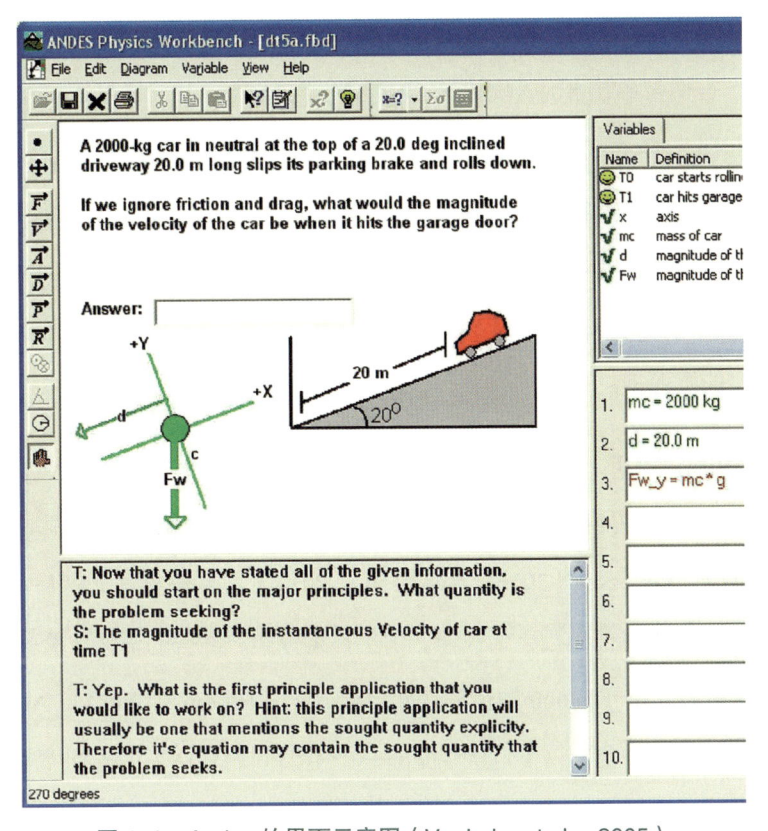

图 1-3　Andes 的界面示意图（VanLehn et al., 2005）

反馈和提示功能。导学系统对每一个提示构造提示序列，在学生索取提示的时候，系统会按照提示序列给予学生提示。序列前端的提示往往比较模糊，而最后一个提示会直接告诉学生正确答案。这种提示的构造方式也带来了滥用提示（help abuse）的风险，即学生通过直接查看最后一个提示来快速完成题目，导致没有实际学习效果，这与学生对拍照搜题等教学辅助软件的滥用本质上是一样的。这种现象的出现，促进了后续很多关于"帮助"使用的元认知智能助手的研发。此处所说的"帮助"可认为是导学系统中的提示与反馈。Andes 还实现了基于规则的自动解题功能，系统首先识别出题目所有的已知条件以及问题所需要到达的目标状态，然后通过对于已有物理公式所组成解题空间的搜索，形成问题解决路径。这样的好处在于，Andes 可以根据学生的具体作答情况给出相应解题路径上的提示与反馈。由于研发 Andes 的匹兹堡大学和研发 Cognitive Tutor 的卡内基梅隆大学在地理上都属于匹兹堡这所城市，所以两所大学智能导学方面的研究人员有着非常密切的交流。前面所提到的 DataShop，就是由两所大学共同成立的匹兹堡学习科学中心（Pittsburgh Science of Learning Center，PSLC）一起构建完成的，这个中心也是众多智能导学研究的发源地。

6.AutoTutor

AutoTutor 利用自然语言模拟人类导师，促进学生表征或解释领域知识中的主要概念（Graesser，2016；Nye et al.，2014）。系统界面如图1-4所示。AutoTutor的重要特征包括会话代理、学生答案分类、回答的语义评价、课程脚本和教学材料。基于Bloom的传统认知目标分类（Bloom，1956），AutoTutor采用了五步指导框架：（1）导师提出一个主要问题；（2）学生回答问题；（3）导师根据学生的回答给予适应性反馈；（4）导师与学生共同改进答案；（5）导师评估学生的理解（Nye et al.，2014）。已有研究验证了AutoTutor在不同学科的有效性，发现AutoTutor与人类导师相比达到了类似的学习结果，并显著优于材料阅读（Graesser et al., 2004; VanLehn et al., 2007）。以往有一些研究者在AutoTutor中探讨了提问对观察学习效果的影响。一部分研究发现通过增加深度问题进行对话的观察学习可以更有效地促进学习者的学习成绩（Craig et al., 2004, 2006; Driscoll et al., 2003; Gholson et al., 2009）。但也有研究未能成功复现通过增加深度问题促进对话学习效果的设计（Craig et al., 2009, 2012; Sullins et al., 2010）。可见研究者对于这种教学干预存在一定的争议，而这类争议其实也普遍存在于教育研究当中。

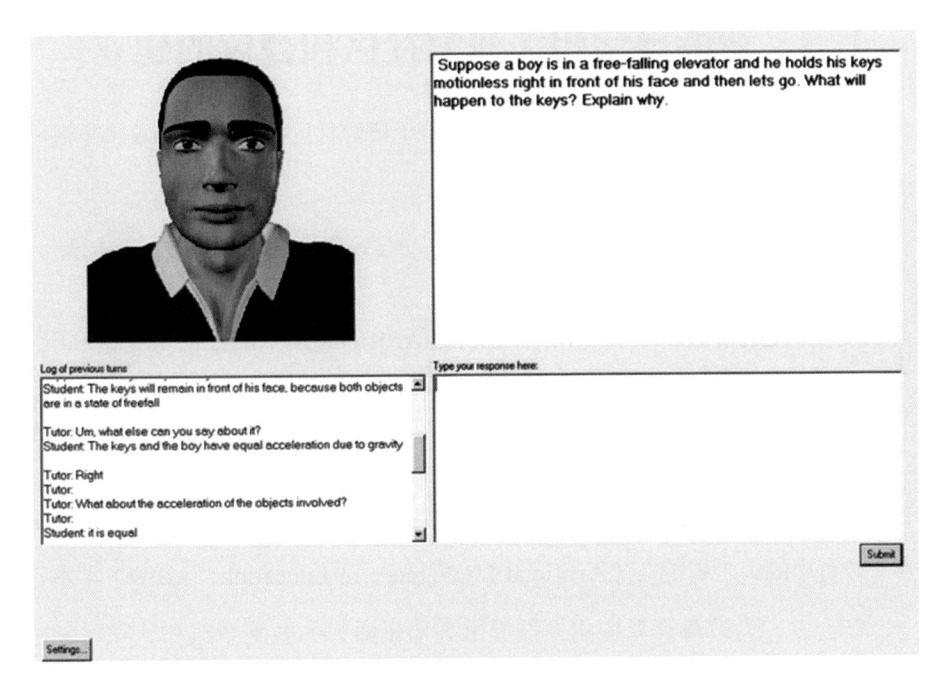

图1-4　AutoTutor的界面示意图（Graesser et al., 2004）

通过对早期ITS发展的回顾可以发现，这些导学系统提供了非常完备的实现框架理论，这些理论在今天仍然适用，并且指导着新的ITS的研发。早期的ITS在计算机技术不够完善的前提下，还怀有很大的雄心，集成了自动题目生成、自动问题解答等技术。这些技术由于实现相对复杂，在2000年后的ITS中已经罕有集成应用。随着近年深度学习算法和生成式大模型的高速发展，相关技术的研发再次成为众多研究者关注的热点。另外，许多早期ITS在其应用过程中都发现了帮助滥用的问题，这也在拍照搜题等教学辅助软件出现后，再次得到广大人群和研究者的关注。从心理学和计算机科学的发展进程来看，众多研究者也再次感受到了人工智能发展和认知科学、心理学紧密结合的重要性，智能导学也迎来了其高速发展的新春天。

1.3 智能导学相关研究社区和会议的建立

智能导学的研究在发展过程中形成了若干研究社区和相应的会议，下面将对这些社区和会议一一进行介绍。

1. 国际人工智能教育学会

国际人工智能教育学会（International Artificial Intelligence in Education Society，IAIED）成立于1997年，是一个关于计算机科学、教育和心理学领域前沿的跨学科社区，自成立以来，已有来自40多个国家的1000多名会员加入。学会由执行委员会管理，旨在支持全球范围内的人工智能教育发展。每年会举办"教育中的人工智能"（Artificial Intelligence in Education，AIED）学术年会，年会以"为教育计算应用领域提供高质量研究的智能系统和认知科学方法"而闻名。会议主要关注的主题包括：人工智能如何塑造不同类型的教育，如何推进智能交互式学习系统的科学和工程，如何促进智能技术在教育领域的广泛采用，如何与各种教育利益相关者接触，包括研究人员、教育从业者、企业、政策制定者以及教师和学生。会议不断制定更广泛的议程，探讨新的满足实际需要的研究思路，以构建支持学习的智能技术生态系统。另外，该学会还拥有自己的国际AI教育期刊IJAIED（International Journal of Artificial Intelligence in Education）。

2. 学习分析研究学会

学习分析研究学会（Society for Learning Analytics Research，SoLAR），成立于2011年，之后迅速受到了广泛的关注。它是一个跨学科的国际网络，旨在引领那些致力于探索教学过程、学习过程、培训过程或学习者成长发展分析研究的学者。SoLAR每年都会举办"学习分析与知识"（Leanring Analytics and Knowledge，LAK）学术年会，以促进学习分析研究者的交流与合作。近年来，LAK年会关注的主题包括：利用数据和建模理解教与学的过程，追踪教学过程的分析方法、模型和技术框架，以人为中心的教学设计方法，数据驱动的教学决策，学习分析的实际应用评估，以及学习分析的伦理和适用性等问题。此外，该社区同样拥有自己的学习分析国际期刊。

3. 智能导学系统研究国际会议

智能导学系统研究国际会议（International Conference On Intelligent Tutoring Systems，ITS）是一个涉及计算机技术、认知科学、人工智能、增强现实、虚拟现实、游戏化学习环境等跨学科领域的学术会议，首次举办于1988年。其近年的主题主要包括：智能导学技术、面向少数群体共同体的学习环境设计、人工智能在教育中的应用、对虚拟世界中人类学习方式的分析理解、机器行为对人类学习的影响、泛在学习、智能导学中脑机接口技术的应用、技术支持的小组学习、虚拟学习代理与同伴等。ITS是智能系统组织（Institute of Intelligent Systems，IIS）的分支会议。IIS是一个历史悠久的国际组织，专注于人工智能与系统相关跨学科研究。该组织不仅关注教育领域的智能系统研究，还涉及体育、交通、环境等多个领域的智能系统研究。

4. 大模型在线学习国际会议

大模型在线学习国际会议（Learning@Scale，L@S）成立时间较短，首次举办于2014年，隶属于计算机协会（Association for Computing Machinery，ACM），专注于大规模在线学习，尤其是大规模开放在线课程（massive open online course，MOOC）的学习，同时也关注线上、线下的混合式学习。新冠疫情暴发之后，很多原本在线下开展的学习不得不转移到线上，这一转变带来了诸多新的挑战。例如，由网络访问问题导致的不公平现象。这些由大规模线上学习引发的问题和挑战，都是该会议近年来关注的重点。

5. 人机交互国际会议

人机交互国际会议（ACM Conference on Human Factors in Computing Systems，CHI）是ACM旗下最负盛名的人机交互会议，被中国计算机学会（China Computer Federation，CCF）评定为交叉领域的A类会议，首次举办于1982年。该会议并不仅是针对智能导学或教育相关的研究，其涉及的学科范围非常广泛，包括人机交互设计、教育、艺术、科学探索、工程等多个领域。其近年所关注的主题包括：人机交互智能系统、可视化研究、编程工具研发、界面设计、智能代理技术、技术的伦理问题、在线远程学习、交互式学习支持系统、XR技术、用户建模、感知技术、产品易用性研究等。尽管CHI会议的主题广泛，但每年都会有与智能导学相关的研究文章发表。

6. 国际学习科学学会

国际学习科学学会（The International Society of the Learning Sciences，ISLS）于1995年举办了第一次学术年会。它是一个致力于对现实情境下的学习开展跨学科实证研究的专业学会，同时也关注如何用各种技术或非技术手段辅助学习。其成员来自认知科学、教育心理学、计算机科学、人类学、社会科学、信息科学、神经科学等多个领域，汇集了对学校、家庭、工作场所和社区等不同场景学习体验感兴趣的研究人员。ISLS致力于扩大学习科学的影响和相关性，挖掘其改变未来学习和协作方式的潜力。该学会拥有计算机支持的协作学习（Computer Supported Collaborative Learning，CSLS）和国际学习科学（International Conference on Learning Science，ICLS）两个国际学术会议以及相应的国际学术期刊，这些平台为计算机支持的协作学习和学习科学各个方面的研究提供了学术交流的场所和途径。

7. 亚太计算机教育应用学会

亚太计算机教育应用学会（The Asia-Pacific Society for Computers in Education，APSCE），成立于1989年，旨在亚太地区乃至国际范围内推动计算机技术在教育中的应用研究，并促进相关研究成果的传播。该学会鼓励和支持研究人员的学术活动，致力于培养一个由年轻和资深研究人员共同构成的、充满活力的研究社区，并提高成员国研究人员的国际认知。学会每年会举办"国际计算机教育会议"（International Conference on Computers in Education，ICCE），主要关注的主题包括：智能导学与适应性系统、计算机辅助的协作学习、先进学习技术与学习分析、课堂与泛在学习、游戏化学习、技术增强的语言教学、教师教育信息化等，在亚太地区产生了广泛影响。

8. 全球华人计算机教育应用学会

全球华人计算机教育应用学会（Global Chinese Society for Computers in Education，GCSCE）旨在加强和提升全球华人在教育领域应用信息技术的研究，并展现教育信息技术中的中国文化和语言特色及其认知。自1997年起，学会每年举办一次会议，供来自全球关注计算机教育应用的华人学者、一线教育工作者和政策制定者互相交流学术研究工作与成果。近年来，会议主要关注的主题包括：学习科学与计算机辅助的协作学习、泛在学习、游戏化教学、教师信息化发展、技术增强的文科教学、智能学习环境、学习分析、STEM 与创客教育、教育信息化政策等，为华人学者和中小学的教育实践者提供了广阔的交流平台。

第 2 章
一对一的智能导学

一对一的智能导学系统是发展历史最长也最为成熟的智能导学系统（ITS）。一般来说，其使用场景是用于帮助学生完成课后练习，加强学生对某些有难度知识点的理解。如上一章所介绍的 Cognitive Tutor 以及 Andes 都是典型的一对一 ITS。一对一 ITS 以人类的一对一教学为黄金参考标准，将人类一对一教学的开展和实施方式融入 ITS 的设计原则中，即通过在特定知识点上模拟人类一对一教学来实现自动的智能导学。这样，学生就可以按照自己的节奏进行课后学习，并同时得到类似于专家教师的个性化辅导。这种个性化的导学方式非常适合当前教育部所推行的课后延时服务政策。然而，需要指出的是，针对特定知识点构造有效的一对一 ITS 所要花费的成本是巨大的，既需要支付学科教师、教学研究者等的人力成本，也需要耗费不断打磨调试系统功能的时间成本。这就意味着，相关研究和工程化需要选取有难度和受众广泛的知识点进行一对一 ITS 的研发，否则就失去了其实际应用价值。

为了使读者能够进一步了解一对一 ITS 设计的基本准则，本章将介绍这类智能系统的典型导学行为。但这些导学行为的实现方式和背后的算法，并不是本章介绍的重点，它们将在后面的章节分门别类地进行详细介绍。本章的第一节介绍一对一 ITS 导学行为的总体框架，其将导学行为大体分成规划练习路径的外循环和支撑学习任务内教学支架的内循环（VanLehn，2006）。第二节和第三节将分别介绍 ITS 外循环和内循环的导学行为。

2.1 一对一智能导学如何"导"?

一对一 ITS 一般可以认为通过外循环和内循环两个层次来实施导学行为（VanLehn, 2006）。外循环是帮助学生选择一个适宜的学习任务或练习题目，学生完成该学习任务后，在系统的辅助下再次选择一个学习任务，以此构成选择学习任务、完成学习任务的循环，从而不断提高学生对知识的掌握水平。与此相对的内循环是指，学生在完成当前学习任务的过程中，系统首先给予相关答题步骤的提示，学生根据提示完成相应答题步骤，系统基于学生的完成情况给予反馈，学生根据反馈修改当前答题步骤或直接接收下一答题步骤的提示并进行作答，由此构成完成学习任务或练习题目的内循环。总体功能框架如图 2-1 所示。

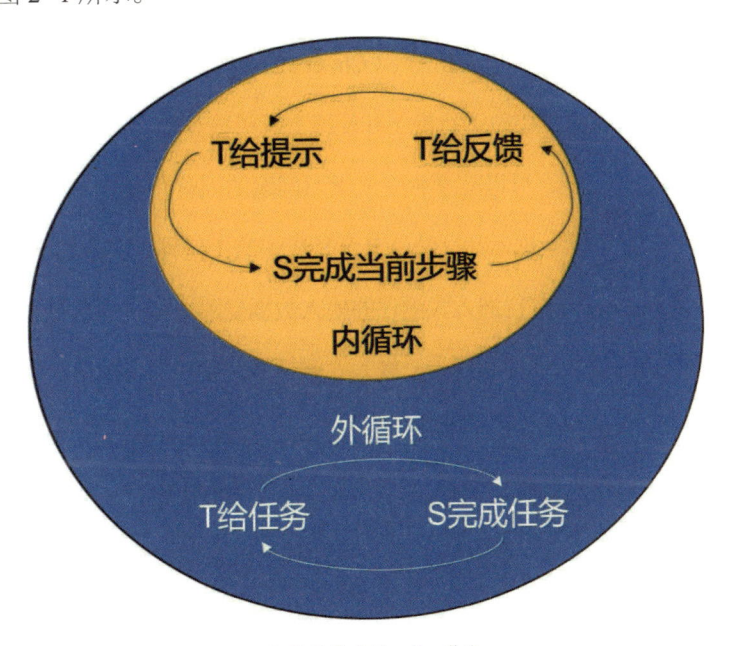

T—智能导学系统；S—学生。

图 2-1 智能导学系统内循环和外循环行为示意图

外循环和内循环的设定参考了人类一对一教学辅导的开展方式。比如，在传统的一对一教学中，教师首先通过提出一些诊断问题来评估学生的水平，然后依据学生的水平选择适当的学习题目让学生完成。在学生完成题目的过程中，教师会适时地给予提示和反馈，帮助学生顺利完成题目并学习相应的知识点。学生完成题目后，教师会依据学生刚才的表现选择下一练习题目。不同于一般的智能导学系统，教师在缺乏学生当前水平信息时，会主动提出一些问题来评估学生水平，从而实现练习题目的适应性选择。而ITS往往缺乏这种灵活性的评估，通常通过外部信息（比如成绩单）来建立对学生水平的初始设定，或假设学生对所学知识点处于某一平均水平。在正式开始导学以后，ITS会像教师一样依据一定的策略选择学习问题供学生作答。

在作答的辅导过程中，教师同样比ITS具有更强的灵活性。他们会根据所观测到的学生作答情况主动给予提示或反馈，甚至在学生回答正确时也进行教学干预，以确认学生是否真正掌握了相应知识点（Chi et al., 2001）。相比来讲，ITS必须基于"步骤"这一最小识别单位进行提示和反馈。为了提高导学的灵活性，很多ITS集成了嵌入式测评功能，可以在学生完成学习问题的同时，对其知识掌握水平进行评估，以决定是否给予提示和反馈，甚至是应该给予何种的提示和反馈（Chi et al., 2011）。然而，ITS进行嵌入式测评的输入数据受限于系统的交互方式。如果ITS通过自然语言文本实现导学行为，嵌入式测评模块就只能依据学生回答文本评估其知识掌握程度。相比而言，教师可以通过观察学生的做题行为、回答问题的语气甚至表情等不同维度和模态的信息，实现对学生学习状态的实时评估。这种基于多模态数据的学习状态评估也是ITS的一个重要研究方向（D'Mello，Graesser，2012；Kaklauskas et al., 2015），本书将在后续章节进行详细描述。同时，这种基于多模态数据的嵌入式评估也会大大增加导学系统的复杂程度。

总结来说，一对一 ITS 通过内外两个循环层次尽可能地模拟了人类教师在一对一教学中的智能表现，适应性地提供了学习问题和解决学习问题时的内部脚手架。但是，ITS 还难以实现人类教师在教学过程中所体现出的灵活性，无法低成本地通过多种模态数据有效感知学生的学习状态，也难以动态地选取合适时机进行教学干预。目前，ITS 还只能通过预设的途径感知并评估学生的学习状态，并按照预定义的时间点和颗粒度进行教学干预。只有当这种预设的感知途径足够丰富，预定义的颗粒度足够细致，内外循环的决策选择足够适宜时，ITS 才能表现出媲美人类教师的教学效果（VanLehn，2011）。

2.2 智能导学的外循环

一对一 ITS 的外循环即是由选择学习问题、完成学习问题两个主要动作所构成的循环。在选择学习问题这一动作上，导学系统可以通过练习选择菜单、智能推荐等方式为学生提供导学服务。学生完成学习问题后，导学系统会针对学生的整体表现进行评价和反馈，进而加深学生对相关知识点的理解和掌握。本节将分别对学习问题选择和学习问题完成情况的评价两个方面导学行为的具体形式进行阐述。

1. 学习问题选择

1）固定顺序学习问题选择

学习问题的选择是外循环的起始点，其最基本的表现方式是让所有使用该 ITS 的学生，按照一个统一的既定顺序来完成学习问题。该种方式外循环的个性化也就仅仅体现在每名学生能够按照自己特定的节奏完成学习问题。虽然固定顺序的学习问题选择方式简单直接，但并不意味其效果不好。实际上，传统教学中教师布置的课后作业正是采取了这种固定顺序的练习问题机制。这些练习问题的选择和顺序的安排都是由一线任课教师根据其多年教学经验所沉淀形成的，且适合其教授学生的平均水平，这也使得这种最简单直接的学习问题选择方式在很多时候是十分有效的。从机器学习智能算法的视角来看，我们可以将练习问题的选择和顺序的排列作为机器学习算法最终的输出结果，相应的优化目标是该练习序列给学生带来的学习收益，任课教师就如同一个优化模型，能够不断地对练习问题进行优化调整。通常，任课教师在首次教学时主要参考教科书或其他教辅材料，相对随机地选择若干习题作为课后作业，这可视为模型参数的初始化。学生完成作业后，教师通过学生的答题情况、课堂表现、考试成绩等多种渠道来评估作业布置的合理性，进而进行习题的增删和顺序的调整，即优化模型参数。当教师最终停止调整习题时，意味着完成了模型的训练，并最终形成一个稳定有效的习题组合和顺序。

ITS 中固定学习问题顺序的制订，大都来自专家的教学经验。因此，上述分析也揭示了固定顺序学习问题选择的弊端：其实际教学效果很大程度上取决于教师日常所面对的学生群体。同一习题顺序对某一学生群体可能是总体有效的，但对另一学生群体可能效果就不那么理想。这就引出了另外两种更加个性化的习题选择方式。

2）学生自主进行习题选择

为了增加外循环中习题选择的个性化，一种常见的做法是通过菜单的形式展示所有的练习题目，让学生自主选择下一习题。然而，学生往往可能由于对自身水平评估不够准确或对题目难度及所涉及知识点不够了解，而难以选择最适宜的题目进行练习。为解决这一问题，ITS 采用不同的标志来可视化表征学生对于每个题目所涉及知识点的掌握程度，帮助学生了解每个题目相对于其自身水平的难度。当学生感觉状态良好时，可以选择挑战难度相对较高的题目；当感觉学习上困难较大时，可以选择相对容易的题目进行知识巩固，并借此树立信心。让学生在导学系统的建议下自主选择练习题目，不仅可以增强学生的主观能动性，还能在一定程度上缓解智能系统对题目难度预测可能出现的偏差。比如，当导学系统对题目难度预测普遍偏高时，学生在做了几道练习之后就会发现，标识的题目难度比其自身所认为的题目难度要低，这样在其之后的练习中，就会选择难度更大的题目，以减少难度预测偏差带来的影响。

3）依照教学法选择学习任务

能够选择适宜的题目开展学习实际上体现了学生的元认知能力，即学生有效开展学习活动的能力。然而，并不是所有学生都具有良好的元认知能力。有些学生会持续选择其已经熟悉的题目开展练习，对已经掌握的知识点进行过度的巩固。也有学生会在先验知识不足的情况下选择超前学习，不仅浪费了宝贵的学习时间和精力，还可能打击了学习自信。因此，导学系统有时会基于成熟的教学法进行学习任务和练习题目的推荐，以促进学生高效学习。下面是两种最经典的教学法。

（1）掌握学习。掌握学习（mastery learning）要求学生必须按照知识点的前置和后续关系进行学习。如果知识点 A 是知识点 B 的前置知识点，那么就意味着学生只有在掌握知识点 A 之后才有可能掌握知识点 B。因此，在学习过程中，学生需要在知识点 A 上的掌握程度达到一定阈值（即视为掌握），才能开始知识点 B 的学习。假设学习任务 1 至学习任务 10 对应知识点 A，学习任务 11 至学习任务 20 对应知识点 B，掌握的阈值为 0.8。那么，学生在初始状态下只能选择学习任务 1 至学习任务 10 中的一个进行学习，只有当其对知识点 A 的掌握程度在学习过程中提升到 0.8 以上，才能选择学习任务 11 至学习任务 20 中的任务。这跟游戏中的通关设定非常类似，而知识点间前置、后续关系的定义往往需要依靠学科专家的知识。

（2）最近发展区理论。最近发展区（zone of proximal development，ZPD）将学习者的能力范围分成了现有发展区、最近发展区和潜在发展区三个区域，如图2-2所示。第一个区域是学习者不花费过多努力即可完成的任务，第二个区域是学习者需要借助一定程度的外部指导可以完成的任务，第三个区域是学习者在当前水平下无论如何也无法完成的任务。根据最近发展区理论，让学习者持续完成第一个区域的任务，只能起到强化已有知识记忆的作用；让学习者不断尝试完成第三个区域的任务，不但无法促进有效学习，还会降低学习者的学习热情；而第二个区域的学习任务最有利于学习者掌握和深化相关的知识内容，能够最大化学习收益。因此，该理论可有效指导学习任务的个性化选择，但难点在于如何精准量化个体学习者能力发展的三个区域。

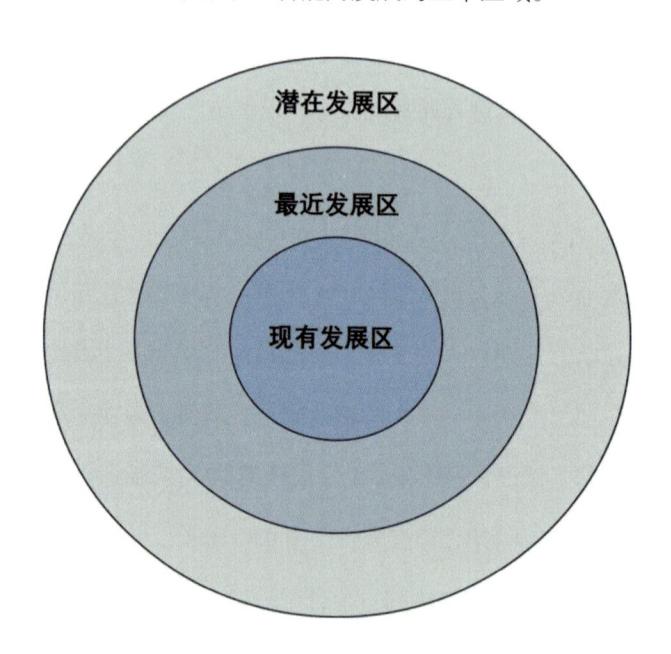

图2-2 三种不同发展区之间的关系

2.学习评价

在每个学习任务完成时，ITS可对学生在该学习任务上的表现进行评价，进而形成对学生任务完成情况的反馈，以促进学生的反思，提高学习效果。这种评价可以从多个维度进行展开，通常包括认知和元认知两个方面。

在认知评价方面，主要涉及学习任务完成的进度、正确性以及对应知识点的掌握情况。学习任务完成的进度通常与既定教学目标有关。假设当前教学目标是掌握一元二次方程的基本概念，且这个教学目标对应三个必要的序列学习任务，那么学生每完成一个学习任务时，ITS就可以告知学生当前所处的学习进度，让学生了解要完成当前教学目标还需要完成几个必要的学习任务。当然，这是一种一个教学目标对应多个学习任务的情况，还有可能存在多个教学目标对应多个学习任务的复杂情况。这种情况下，ITS需要告知学生完成当前学习任务后，哪些对应教学目标的进度得到了更新。需要注意的是，学习任务的完成进度并不代表学生在学习过程中的表现。

在多名学生处于相同学习进度的情况下，有的学生可能学习过程开展得很顺利，有的则开展得较为草率。这种差异可以通过学生在完成学习进度过程中的正确性来体现。通常，完成一个学习任务需要多个解题步骤，这里所说的正确性包含两个方面：学生首次完成这些步骤时的正确率，以及学生的总体正确率。举例来说，如果一个学习任务包含10个步骤，而一名学生在首次尝试完成这些步骤时全错了，但在第二次尝试时都对了，那么他的首次正确率就是0，而总体正确率为0.5。一般认为，首次正确率更能反映学生的水平，因为在实际测验中，学生往往只有一次尝试的机会。相对地，总体正确率在一定程度上反映了学生修正错误答案的努力程度，同时也可以为首次正确率过低的学生提供一些安慰。

正确性反映了学生完成当前学习任务的情况，而学生在对应知识点掌握情况的更新，则反映了学生学习过程的总体开展情况。每个学习任务都可以对应多个教学知识点，并且每个教学知识点也可以对应多个学习任务。基于这种映射关系和学生在所有已完成学习任务上的表现，ITS根据其学生模型（在后面章节进行详述），可以计算并更新学生在每个知识点上的掌握情况。当学生在完成学习任务后收到这些掌握情况的反馈时，他们就可以对自己的学习效果有一个大概的了解，清楚自己薄弱和擅长的知识内容，让学习更加有的放矢。此外，当ITS采用掌握学习策略进行学习任务推荐时，学生也能更加清晰地了解推荐的原因。

就实施学习评价的形式而言，ITS往往采用嵌入式测评（embedded assessment）的方式，即在学生完成学习任务的同时实施测评。在介绍嵌入式测评之前，我们首先需要了解一下经典的测评方式，即通过单独组织的测试来评价的学生能力。经典的测评方式主要利用项目反应理论（item response theory，IRT）及其衍生的算法模型，其中三参数Logistic模型（简称3PL模型）是最为常用的数学模型。它使用猜测系数、项目难度、区分度三个参数，结合代表学生个体能力的变量，计算学生在每个测试项目（即通常所说的题目）上答题的正确性。相应地，在答题正确性已知的情况下，则可以实现对这些参数和学生能力的估计。3PL模型的计算公式为

$$P(\theta) = c + \frac{1-c}{1+e^{-Da(\theta-b)}}$$

其中，a为区分度，b为项目难度，c为猜测系数，D为常数（通常为1.7），θ为代表学生能力的变量。

嵌入式测评的实现，通常需要完成四个不同方面的定义，即概念模型、任务模型、事件模型以及分析模块。概念模型是对具体要评价的待测能力或知识点的定义和描述。任务模型以概念模型为基础，定义测量任务设计的原则和基本框架，

在此就是对由学习任务与待测能力和知识点所形成对应关系的描述。事件模型是对学习任务具体内容的定义和描述，详述每一学习任务可能引发的所有交互行为，并将这些交互行为形成对应的测试项目，将学生对交互行为具体的实施作为对测试项目的回答。最后的分析模块则根据学生的"回答"，即实际实施的交互行为，利用分析算法和测评模型，实现对相应待测能力和知识点的评测。

2.3 智能导学的内循环

ITS 的内循环可以理解为系统在学生完成学习任务过程中所提供的脚手架，这种教学脚手架给予学生的帮助是以"步骤"为单位的。"步骤"作为可识别的最小单位，其实际上是由导学系统所定义的用户接口决定的。用户接口的设计直接决定了学生可执行的交互动作，这些交互动作经过处理便形成了"步骤"。下面具体举例说明一些典型 ITS 中的步骤是什么。

在一个教授代数的 ITS 中，假设学生需要求解的题目为方程 $5x+10=40$ 中 x 的值。那么，学生首先可以利用等式两边同减一个数等式依然成立的规则，将方程变形为 $5x=40-10$，此为步骤一。接下来，对等式的右边进行简单运算，将方程变换为 $5x=30$，此为步骤二。最后运用等式两边同时除以一个数等式依然成立的规则，将等式变为 $x=30/5$，此为步骤三。最后，进行等式右边的计算得到 $x=6$，此为步骤四。当然，在实际解题过程中，学生有可能跳步，此处通过"步骤"给出了最细致的解题过程。

在教授 SQL 语句的 ITS 中，学生需要通过填写一个 SQL 语句的不同部分来完成练习任务，那么 SQL 语句的每一个部分就是一个步骤。假设练习题目为列出所有 1988 年以来至少获过一次奖的电影名称及其获奖数目，并且影片名称、获奖次数、影片制作年份等信息都存在 movie 这个表中。那么学生就只需要填写 SELECT、FROM、WHERE 这三个部分的内容，而对于每一个部分内容的作答，就可以视为对该学习任务一个步骤的完成，即完成该题目需要三个步骤。特别需要说明的是，此 SQL 语句的检索条件（即 WHERE 语句）分为两个具体条件：次数大于等于 1 以及年份大于等于 1988。由于此处将 WHERE 语句整体视为一个步骤，因此 ITS 为学生提供的帮助也将以整个 WHERE 语句为单位，而不是以两个具体条件为单位。

在对话式的 ITS 中，学生通过与导学中智能代理的多轮次对话来回答问题并完成学习任务。其中，每一轮次的对话就是一个步骤。以下是一个学生与智能教师代理的完整对话轮次，其中 T 代表智能教师代理，S 代表学生。

　　T：对于当前问题的情境，你还有什么需要补充的吗？

　　S：大球和小球具有同样的重力加速度吗？

　　T：是的！

在这个对话中，智能教师代理首先提出问题，也可以视为对步骤的提示，而后学生对该问题进行作答，即完成当前步骤，最后智能教师代理对学生的作答给予反馈。

如上所述，以步骤为单位的教学脚手架主要通过提示和反馈为学生提供帮助。具体来说，反馈又可以分为基本反馈和依据具体错误形成的反馈。学生并不是完成每一个步骤都需要这些帮助，因此导学系统的设计需要考虑提供提示和反馈的时机。当导学系统确定要给学生提供提示或反馈时，它还需要决定该提示和反馈的具体形式和内容。下面我们将对提示和两类反馈分别进行详细说明。

所谓基本反馈，就是对学生解题步骤的基本情况给出最简单的反馈信息。这些信息包括但不完全限于步骤的正确性、是否为最优等。正确性不言而喻，就是告知学生当前步骤是正确的还是错误的，一般可用绿色表示正确，红色表示错误。有时虽然当前步骤是正确的，但解题路径并不一定是最优的。例如，学生正确利用已知条件和公式计算了数值，但其所计算的结果与要解决的问题无关；或是在模拟实验中，尽管学生成功完成实验操作，但是耗费了大量实验材料。因此，基本反馈还可以进一步做解法是否为最优的细分。但归根结底，基本反馈本质上是对学生所实施步骤的简单分类。在反馈时机上，可以分为即时反馈、延时反馈和按需反馈三种类型，每种反馈时机各有优劣。

依据错误的反馈一般是通过建立漏洞规则来识别学生的具体错误并给出有针对性的反馈。缺陷规则与大多计算机语言的条件语句类似，一般包含条件和结果两个部分。条件部分描述了学生错误的特征，而结果部分则描述了反馈的内容。针对每一个特定错误，导学系统通常会定义一个反馈序列，以此引导学生改正自己的错误。反馈序列可包含三个层级，层级之间由模糊至具体呈递进关系。第一层级的反馈仅仅指出学生所犯的错误，完全由学生自主进行修改。当学生进一步寻求帮助时，第二层级的反馈给学生提供模糊的改正提示。如果学生仍旧需要帮助，导学系统将会提供最后一个层级的反馈内容，即直接告知学生正确答案。在反馈时机方面，导学系统可以选择在发现错误时立即指出错误，并给出第一层级的反馈，然后让学生根据需要查看第二和第三层级的反馈；还可以选择延迟给出反馈，在学生需要下一步骤提示时指出当前步骤的错误，从而留给学生自己发现错误的机会；最后，导学系统还可以按错误进行分类，根据错误的类型或是严重程度来决定反馈的时机。

当导学系统给予学生下一步骤提示时，同样需要考虑提示序列的构成，从模糊到具体逐步引导学生的思考，争取让学生在最少的提示下完成学习步骤。在第一层级的提示中，导学系统帮助学生定位完成步骤所需参考信息的位置，让学生自主阅读、处理信息并进行思考。在第二层级的提示中，导学系统帮助学生对所涉及相关知识点进行回顾，以免学生忘记事实内容。在第三层级的提示中，导学系统则会直接给出该步骤的正确答案，该类提示又称为自下而上的提示（bottom-up hint）。在提示呈现机制方面，最常用的是将控制权交由学生，系统通过一个"下一条"的按键，允许学生通过点击该按钮浏览所有层级的提示。为了更好地提供适应性，导学系统也可以依据学生的当前状态自动选取起始的提示条目。然而，有些学生为了快速获取步骤的答案会出现滥用提示的行为。滥用提示不仅会损害学生的学习效果，还不利于养成良好的学习习惯。因此，导学系统可以监测这种滥用提示行为并对提示的使用加以限制。比如，让学生在一段时间内无法点击"下一条"按钮，以阻止滥用提示。

总结来讲，本章介绍了一对一 ITS 外循环和内循环及其基本的导学行为，这些导学行为的具体实现方法将在面后的章节进一步讲解。随着人工智能技术近些年的迅猛发展和各种教学应用平台的不断涌现，一对一的 ITS 不再是人工智能与教育唯一的结合点，下一章将对其他的一些典型结合进行介绍。

第 3 章
人工智能与智能导学的携手共进

尽管人工智能与智能导学的研究在早期有比较深入的合作，但随着人工智能技术的发展进入低潮期以及智能导学领域的壮大，两者间的交集不断减少。然而，随着近年人工智能研究热潮的再次兴起，以及教育信息化发展水平的不断提高，人工智能＋教育的交叉研究和应用再次引发了广泛关注。智能技术的发展对智能教育领域的发展形成倒逼，催生了一些有别于传统智能导学研究的实践成果。本章将首先对人工智能技术本身的发展进行回顾，而后以知识追踪、辍学率预测和个性化课程推荐三个典型应用为例，介绍因人工智能技术和大数据技术发展所产生的智能教育应用案例。

3.1 人工智能技术的迅猛发展

人工智能发展至今已有七十多年的历史，其发展过程可以分为以下几个关键阶段：1956年，McCarthy、Minsky、Shannon等科学家在美国达特茅斯学院召开会议，提出了人工智能的概念，这标志着人工智能的诞生。在这一时期，国际学术界对人工智能的研究呈上升趋势，学术交流频繁，成就了人工智能发展的第一次高潮。到了20世纪60年代，机器学习中本来十分流行的联结主义流派思想遭到了极大的挑战，人工智能技术的相关研究也随之陷入低谷。20世纪70年代，Werbos（1974）首次提出了反向传播研究算法，并将其应用于人工神经网络的研究。同时，随着计算机成本的降低和计算能力的提高，基于规则知识库的专家系统（expert system）研发得到了长足发展。20世纪80年代，反向传播神经网络得到广泛认可，基于人工神经网络的算法研究迅速发展，计算机硬件的功能也迅速提升，但互联网的迅猛发展在某种程度上降低了人们对人工智能发展的关注。进入21世纪的头十年，移动互联网的发展为人工智能带来了更多的应用场景。2015年，LeCun、Bengio和Hinton三位图灵奖获得者在《自然》杂志上发表文章，正式提出深度学习的理论与算法（LeCun et al., 2015）。该算法在语音识别和视觉识别方面取得了显著成果，使得人工智能实现了突破性发展。大数据、云计算、互联网、物联网等信息技术的迅速发展以及泛在感知数据和图形处理器等计算平台的创新研发，为以深度学习为代表的人工智能技术提供了用于模型训练的海量数据和强大算力，将人工智能的研究迅速从实验室推向了广泛的产业应用领域，实现了高精度的图像分类、语音识别、知识问答等技术的落地应用。AlphaGo的成功引发了全民对人工智能的关注，使得"人工智能+X"成为社会焦点。而ChatGPT的横空出世，更是推动了通用人工智能的飞速发展。

当前，人工智能已在多个方面融入了我们的日常生活。例如，智能语音音箱可以帮助我们操控家庭设备，新闻 APP 软件可以根据以往的阅读习惯为我们推送文章，汽车的自动驾驶系统可以辅助驾驶员进行道路驾驶，人脸识别系统可以高精度地识别身份信息。

人工智能与教育的融合也愈加紧密，主要体现在两个方面：一是以人工智能作为内容的教育即人工智能人才培养如火如荼地展开。比如，我国于 2018 年印发的《高等学校人工智能创新行动计划》、联合国教科文组织于 2019 年在国际人工智能与教育大会上发布的《北京共识》都提到了要完善人工智能人才的培养体系，培养大批的人工智能高端人才，推动人工智能的创新发展与广泛应用。二是以人工智能技术促进教育的增质增效。为了释放人工智能在各行业变革中的巨大潜力，加速第四次工业革命中产业结构的升级与重组，国务院于 2017 年印发了《新一代人工智能发展规划》。该规划明确指出，要发展智能技术在制造、农业、金融、商务、教育、医疗、交通等领域的应用。在教育领域，规划特别指出："利用智能技术加快推动人才培养模式、教学方法改革，构建包含智能学习、交互式学习的新型教育体系。"

人工智能赋能教育的最基本路径就是研发智能导学系统，从而为学习者提供个性化的教学脚手架与辅导（贾积有 等，2020），这在上一章已进行了基本介绍。然而，智能导学系统发展至今，大多是以准实验或实验室研究的形式对其有效性进行验证的，虽然对学生知识、能力甚至元认知和情绪的发展产生了许多积极的效果，但其在正式学校的常规教学中仍然应用寥寥。究其原因，是教师对智能导学系统甚至信息技术的接受程度相对不高，且导学系统的设计也未充分考虑实际教学的开展情况。

另外，人工智能的迅速发展和教育大数据的迅速累积使研究者们意识到，人工智能对教育的促进作用并不局限于教学过程，还可以体现在教育治理、教育评价、家校协同等方面（胡小勇 等，2022）。比如，在教育治理方面，人工智能技术可用于感知和预测区域学位是缺少还是过剩，为有关部门对学校的兴建和教师编制数目的调整提供参考。同时，人工智能技术还可在一定程度上缓解教育公平问题。比如，北京市于2016年启动大规模开放性辅导，通过线上平台让城镇教师为远郊区县的学生提供一对一辅导，同时利用智能技术分析教师和学生的交互情况（Zhang et al.，2021）。在家校协同方面，人工智能技术可以通过学生在学习系统上的表现，实时评估其学习效果，并将评估信息反馈给家长，帮助家长及时了解学生的情况，促进家长和学校对学生的协同培养。然而，在产生这些正向影响的同时，人工智能在教育中的应用也引发了一系列的伦理风险，比如对个人隐私数据的潜在侵犯，以及对人际关系可能产生的潜移默化的影响。

3.2 智能技术驱动的学生知识追踪

随着互联网教育的迅猛发展，一些智能导学系统的模式逐渐商业化，大规模开放在线课程（MOOC）等平台也在日益普及，这让学生在智能机器辅助下进行自主学习成为可能。然而，这些在线教育系统在提供便利的同时，也面临着挑战：学习平台上的学生人数远远超过教师数量，这导致平台在提供自主学习服务和个性化教学方面存在诸多困难。为了解决这一问题，研究人员试图利用人工智能技术来提供类似教师的指导服务。具体来说，不少研究基于学生在线学习记录，对学生的学习状态进行分析，进而为学生提供个性化的导学服务（杨丽娜 等，2020）。如何让在线教育系统做到因材施教，已成为当前智慧教育领域的重要研究课题。而对学生的知识水平进行动态评价和追踪，是个性化学习研究课题开展的基础。

知识追踪是一项通过记录、整理、分析和应用信息来跟踪个人或群体的知识掌握状态，并预测其未来学习表现的技术（王志锋 等，2021）。其实，人们在日常学习中也常常手动进行知识追踪，以更好地管理自己的学习过程和掌握的知识，提高学习效率。当人们自己进行知识追踪时，可以通过笔记本、日记、电子邮件、在线工具等来进行记录和整理。人们可以记录他们阅读的书籍、文章和网页，参加的课程和培训，以及突然间的想法。这些信息将成为一个丰富的知识库，可以帮助人们回顾和扩展他们的知识和技能。在个性化导学中，知识追踪的特点是自动化和个性化，其任务是根据学生的历史学习轨迹自动追踪其知识水平，以便能够准确地预测学生在未来学习中的表现。在这一过程中，领域知识空间被用来描述学生的知识掌握程度。领域知识空间是待学习概念的集合，学生掌握的概念集合中的部分即构成该学生掌握的知识集合。当习题与概念知识相连接，我们就可以通过学生在习题上的表现推测出他在相应概念知识上的掌握水平和未来表现。

通常，知识追踪任务可以形式化描述为：给定一个学生在特定学习任务上的历史学习交互序列 $X=(x_1, x_2, \cdots, x_t)$，预测该学生在下一个交互 x_{t+1} 的表现。问答交互是知识追踪中最常见的类型，因此 x_t 可以表示为一个有序对 (q_t, a_t)。该有序对表示学生在时间 t 回答了问题 q_t，且得分为 a_t。在许多情况下，知识追踪试图预测学生在下一个时间点能够正确回答问题的概率，即给定 X_t 和 q_{t+1}，计算概率 $P(a_{t+1}=1)$。早在 1994 年，人们就开始了针对知识追踪的研究，且已经从早期的贝叶斯知识追踪模型（Bayesian knowledge tracing，BKT）发展到了现在的一系列利用深度神经网络技术的深度知识追踪模型（deep knowledge tracing，DKT）（Liu et al., 2020；刘恒宇 等，2019）。

现有的知识追踪模型大概可以分为基于概率图模型的知识追踪、基于矩阵分解的知识追踪以及基于深度学习的知识追踪三大类（刘恒宇 等，2019）。基于深度学习的知识追踪模型能够反映长时间的知识掌握程度。相比传统 BKT 中假设知识一旦掌握了就不再会被遗忘，DKT 引入了长短时记忆模型，一定程度上模拟了知识长时间不用会被遗忘的情况，更加符合人们的认知规律，并且能够对复杂知识点间的联系进行建模，从而发现不同知识点间的内在联系。

3.3 线上教学辍学率的自动预测

随着 MOOC 的大面积普及，越来越多的学生采用远程学习的方式获取知识。虽然在线和电子学位自 20 世纪 90 年代就已经存在，但从 2010 年左右才开始受到较大的关注。远程学习并不局限于被动观看讲课视频，还包括线上论坛的互动和协作讨论等方式。新冠疫情的暴发迫使许多国家将其教育系统大规模地转移到线上，这被许多学者视为广泛采用数字技术进行教学的机会。然而，线上教学既是机会，也面临着巨大的挑战。其中，线上教学遇到的最大困难之一就是学生的低投入度以及与之相伴的高辍学率。

以 MOOC 为代表的线上学习非常便捷，全球有千万名学生参与了 MOOC 平台的课程学习，但早期缺乏智能教学辅助的 MOOC 学习往往具有较高的辍学率，高达 90% 左右（ONAH et al., 2014）。这主要可能是因为线上学习缺乏师生面对面交流，学生难以跟上教师的教学节奏。如果能够通过分析学习者的线上交互行为，提前定位潜在的辍学者，并对其实施相应的干预措施，让学习者感受到个性化关怀，提高其线上学习投入度，就有可能在一定程度上缓解高辍学率的问题。因此，国内外许多学者对学生的线上学习行为进行建模，利用机器学习、自然语言处理等方法对其辍学可能性进行预测，并制订干预策略，以降低退学风险（Feng et al.，2019；Mubarak et al.，2022）。

在辍学率预测方面，已有很多使用机器学习模型进行探索的研究。这些模型包括但不限于支持向量机、决策树、K 近邻算法、深度神经网络等。这些研究通常以 MOOC 用户的行为数据为基础数据，并使用相应的机器学习模型进行预测。例如，有研究者以 MOOC 用户的点击行为日志作为输入，计算出用户的行为轨迹，定义用户的活跃度标签，最后使用支持向量机构建预测模型（Amnueypornsakul et al.，2014）。另有研究者基于 MOOC 用户的网页点击和视频观看数据，利用支持向量机建立辍学率预测模型（Kloft et al.，2014）。还有研究者将 MOOC 用户点击数据和论坛数据作为输入，利用深度神经网络进行辍学率的预测（Imran et al.，2019），这种方法的精确率更高，但同时也需要为模型输入更多维度的特征。

在辍学原因分析方面，研究者一般通过解析辍学率预测模型和问卷调查等方式进行归因分析（Kloft et al.，2014）。MOOC 学习者通常无法坚持完成课程的主要原因包括：完成课程意愿不足、缺乏学习时间、课程难度过大、缺少学习辅助、缺乏课程学习所需的相关设备、对课程期望过高、开始学习时间太晚等。这些基于人工智能技术的分析研究有助于加强 MOOC 平台的建设，为今后降低用户的辍学率提供了依据。

3.4　个性化课程推荐

近年来，MOOC 等在线教育平台汇聚了海量的教学资源并同时服务大量的学习用户。诚然，学习者可以随时随地按照自身的需要进行学习。然而，学习者面对海量的学习资源，很难在短时间内选取适合自身的内容。因此，教学资源和学习者的适应性匹配，成为许多在线教育平台需要解决的一个棘手问题。另外，学习者感兴趣的学习路线通常是复杂的，而在线课程的教学路径往往是单一的，很难满足所有学习者的需求。在实际学习过程中，在线学习者往往缺乏类似在校学习时期的伴随式指导，难以攻克学习中的难点问题，可能导致学习信息过载，甚至上面提到的最终辍学。如何依据学习者的学习兴趣和知识水平进行个性化教学资源推荐，成为在线教育研究中的一个重点方向。相关研究主要以理论层面的探讨和一定范围内的技术尝试为主。在理论层面，研究者通过提出智能化、人性化的支持服务模型，规划设计出教学资源个性化推荐的实现策略。在技术层面，教学资源的个性化推荐与流媒体等内容的个性化推荐类似，大都基于内容、关联规则、深度协同过滤等不同类型的机器学习算法。在历史数据较为完备的情况下，这些机器学习推荐算法具有比较理想的推荐精度，但缺乏对推荐之后用户实际学习效果的评估。

在此简要列举一些教学资源推荐的典型方法。Ibrahim等人（2018）介绍了一种基于本体的个性化课程推荐方法，该方法运用本体映射技术和分层相关概念的过滤算法，根据分层本体相似性整合多源信息，旨在提高用户的学习效率和满意度。研究结果表明，使用分层相关概念的过滤算法确实起到了一定的促进作用。这种方法采用动态本体映射，非常灵活，可用于不同的学科领域。Chen（2020）提出了一种点击率模型，用于个性化在线课程推荐，该模型包含区分性用户特征、项目特征和交叉特征。另外，该研究还利用眼动追踪技术捕捉学习者的认知风格，并根据学习者的认知风格向其发送推荐课程。实验表明，这种方法提高了个性化在线课程推荐的性能。Xu（2021）提出了一种知识图谱与协同过滤相结合的个性化课程推荐算法，该算法利用知识图谱将教学资源的语义信息嵌入低维语义空间中，计算教学资源之间的语义相似性，并将该语义信息融合到协同过滤推荐算法中，以此提升推荐性能。王莉莉等人（2021）提出了一种基于学习者画像的个性化课程推荐方法，该方法通过爬虫技术获取视频弹幕网站 30 多万名学习者的数据，对学习者的学习数据进行定量分析，并采用注意力机制进行情感分析建模，利用多维度特征进行学习者画像，以提高个性化推荐的效果。

可以看出，随着人工智能技术的快速发展，其已经在知识追踪、辍学率预测、个性化教学资源推荐等多个具体技术研究领域显示出良好的效果，并在众多技术点上实现突破。但相应的智能导学系统化应用还面临着许多挑战。下一章我们将对智能导学的发展困境做进一步阐述。

第4章
智能导学的发展困境

虽然近年来人工智能技术的发展对智能导学的研究和规模化应用形成了非常大的正面促进效用，但是智能导学的发展仍面临着诸多的挑战与困境。一方面，以深度学习为代表的新一代人工智能技术本身缺乏可解释性，这给智能导学的效果评测和实际应用带来了不小的困扰。另一方面，随着智能导学影响范围的扩大，它与人类教师的相处方式以及由此催生出的伦理问题都需要得到充分的关注。本章首先举例介绍了与智能导学相关的两个算法挑战，然后进一步阐述了已有的智能导学与人类学生和教师的共处方式，最后对相应的伦理问题进行了进一步说明。

4.1 智能导学中的算法挑战

1. 智能导学效果在量化评估方面的挑战

在由人类教师和机器共同参与的智能导学中，仅仅为教师和学习者提供在线互动机会往往不足以达到预期的教学成果，提供辅导质量的智能评价对于人机协同智能导学的有效性至关重要。其中一个基本场景就是构建智能技术，自动评价教师和学生一对一在线辅导的质量，这是一项重要的挑战。很多时候人们只注意到了辅导干预的频率，常常忽视辅导干预的质量，尤其是缺乏实用和有效的方法来进行监控。

确保在线辅导质量的一种方法是聘请人工评估员。他们可以定期观看随机选择的在线辅导课程，并使用预先商定的标准对其进行评分，以区分哪些辅导是良好的以及哪些不够良好。然而，这种方法存在一些缺陷。首先，在线辅导过程非常复杂，评估标准的确定并不容易。其次，即使确定了合适的评估标准，人工评估的实施也是一个挑战。我们需要量化并确保标准的有效性和可靠性，让每位评估者都能理解评估框架，并在评估实施当中保持一致性。最后，即便我们能够准确定义评估的标准框架，并且假设每一位评估人员都能客观有效地执行评估标准，但这样的评估过程会严重依赖人力，评估成本和所需要消耗的时间成本都很高，难以大范围开展。

研究者们为此提供了一些解决方案。例如，Cukurova 等人（2022）认为可以使用算法解决相关突出问题，提出了一种监控在线一对一辅导课程质量的方法。具体解决方案为：首先，按照辅导质量评价标准框架，在标记软件的帮助下，导出在线辅导和过程标记数据。然后，使用序列模式分析算法对这些数据进行分析，以识别新出现的行为模式和频率。最后，利用识别出的序列模式及其频率值构建决策树，以对有效和无效的在线辅导进行分类。

2. 来自智能导学中智能追踪模型的挑战

对学生知识状态的精准评估是构建智能导学系统的基础。知识追踪模型作为知识状态建模的有效方法，已成为人工智能与教育交叉领域的焦点（Gervet et al.，2020）。知识追踪模型不仅可用于刻画学习者当前的知识掌握水平和认知过程，还是实现教学资源推荐、个性化学习路径生成等智能服务的重要基础。目前，知识追踪模型主要基于三类不同的技术方法，分别是马尔可夫过程、逻辑回归和深度学习，每种方法的优缺点、性能及其适用范围不尽相同。

1）基于马尔可夫过程的知识追踪模型

贝叶斯知识追踪模型（BKT）是其中最具代表性的模型，它基于一阶隐马尔可夫过程进行构建。BKT模型的工作机制为：当学习者完成一个题目的作答后，BKT模型便依据其作答正误，结合学习概率、失误和猜对概率，利用贝叶斯公式对学习者此时的知识掌握水平进行直接估计。此外，BKT模型还可以基于已有数据，预测学习者在考查相同知识点但尚未作答的题目上做对的概率。该模型具有一定的精度和鲁棒性，被广泛应用于众多智能导学系统中，为题目推荐和个性化学习反馈提供支持。

从学习者角度看，BKT模型在每个知识点上对所有学习者共用一套参数，无法区分不同认知能力的学习者。因此，Pardos、Heffernan（2010）引入了学习者的历史题目作答正确率，并将其用于计算个体学习者的初始掌握概率。此后，学习概率被进一步拆分为"来源于知识点"和"来源于学习者"两部分，并在此基础上进行参数更新。

从知识点角度看，BKT模型基于单一知识点进行建模并假设知识点之间相互独立，不适用于包含多个知识点的题目。后续研究考虑知识点间存在的关联、包含等关系时，通过动态贝叶斯网络将知识点关系进行引入。

从模型参数角度看，BKT 模型未对参数范围设限。因此，Baker 等人（2008）提出需要对参数范围的合理性进行限制，并依据实际情境动态估计每一次作答属于猜测或失误的可能性；Qiu 等人（2011）考虑时间推移的影响，在 BKT 模型的基础上增加了遗忘参数。另外，人的情感状态（如困惑、无聊）和用脑电设备表征的认知神经信息也被尝试引入 BKT 模型中。

2）基于逻辑回归的知识追踪模型

逻辑回归是一种基于逻辑函数（logistic function）的预测模型，其函数输出 y 在 [0，1] 之间取值，可以直接用于对分类任务进行建模。基于逻辑回归的知识追踪模型来源于项目反应理论（item response theory，IRT）。原始项目反应理论模型仅考虑学习者能力和题目难度，后续又引入题目区分度、猜测概率等形成多参数 IRT 模型。进一步的知识追踪模型，如学习因子分析（learning factors analysis，LFA）模型与表现因子分析（performance factors analysis，PFA）模型，更深入地考虑了学习过程对知识状态的影响，发现较近的历史作答更能反映学习者当前的知识状态，即"近因效应"。因此，衰减因子和学习者遗忘曲线陆续被引入 PFA 模型。Gong 等人（2011）假设所有知识点之间的耦合关系与学习者的能力均对知识状态产生影响，由此进一步构建了 PFA-All 模型。研究者将 IRT 模型与埃洛评分系统（Elo rating system，ERS）模型相结合，利用 ERS 模型对学习者的能力进行估计，同时利用 IRT 模型进行题目选择，从而用较少的数据准确估计学习者的能力。还有研究者将 IRT 和 PFA 相结合，并基于学习和遗忘过程引入时间窗特征，提出了集成模型，如 Vie 等人（2019）利用因子分解机将 IRT、MIRT、LFA 和 PFA 等模型集合成一个大的知识追踪集成模型。这种集成模型不仅预测性能得到了提升，并且还可以通过特征选择还原成独立模型。

基于逻辑回归的知识追踪模型充分利用逻辑函数易于实现、计算复杂度低等优点，将知识追踪问题转化为逻辑回归中的分类问题，在模型预测准确性上普遍优于基于马尔可夫过程的知识追踪模型。基于马尔可夫过程的知识追踪模型和基于逻辑回归的知识追踪模型一般都基于单一或少量知识点进行建模，且难以在长周期时间维度上捕捉学习者知识水平变化的动态特性。

3）基于深度学习的知识追踪模型

斯坦福大学的研究团队于2015年首次将深度学习技术引入知识追踪领域，提出深度知识追踪（deep knowledge tracing，DKT）模型。DKT模型通过其特有的神经网络结构，选择性遗忘一部分旧作答信息并同时记忆一部分新作答信息，从而可以在多知识点上进行知识追踪。DKT模型的底层是循环神经网络模型，这使得DKT能够基于学生表现的预测情况不断循环产生新的表现预测。DKT模型可以较好地预测学习者的题目作答情况，但无法直接输出其知识掌握水平。Pandey等人（2019）发现DKT模型不适用于作答数据稀疏的情况，因此他们利用注意力机制从历史作答数据中提取与当前知识点相关的信息，构建了第一个基于注意力机制的知识追踪（self attentive knowledge tracing，SAKT）模型。然而，随着知识追踪模型复杂程度的提升，其可解释性不断降低，这为智能导学和人类教师的有效协同带来了一定的障碍。

4.2　智能导学、人类教学如何共处？

在传统教学场景下，教师工作繁重，在授课过程中即使了解到学习者还没有掌握某些知识点，但也很难关注到每个学生具体的误解、错误信念和技能（Chi et al.，2004；Putnam，1987），进而难以提供个性化的学习指导（VanLehn，

2011），导致学生学习困难。智能导学系统（ITS）可以在一定程度上弥补这些不足。导学系统不仅可以基于认知模型及时发现学习者的迷思概念（misconception），还可以跟踪学生的问题解决步骤，进一步为学生提供多种可选择的问题解决策略。除此之外，教师也常常无暇顾及每名学生的情绪状态并给予准确适当的回应（刘凯 等，2020）。而 ITS 不仅可以提供适当的认知和情感反馈，辅助学习者进行个性化学习，还可以让系统中的智能代理扮演不同的角色，使得学生更有学习临场感。基于智能代理的指定角色，学生可以与 ITS 建立不同的关系。接下来，我们将介绍 ITS 及其智能代理所能扮演的典型角色。

1. 作为软件工具

一些 ITS 不采用任何拟人化代理，尽管可能会运用人工智能或机器学习技术，但纯粹是将它们作为软件工具，例如 ASSISTment。ASSISTment 是一个帮助学生在线完成数学作业的工具。它可以向学生提供即时反馈，并为教师提供有关学生家庭作业的准确信息，以提高教学效果（Roschelle et al.，2016）。具体来说，当学生在 ASSISTment 平台上做数学作业时，如果遇到问题，他们可以收到反馈和提示，从而纠正答案。该功能有助于学生避免重复犯同一类型的错误。同时，系统还能生成所有学生的评估报告，以便教师对未来的教学进行相应调整。一系列研究表明，ASSISTment 可以提高学生的学业成绩，并使教师能够开展形成性评估（Koedinger et al.，2010；Razzaq et al.，2005）。

2. 作为教师

一些 ITS 不仅提供智能辅导，且界面和行为也和真正的教师很像。在这种情况下，学生通常使用自然语言与虚拟的教师代理进行互动，并通过对话来学习相关概念。

在传统课堂中，教师可以概述和总结学生对问题的回答，并选择其中的一些回答来推进课堂教学。AXIS（Adaptive eXplanation Improvement System）扮演教师的角色，能够为学生的回答和疑问提出适当的解释。该系统采用了一种众包的方法，让学习者自己在平台上对未来的学习者生成、修改和评估解释（Williams et al., 2016）。与教师通常直接提供解释的方法不同，众包方法使得学习者自身也参与到了解释的生产过程中，所生成的解释能够更好地贴近学习者本身。此外，当学习者生成、修改和评估解释时，他们会对问题有更深刻的认识。他们的理解、总结、读写和自我反思的能力也可以得到相应提升，这些能力的提升对未来的学习至关重要。该系统有两个核心组成部分：学习者资源界面和解释选择策略。学习者可以在学习者资源界面编写、获取和评估解释。解释选择策略是学习者决定向未来学习者展示哪种解释的策略库。相关研究表明，AXIS 的学习收益和解释质量与教师的解释没有差异。

这一类 ITS 中最典型的是 AutoTutor，它可以通过一系列对话为学生提供指导。AutoTutor 目前被开发为一个基于对话的 ITS 家族，涵盖了不同的学科领域，包括物理、计算机科学和科学方法等（D'Mello, Graesser, 2013）。AutoTutor 使用虚拟代理模拟人类导师，从而可以用自然语言与学生进行交流，并利用自然语言处理技术追踪学习者的认知状态。因此，当学生与 AutoTutor 互动时，他们会觉得自己是在与虚拟导师而不是计算机程序对话。为了使虚拟导师与真实的人类导师足够相似，研究人员基于实际课堂教学语料库构建了虚拟导师的对话结构。这一对话结构采用五步辅导框架，具体步骤包括：（1）代理提出一个问题供学习者讨论；（2）学习者基于自己的认知水平思考和回答问题；（3）代理接收答案，尝试理解并发现学生的错误，然后给出线索或提示以帮助学生纠正错误观念；（4）虚拟代理与学生继续对话，以改进答案；（5）最后，代理测试学习者是否真正理解了最初的问题（D'Mello, Graesser, 2013）。这种方法被称为基于对话的教学法,即代理和学生共同构建答案,学生通过与代理的对话来学习相关概念。

3. 作为同学

在传统课堂中,同学扮演着重要的角色,因为学生可以通过与同学沟通协作解决问题,这对他们的学习非常有帮助(Walton et al., 2012)。然而,在在线教育平台上,由于与他人缺乏互动,学生很容易产生孤独感(Dalipi et al., 2018)。为了减少学生的孤独感,一些虚拟代理被设计用来模仿同学的行为,特别是在聊天室和论坛上(Coetzee et al., 2015; Kulkarni et al., 2015)。例如,Virtual Classmates 系统采用了虚拟现实技术来实现虚拟同学并起到支持在线教育的作用(Liao et al., 2019)。

在 Virtual Classmates 中,人类学生与虚拟同学一起观看在线课程视频。为了让虚拟同学表现得像人类学生,每个虚拟同学都被分配了一个独特的个性。这些虚拟同学会根据指定的个性自动评论课程视频。自动评论的生成是将现有的对人类学生课程视频的评论作为知识库,用以组合形成虚拟学生的评论,从而实现机器智能。具体来说,Virtual Classmates 训练了一个朴素贝叶斯分类器,将已有人类学生评论映射到虚拟学生,并选取合理的时间点展现评论。当人类学生观看课程视频时,他们就可以看到这些评论,比如"我之前想先学他的课""我喜欢课程开始时的音乐"等,从而感到也有一些同学在一同观看课程视频。这种虚拟代理可以潜在地减少人类学生的孤独感,并使他们保持学习动力。

4. 作为学生

ITS 中的虚拟代理也可以作为人类学生的学生。在这种情况下,教中学理论使学生能够借助人工智能技术教授虚拟代理,并在教学的同时学习相关知识。

换句话说，人类学生在这种模式中成为教师，并且自身不再需要接受任何学习评测。但他们需要正确地教授虚拟代理，以便代理能够通过相应的学习测试。这种模式让学生觉得要对虚拟代理负责。当人类学生在教授虚拟代理的过程中遇到困难时，他们会主动学习，并向虚拟代理解释他们所学到的东西，学习和解释过程都有助于人类学生加深对相关概念的理解。接下来将以 Betty's Brain 和 SimStudent 系统作为案例来展示教中学理论是如何实现的。

Betty's Brain 提供了一个开放的学习环境，通过阅读文本和教授虚拟代理 Betty，人类学生可以学习科学知识（Biswas et al., 2016）。具体来说，人类学生需要构建 Betty 的概念图，以便 Betty 能够正确回答问题。概念图是一种知识呈现形式，它可以描述复杂任务和上下文中不同概念之间的关系。因此，这个概念图实际上代表了 Betty 和人类学生的领域知识。Betty 回答的正确性也反映了人类学生的理解。人类学生可以根据 Betty 的评估反馈，通过修改概念图来进行学习。除了 Betty，另一个名为 Mr. David 的虚拟代理会在人类学生的教学过程中提供元认知建议。Mr. David 可以提醒人类学生仔细修改 Betty 的概念图，并指定 Betty 去参加学习测试。当人类学生遵循这些教学策略时，他们可以更有效地进行学习。

SimStudent 也是一个可被教学的代理，用于代数学习和辅导。它利用机器学习引擎，从用户提供的示例中学习领域知识规则（Matsuda et al., 2005）。SimStudent 实际具有两个方面的功能：创作工具和教中学范式中的虚拟学生（Matsuda et al., 2007, 2013, 2015）。作为一种创作工具，它可以帮助新手轻松地开发智能导学系统（Matsuda et al., 2015）。开发者可以在不需要编程的条件下，通过演示或辅导规则建立专家模型。作为一个虚拟学生，它采用教中学方法来提高学生在认知和元认知水平上的学习能力。它侧重于代数问题的求解，并集成在一个功能丰富、类似游戏功能的在线系统 APLUS（artificial peer learning environment using SimStudent）中（Matsuda et al., 2013）。具体来说，学生需要创建一个问题，并让虚拟代理首先回答。根据代理的答案，学生需要为其提供反馈，告诉代理正确与否。当代理陷入困境时，学生可以提供帮助和解释。此外，他们还可以让代理进行测试，检验其学习效果。在人类学生对代理进行辅导的过程中，代理会以虚拟人的形式与学生互动，如面部会有表情，同时还会有各种情绪的表达。

4.3 智能导学中的伦理问题

在人工智能发展的过程中，伦理问题一直备受关注。2021 年 9 月，国家新一代人工智能治理专业委员会发布《新一代人工智能伦理规范》，"旨在将伦理道德融入人工智能全生命周期，促进公平、公正、和谐、安全，避免偏见、歧视、隐私和信息泄露等问题"。同年 11 月，联合国教科文组织在第 41 届大会上发布了首份关于人工智能伦理的全球性协议《人工智能伦理问题建议书》，明确了关于人工智能技术和应用的共同价值观与原则，确保人工智能能够良性发展。ITS 能够模仿人类自然语言，对学习者进行对话辅导，并对学习者的知识构造过程甚至知识学习的方法产生影响，但伴随而来的伦理问题不容小觑。这些伦理问题主要体现在三个方面，分别是人类主体地位与尊严、算法偏见和数据隐私。

1. 人类主体地位与尊严

人工智能的本质是模拟人类大脑的运行机制和行为模式（Sriram, Kumar, 2021）。随着技术的发展，人工智能逐渐具备了计算与感知能力，目前正在发展认知能力。在这种情况下，教师与学生的主体地位受到了一定挑战。

为了使智能代理更像教师，很多ITS中的代理都趋向拟人化，代理的发音变得生动、令人印象深刻和有趣（Damiano，Dumouchel，2018）。然而，在智能教学场景中，代入感会令学生与系统之间产生依赖和情绪连接，从而可能导致学生社交能力的丧失（刘瑞娜，刘坤瑜，2014）。此外，过度依赖ITS提供的学习支持，可能会削弱学习者的主观能动性，造成思维惰性，不利于批判性思维等高阶能力的发展（Bozkurt，Sharma，2023）。尤其是当下生成式人工智能飞速发展，其表现出来的强大功能可以帮助学习者完成很多学习任务。有研究者指出，生成式人工智能可能会导致学习者过分依赖外在的人工智能技术，而忽视自身大脑的训练，这可能会使得有些学习者逐渐丧失支配调用外在智能技术和产品的能力，最终导致未来社会人才层次两极分化更加严重（沈书生，祝智庭，2023）。

除此之外，教师的主体地位在一定程度上也受到了挑战。一方面，在ITS的支持下，智能教师代理可以自动完成出题、批阅、课后辅导答疑、教学活动组织以及教案生成等教学活动，并且完成效率远高于人类教师。长此以往，教师也可能形成对人工智能技术的依赖，沉迷于向人工智能技术寻求帮助，忽略内部的自我探索和教学创新（唐玉溪，何伟光，2022）。另一方面，人工智能技术的强大可能使得教师面临职业挑战，引发教学主体价值被智能机器遮蔽的担忧（罗生全 等，2023）。

随着人工智能的发展，人类和机器人之间的边缘越来越模糊。我们应该摒弃强调区分人类/非人类、智能/非智能、个人/社会的二元论，建立一个综合的角度来考虑人类与智能拟人化事物之间的关系。随着人工智能显著影响人类的生活，共同进化是一种合理的途径（Damiano，Dumouchel，2018）。从学生角度出发，在设计和研发与学习有关的智能系统时，应该尽可能地让学生参与到需求的制订过程中来。这不仅有助于确保系统满足学生的实际需求，同时也有助于帮助学生更好地理解和利用这些工具。从教师角度出发，虽然智能技术可以为教学提供诸多帮助，但它始终不能取代教师的角色。教师在激发学生的兴趣、提供情感支持、解决复杂的问题等方面具有不可替代的作用。教师需要深刻认同自己的主体地位，并主动转变角色，从知识信息的主要传递者转变为深入理解、批判性思维和实践经验的促进者，与智能技术携手，共同促进学习者的发展。

2. 算法偏见

一方面，在算法开发过程中，研究人员可能受到算法设计，数据编码、收集、选择，用于训练算法的方式等因素的影响，导致无意中强化种族、性别和民族等社会偏见。例如，面部识别算法可能难以准确识别深色皮肤，从而导致非裔学习者的学习体验下降。智能导学系统需要公平对待所有学生，不应因性别、种族、社会经济地位等因素产生偏见，以免加剧教育不公（冯永刚，赵丹丹，2022）。

另一方面，算法依赖数据和规则，而数据样本经过提炼和去噪，加之算法偏见也有其隐蔽的形成路径，导致看得见、可计算的数据被算法模型所吸收理解变为模型中的参数，而看不见、难处理的数据被当作奇异值删除，造成模型预测结果的狭隘。在实际应用时，就会导致导学系统在感知学习者状态时，可能忽略某些教学关键事件，或难以感知超出预定训练数据之外的学生状态，或偏离当前学习者的实际学习需求，反而造成学习者成长的负面影响。这就需要我们在ITS的相关算法设计上，有效进行心理学、教育学、计算机科学的多学科协同，确保导学系统在实际教学当中的安全应用。

3. 数据隐私

大数据技术为教育领域提供了新的发展活力，然而，在数据采集和数据使用方面也存在一定的问题。在学生使用教育类应用时，平台方常常没有尽到对隐私政策的告知义务，对学生用户点击"同意"隐私政策的过程存在较强的诱导性，这削弱了"数据授权"的有效性（李青 等，2022）。学生模型是 ITS 的关键组成部分，为了开发较为精准的学生模型，在学习开始之前，导学系统可能会采集学习者的家庭背景、个人偏好、学习成绩等个人信息。在学习过程中，导学系统可能会采集学习者的多模态数据，包括学习日志、面部表情、生理信号等，对学习者的认知、元认知和情感状态进行分析，从而提供适当的学习干预（Craig et al., 2013; Roll et al., 2011; Su et al., 2016）。然而，在这个过程中，这些隐私信息如果被不当使用或泄露，个体的信息安全必然会受到影响和侵犯。

为了加强数据隐私保护，在制度层面，2019 年 5 月 28 日，国家互联网信息办公室就《数据安全管理办法（征求意见稿）》公开向社会征求意见，其中指出了在数据收集、处理使用、安全监督管理过程中网络运营者等相关人员应承担的职责与义务。2022 年，联合国教科文组织发布《谨防数据泄露：保护学习者隐私与安全》报告，强调在教育数字化过程中要重视教育数据隐私与安全问题。随着生成式人工智能的发展，2023 年，国家互联网信息办公室、国家发展和改革委员会、教育部、科学技术部、工业和信息化部、公安部、国家广播电视总局等七部门制定《生成式人工智能服务管理暂行办法》，以促进生成式人工智能应用规范化管理。

未来，智能导学的研究还需要从技术层面对教育数据进行进一步保护。例如，在学习者开始使用 ITS 时，平台方要尽到对隐私政策的告知义务；利用区块链技术保障教育数据的真实有效、不被篡改。

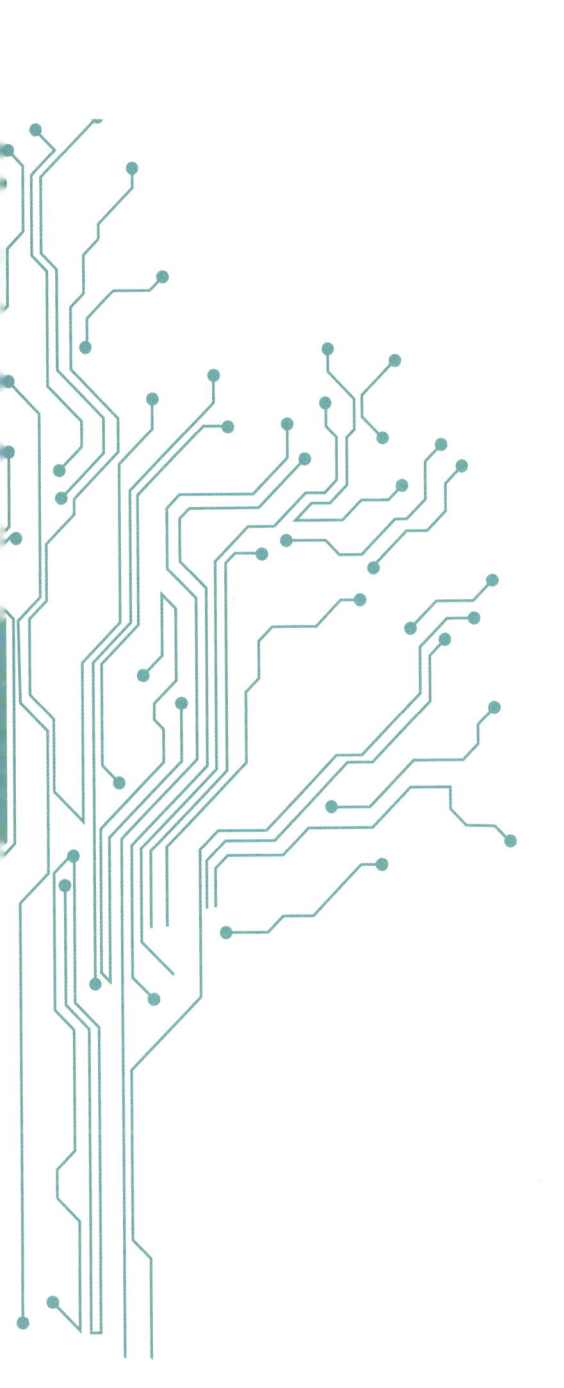

第二部分
智能导学中的人工智能

第 5 章
智能导学的"智能"体现在哪里？

智能导学系统是智能导学技术集成应用的集中体现，实现了对学生感知、分析和教学脚手架的实施，从而让学生感受到个性化的学习体验。同时，智能导学系统也能为教师提供服务，将学生的学习情况进行汇总分析，为教师的下一步教学提供实施依据。本章首先概述了 GIFT 通用框架下智能导学系统的模块组成，然后分别介绍了其中的学生模块、领域知识模块、教学模块和用户接口模块。

5.1 智能导学系统的通用技术框架

智能导学系统（ITS）的发展至今已近五十年。作为一个复杂的软件系统，关于其结构，不同的学者结合自己的研究实践提出了不同的看法。根据模块数量可以将 ITS 划分成三模块框架、四模块框架和五模块框架。

三模块框架最初由 Hartley 和 Sleeman（1973）提出，他们认为 ITS 必须处理三类知识：（1）领域知识，即专家模块；（2）学习者知识，即学生模块；（3）教学策略的知识，即导师模块。这也是 ITS 的最初研究框架，之后的三十年里，它一直成为指导 ITS 设计与开发的经典理论。四模块框架，即在三模块说的基础上增加了一个用户接口模块（Burns，Capps，1988）。五模块框架，即在四模块说的基础上增加了一个推理模块，用于领域知识的推理，包括学生模块、教学策略模块、推理模块、用户接口模块、领域知识模块（专家模块）（Beck et al.，1996）。

目前国内外学者广泛接受的通用框架是四模块框架中的通用智能教学框架（generalized intelligent framework for tutoring，GIFT）。本节主要以 GIFT 为基础，介绍智能导学的"智能"体现在哪里。

GIFT 是一种通用的 ITS 技术框架，提供了各种组件和工具，用于支持 ITS 的开发和实现，由美国陆军研究实验室（Army Research Laboratory-Human Research and Engineering Directorate，ARL-HRED）于 2012 年首次提出（Sottilare et al.，2012），旨在为个人和小团队提供支持，以开发具有复用性的 ITS。GIFT 是一种非常灵活和通用的 ITS 技术框架，能够为不同领域和应用场景提供个性化的学习支持和教学服务，从而降低开发 ITS 所需要的技能和时间，在开发过程中提供有效的自适应指导，满足不同学习者或学习团队的需求，并提供设计完整 ITS 所需的工具和功能。并且，GIFT 是开源的，能够为研究者和开发者提供可扩展和可定制的 ITS 开发平台，并已在军事、商业和教育等领域得到广泛的关注和应用。GIFT 包含四个模块，分别为领域知识模块、学生模块、教学模块和用户接口模块。GIFT 将用户接口解析成 ITS 与学习者和外部环境（譬如学习者可穿戴设备）进行信息交换的传感器模块（胡祥恩 等，2019）。

（1）领域知识模块。领域知识模块旨在定义和组织领域所涉及的知识，包括教学内容、相关任务、评价标准、常见问题等。GIFT 的领域知识模块支持灵活的领域知识建模和组织，可以根据不同领域的需求进行定制。它采用可扩展的 XML 标准作为知识表示方式，支持多种教学内容，包括文本、图像、视频等。其主要作用是将教学模块的通用决策转化为特定领域的具体执行策略，从而更好地满足学习者的学习需求。领域知识模块不仅能够决定呈现哪些内容、内容呈现的顺序和速度以及要提供的反馈类型，还能够采用与专家表现或其他标准进行比较的方式，在学习者完成阶段性的或整个课程的学习内容后对其表现做出评估，并将评估后的结果发送给学生模块进行更新。

（2）学生模块。GIFT 的学生模块主要用于描述学生的知识、技能、兴趣和行为等方面的特征。该模块采用了基于规则的推理机制，能够根据学生的行为和反应，自动更新和维护学生模型。同时，学生模块还支持多种学习风格和学习策略，可以根据学生的需求和特点，提供个性化的学习支持和建议。此外，还能够根据学习者的历史行为、表现和偏好等数据来确定学习者当前的认知状态、情绪状态等，并且跟踪学习者的特质数据和课程数据，以预测学习者的学业表现和趋势。该模块利用来自传感器模块预处理的行为和生理数据、表现评估、人口统计学、自我报告和观察数据对学习者的状态进行分类，从而为教学模块提供学习者的状态信息，以决定为学习者呈现的教学内容和教学策略。

（3）教学模块。GIFT 的教学模块采用基于规则的知识表达和推理技术，能够根据学生的学习状态和需求，自动调整教学策略和计划。同时，它还支持多种教学策略和方法，包括诊断、推荐和评估等，为学生提供个性化的教学内容和反馈。教学模块从学生模块和领域知识模块查询状态数据，并根据学生的状态和表现来决定教学内容、教学顺序和教学流程。教学模块的任务是回答"当学生处于当前状态时，应推荐什么教学内容"的问题。它从领域知识模块接收有关教学内容的信息，然后根据教学模块的决策，将视觉和听觉刺激传递到交互界面。与其他模块类似，确定采取哪些行动的过程可能因背后的机器学习模型而异，这些模型包括贝叶斯网络或者决策树等。GIFT 可以在教学过程中对教学行为效果进行动态评估，并随时调整教学策略，根据现实情况选择完成提示、反馈或难度调整等操作。具体来说，教学策略将决定下一步做什么，它们可以提供提示和反馈，改变交互的节奏和难度。

（4）用户接口模块。在 GIFT 下，用户接口模块也称为传感器模块。该模块用于支持用户与系统的交互，由行为传感器和心理传感器组成。它通过传感器接口接收原始数据，并通过传感器处理模块对数据进行过滤、分段和特征提取，转换成可用的格式后传输到学生模块。每个传感器都有一个独立的接口和处理模块，因为在真实导学系统结构中每个传感器都有所不同。确定不同学习平台（如台式计算机学习和移动学习）上每种认知和情感状态的最小传感器需求非常重要，这样可以有效降低系统的开销。

GIFT 的四大基础模块支撑其体系架构，并提供了教学构建、教学管理和教学评估三大基本功能。基于 GIFT 的多个教学实例表明，该框架能在不同学习领域适应不同情境下的教学或训练需求，且在很大程度上降低了教师开发智能课程的技术门槛。

5.2 学生模块

学生模块是 ITS 的核心，主要负责存储学习者的基本信息和有关学习者在学习过程中的动态学习信息，如学生特征，利用来自传感器模块预处理的行为和生理数据、表现评估、人口统计学、自我报告和观察数据，细粒度跟踪学生对一个主题的知识、技能，以及心理状态（包括个性、动机和情绪）（隆舟 等，2020）。现有研究主要针对认知水平、学生心理和元认知策略三个维度构建了学生认知模型、学生心理模型和学生元认知模型。

1. 学生认知模型

学生认知模型强调对学生认知状态的建模，ITS 可以根据学生的学习水平变化不断更新其认知水平值，并且教学模块要根据确切的学生认知水平来做决策，以制订学生的下一个学习目标。常见的建立学生认知模型的方法有项目反应理论模型、贝叶斯知识追踪模型和深度学习模型。

（1）项目反应理论模型。该模型将学生的作答表现与潜在能力特质进行关联。最常用的是 Rasch 模型，它是由丹麦数学家和统计学家乔治·拉希（Georg Rasch）基于项目反应理论提出的一个潜在特质模型。该模型同时对题目难度和学习者能力进行估计，当学生能力与题目难度相匹配时，答对题目的概率为 50%；当学生能力高于题目难度时，答对题目的概率高于 50%，相差越大则答对的概率越大。实际上，项目反应理论模型源于评价领域，因此，该模型会假设学生的能力在短时间内不会发生改变。在实际使用中，研究者有时会增加相应的参数以表征学生能力随练习次数的变化情况。

（2）贝叶斯知识追踪模型。该模型假设学生能够正确解决问题不仅取决于是否掌握了该知识点，还取决于失误（slip）概率和猜测（guess）概率。即当学生运用已经学会的知识点解决问题时，有一定的概率因为粗心大意而做错。同样，当学生没有学会知识点时，也有一定的概率因为猜测而做对。因此，贝叶斯知识追踪模型有初始学习、习得、失误和猜测四个参数（张立山 等，2021）。例如，在知识空间中的评估与学习（assessment and learning in knowledge spaces，ALEKS）系统中，学生的每一种认知状态都有初始概率，当学生做出回答后，系统能够根据学生的正确／错误情况，更新这些状态的概率，直到某一种知识状态的概率比其他知识状态更高。ALEKS 通过这种方式对学生的知识状态进行跟踪（Craig et al., 2013）。

（3）深度学习模型。2015 年，斯坦福大学团队将深度学习模型引入知识追踪领域，使得在长周期时间维度上捕捉学习者知识状态的动态特性成为可能（Piech et al., 2015）。基于循环神经网络的深度知识追踪模型，利用模型的隐藏层对学习者的知识状态进行表征，并利用其作答序列的正确性信息进行模型训练，预测学生未来题目作答的正确性。魏培文等人（2023）利用多级难度试题对学生知识状态进行测量分级，在此基础上，利用 BP 神经网络消除学生答题过程中的猜测或失误，从而实现较少样本情况下对学生知识状态的多级诊断。

2. 学生心理模型

ITS 不仅仅是一个知识学习的辅助系统，还是一个情感支持系统。这个系统应该能够像人类教师一样通过学生的情感来了解学生对学习内容的了解和掌握情况，比如是愉快地学习、紧张地思考还是困惑不解。导学系统可以通过人脸表情识别、眼球追踪、生理信号采集等技术，分析和理解学习者在学习过程中的情绪，通过适当的情感激励策略，适时地给予干预，提升学习者的学习兴趣、给予积极鼓励，帮助学习者克服困难和不足。提供这些智能导学行为的基础，便是建立学生的心理模型。

学生心理模型关注的学习者心理因素包括学生的学习偏好、学习风格等。20世纪90年代，随着情感计算技术的引入，ITS开始关注情感对学习过程的影响，通过对学习者面部表情和动作行为的实时观察和分析，了解学习者的个性化情感信息，并将其纳入学生模型中，以构建更加个性化的智能导学系统。Sarrafzadeh等人（2008）在导学系统中引入了表情识别和手势识别以监测学生的学习行为，获得有效的教学反馈。有研究表明，与只感知学习者认知状态的ITS相比，能够感知学习者情绪状态的ITS（如AutoTutor）更有助于低知识水平学生的学习（D'Mello，Graesser，2013）。

3. 学生元认知模型

元认知是对认知活动进行的调节和控制，是在自我意识的基础上，对自身正在进行的认知活动的认识和思考，是对学习中感知、记忆、思维、想象等认知活动的再认知和再思考（韩建华 等，2016）。简单来说，元认知是对认知的认知，是认知的主导者，在学习中不可或缺。导学系统可以通过监控、分析学习者的学习规划策略、问题解决策略和协作学习策略等，在方法论层面帮助学习者了解自身，改进、完善元认知方法，提供关于学生元认知能力的指导，监管学生的元认知行为，帮助学生成为更好的学习者。卡内基梅隆大学的Aleven等人（2006）开发的Help Tutor就是这方面研究的一个很好的尝试。

5.3 领域知识模块

领域知识模块涵盖所辅导主题的一系列技能、知识和策略，通常包含专家知识以及学生经常出现的错误、谬误和误解等（Sottilare et al., 2014）。领域知识模块的执行由教学模块推荐广义的教学策略驱动，然后领域知识模块会将其转变成具体的教学策略。这将决定教学内容的呈现方式，并能评估学习者的活动和课程进展。领域知识模块在评估学生的回答后，将评估结果反馈给教学模块和学生模块，从而保持了教学模块和学生模块的领域独立性。领域知识模块获取学生在导学系统训练环境中产生的数据，并根据训练中涉及的关键概念表来评估其表现。被评估的单位是概念所关联的学习任务或习题，这些学习任务和习题是课程的一部分。所有学习任务评估都涉及任务规定所要完成的工作、任务完成的条件，以及评估任务表现的标准或措施（胡祥恩 等，2019）。

领域知识模块的智能化主要表现为知识特异性。学生的心理状态常处于持续相互作用的过程中，不同领域知识会相互交融，比如词汇量会影响对几何题目的理解。大多数 ITS 通常与具体领域内容绑定，难以考查不同领域知识的相互作用。通用智能导学框架 GIFT 则区分了各类知识及其在学习中的异同成分。例如，领域知识模块在定义和构建领域目标时，细分出知识、技能、教学任务和评价标准的素养模型（宏观适应）及其他模型（微观适应）。它根据教学模块的算法推荐决策（如追问），决定呈现的追问类型、追问内容、顺序和速度，然后将学生的回复内容与专家表现或其他标准比较后做出评估，从而实现同一平台多领域知识的组织与管理（隆舟 等，2020）。

知识表征具有相当高的复杂性，一直是领域知识模块的难题。目前，领域

069

知识模块主要有两种知识表征方式，分别是问题矩阵和语义网络。

1. 问题矩阵

早期知识库一般是基于知识点构建的，在领域知识模型中，就需要构建知识点与学习任务或是练习问题之间的关系，并将这些关系存储起来。Q 矩阵（Q-matrix）是一个简单的数据结构，可以用来记录问题和知识点的关系。具体来说，每一行对应一个问题；每一列为一个知识点；单元格的值为问题和知识点的相关度，通常只用 0 和 1 来表示，0 代表不相关，1 代表相关；学生的学习目标是通过解答问题掌握所有的知识点。Q 矩阵见表 5-1。

表 5-1　Q 矩阵

Q	KC							
	KC_1	KC_2	KC_3	⋯	KC_n	KC_{n+1}	⋯
Q_1	0	0	1	⋯	1	0	⋯
Q_2	1	1	0	⋯	1	1	⋯
Q_3	1	1	1	⋯	1	1	⋯
⋯	⋯	⋯	⋯	⋯	⋯	⋯	⋯
Q_n	0	1	1	⋯	1	1	⋯
⋯	⋯	⋯	⋯	⋯	⋯	⋯	⋯

建立 Q 矩阵的主要流程为：（1）将初始知识点的数量设置为 1，然后生成一个知识点与问题的随机 Q 矩阵，其单元格的值在大多数情况下为 0 或 1，有时也可以用 0 到 1 之间的浮点数来表征相关程度。随后，依据学生的作答数据进行问题聚类，并计算与分配所有学生到知识点状态相关的总误差。（2）在计算出 Q 矩阵的误差后，Q 矩阵中的每个值都会随之调整，如果总体 Q 矩阵误差提高，则保存变化。这个过程对 Q 矩阵中的所有值重复几次，直到 Q 矩阵中的误差没有显著变化。（3）以这种方式计算 Q 矩阵后，再用一个新的随机起始点重新运行算法多次，并保存误差最小的 Q 矩阵，以避免落入

局部最优的陷阱。它不能保证绝对最小值，但为给定数量的知识点提供了可接受的 Q 矩阵。（4）为了确定在 Q 矩阵中使用的最佳知识点数，该算法重复增加知识点的值。当添加一个额外的知识点并没有显著降低整体的 Q 矩阵误差时，则选择该知识点进入最终的 Q 矩阵，并且知识点的数量应该明显小于问题的数量。这可以与在选择一个因素分析的因素数量时的"肘部"标准相比较（Barnes，2005）。

2. 语义网络

随着语义网络的发展，在创建知识库和表征知识时，研究者越来越多地使用知识工程本体论的方法。比如，南京师范大学开发的智能导学系统 DS-TUTOR 利用本体论的方法，从概念、子知识本体、行为、属性、实例、关系六个维度建立了领域知识模型，并取得了不错的效果（陈刚，2004）。美国宾夕法尼亚州匹兹堡大学医学院 Crowley 团队开发的可视化分类问题解决智能导学系统，在构建知识库时也利用了本体论的方法（Crowley，Medvedeva，2006）。兰州理工大学采用本体论的方法，利用概念-关系模型存储知识，形成了一种新的知识查询模式——基于本体论的知识查询（李睿 等，2011）。本体论在知识构建方面的应用有助于知识的重用和不同智能导学系统之间的知识共享。

基于语义网络，也可以进行练习问题的自动生成。问题自动生成是自然语言处理的一个子任务，致力于从给定的上下文和答案中自动生成自然语言形式的问题，这些问题以给定上下文为依托，以指定答案为正确回答（袁为，2022）。如，Zhang 和 VanLehn（2016）利用语言网络和迭代规则，生成生物学科的领域问题，并对比了机器生成问题和人类生成问题在学生实际练习中的差异性，其语义网络样式如图 5-1 所示。当前，大语言模型的广泛应用，也将为教学问题生成注入新的活力。

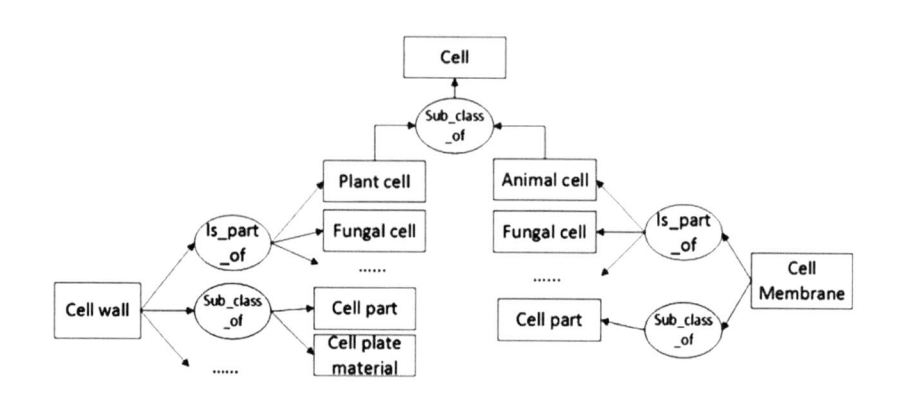

图 5-1　生物学科的部分语义网络（Zhang，VanLehn，2016）

5.4　教学模块

教学模块也称教师模块，主要负责接收来自学生模块的信息，并依据学习者的状态、相关学业表现以及教学原理，选择合适的教学策略，进而根据教学策略从领域知识模块中选择合适的教学内容、顺序和流程。该模块关注如何合理有效地组织教学，即解决"如何教"的问题。与其他模块类似，教学模块确定采取哪些行动的过程可能因具体的智能模型而异，例如决策树等（胡祥恩 等，2019）。

1. 教学策略的一般理论基础

常见的应用于 ITS 中的教学策略包括自我解释理论、ICAP 认知理论和有效失败理论等。

1）自我解释理论

自我解释理论由美国亚利桑那州立大学季清华教授（Michelene Chi）提出，该理论倡导学习者在学习过程中主动解释学习内容与问题解决步骤，通过将新信息与现有知识整合、自发进行知识建构、生成新旧知识联结、监控和修复错误知识等四个关键机制，实现有效的知识内化和意义建构（Roy，Chi，2005）。实证研究表明，自我解释策略能够促进学生对概念知识产生更深刻的理解（Rau et al.，2009），获得更多的学习增益（Aleven，Koedinger，2002；Chi et al.，1994），有利于学生问题解决能力的发展（Chi et al.，1989）。一些 ITS 会提供支架，帮助学生进行自我解释。例如，在几何认知导学系统（geometry cognitive tutor）中，为了促进学生进行自我解释，系统提供了几何知识术语表，供学生在解释做题步骤时参考（Aleven，Koedinger，2002）。Conati 和 VanLehn（2000）开发了 SE-Coach 系统，为学生提供了开放句子（sentence opener），如"这个选择在解决方案计划中的作用是……""这个事实是正确的，因为……"，帮助学生在物理知识学习过程中解释案例，具体如图 5-2 所示。Choi 等人（2023）在编程环境中设计了反思提示，如"你在解决这个问题时采取了什么步骤？为什么？为每个步骤提供一个简短的理由""在这项任务中，你发现了什么困难？为什么？提供一个简短的解释""在完成这项任务后，你主要学到了什么？"等等，帮助学生进行自我反思。

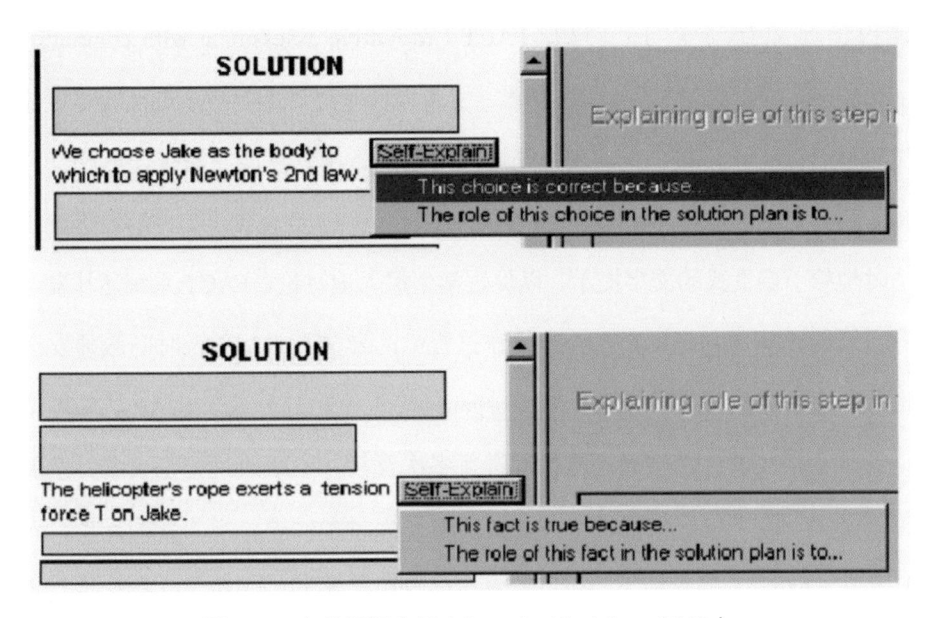

图 5-2 自我解释支架（Conati，Vanlehn，2000）

2）ICAP 认知理论

ICAP（interactive-constructive-active-passive）认知理论同样由美国亚利桑那州立大学季清华教授提出，该理论将外显行为与内隐认知过程相连接，将学习方式分为被动学习、主动学习、建构学习、互动学习。其中，被动学习指学生被动接受知识，如听同伴讲话、看材料；主动学习指学生主动运用知识，如记笔记；建构学习指学生在原有知识的基础上拓展自己的理解，如解释、归纳；互动学习指学习者与同伴通过多轮对话进行共同建构，如协作讨论、协作绘制概念图。这四种学习行为在认知上分别涉及知识的储存、操作、建构和协同建构，产生的认知结果和学习效果递增，即互动学习＞建构学习＞主动学习＞被动学习，对 ITS 中教学策略和智能代理的设计具有较强的指导意义（Chi，Wylie，2014）。在教学策略设计方面，ITS 基于学生的行为数据，监测学生的学习状态，并给予适当的干预，促进学生进行更多的主动学习、建构学习和互动学习。例如，FACT（formative assessment with computing technology）系统内置了多个评测器，引入多种算法对学生状态进行实时评估（VanLehn et al.，2016）。在一些协作讨论任务中，评测器通过读取和计算相应图和文字的位置，评估学生的解题进度。系统还会依据学生的解题进度，适时地给予启发式的文字提示，以促进学生深入地讨论。FACT 系统还开发了若干智能评测器，识别学生小组协作过程中的异常行为，并及时向教师发送提示。在智能代理设计方面，Wambsganss 等人（2021）基于 ICAP 认知理论设计了会话代理，学生通过与代理进行多次互动，不断改进论证文本，发展论证能力。除了单一代理，研究者目前也在探讨多代理对学习者的支持，尤其是在 ChatGPT 的支持下，可以给多个代理赋予不同的角色，支持学生与不同的角色互动，发展学生的协作能力。

3）有效失败理论

有效失败理论旨在通过设计学习条件，让学习者坚持生成和探索解决复杂、新颖问题的表征和解决方法（Kapur，2008）。Kapur 和 Bielaczyc（2012）将有效失败分为两个阶段，分别是问题解决阶段和教学指导阶段。在问题解决阶段，学生需要尽可能多地生成问题解决方案，努力解决复杂问题；在教学指导阶段，教师基于学生生成的问题解决方案进行指导，帮助学生学习目标概念。与直接教学不同，有效失败理论强调设计失败，从而促进更有效的学习。众多研究表明，基于有效失败理论建立的智能干预，能够引导学生坚持产生和探索解决复杂、新颖问题的表征和解决方法，帮助学生提高解决真实问题的能力（Kapur，2008；刘徽 等，2020），并培养学生面对挫折时的积极态度（Song，2018）。如，FACT 系统会自动发送信息，提醒学生多加努力。研究发现，相比于无智能干预组，有智能干预组的学生进行了更多有效的尝试，纠正了更多的错误（VanLehn et al.，2021）。

2. 教学策略库的构建

根据干预学生状态的不同，教学干预行为可分为认知类干预和非认知类干预：认知类干预是对学生认知的反馈，如直接给出答案、暗示和提示等（VanLehn，2006）；非认知类干预是对学生元认知状态、情绪状态等的非认知反馈，如策略提示、表扬、奖励和批评等（Ausin，2019；Dutton Tillery et al.，2010；Shen，Chi，2016）。同时，干预的时机也特别重要，在智能导学系统中，系统给学生提供帮助的方式主要有三种：即时帮助、延时帮助和按需帮助。即时帮助是当检测到学生犯错误时，立刻给予提醒和教学干预。延时帮助是在检测到学生错误后，不立即干预，只有当学生长时间不能自主发现改正的时候，才给予提醒。按需帮助是当学生遇到困难时，系统会提供学习提示、线索和暗示等选项由学生自主选择。但需要预防的是学生短时间内多次发起帮助请求，滥用帮助反馈。监测这种状态的方法是在系统中建立漏洞规则，当系统监测到学生行为符合特定漏洞规则时，就触发警告信息。规则的建立主要基于以下考虑：做出深入思考行为的时间、步骤所涉及的技能和学生掌握该技能的可能性，以及学生在这一步骤中已经做了什么，比如之前不成功尝试次数等（Aleven et al.，2006）。一个典型的漏洞规则就是当学生在某一环节遇到困难时，若请求帮助的时间小于系统所设定的最小思考时间，且多次请求帮助，系统就判定符合设定的规则，对学生进行警告。

一些研究者利用强化学习算法自动学习教学干预策略与时机。强化学习是一种自监督学习机器学习算法，它通过观测环境反馈、训练和优化决策，辅助代理做出有效决策。例如，Shen 和 Chi（2016）在 ITS 中运用强化学习算法，研究了学习者不同特征与不同干预时机的匹配问题，以寻找最优教学干预时机。Ausin 等人（2019）采用深度强化学习模型（DQN 算法和 Double-DQN 算法），并通过高斯过程方法，寻找适用于学习者特征的教学策略。

5.5 用户接口模块

用户接口模块，是 ITS 的前端交互界面，集成了包括图形、文本、多媒体、键盘输入、鼠标驱动菜单等在内的与学习者交互所需的所有类型的信息。用户接口模块主要负责学习者与 ITS 之间的交互。面向一对一个性化教学的 ITS 通用架构规定其通常需要实现四个阶段的主要功能：第一阶段是监测学生的知识表现；第二阶段是将学生的实际表现反映给学生，让学生能看到自己的动作表现，从而促进自我反思；第三阶段是对学生的表现进行评估；最后是基于评估结果的干预（VanLehn，2016）。

现有研究主要围绕两个方面开展，分别是系统感知学习者行为的方式和系统自身表达的方式。

1. 系统感知学习者行为的方式

ITS 感知学生行为的方式主要有以下几种。

（1）通过键盘、鼠标的输入。例如，基于做题数据，根据学生答题的正确与否，显示学生对某一知识点的理解（Craig et al., 2013; VanLehn et al., 2021）、学生的行为序列（Gobert et al., 2015）、学生的活动流（Pérez-Sanagustın et al., 2012）等。

（2）通过坐姿、鼠标等压力传感器。例如，Reynolds 和 Picard（2004）发现，鼠标压力增强与学生的沮丧程度存在相关性。

（3）通过手环感知皮电信息。例如，Ketonen 等人（2023）发现，当学生感到兴奋时，心率会升高，心率变异性较低；而当学生感到无聊时，心率水平相对较低。

（4）通过脑电设备。例如，基于脑电信号探讨学生的注意力水平、脑间同步模式等（Feng et al., 2021; Jiang et al., 2021）。

（5）通过眼动设备。例如，利用 Tobii 眼球追踪仪，通过学生的注意力模式监测其"不投入"状态（D'Mello, Graesser, 2012）；在课堂场景中，利用头戴式眼动仪实时采集眼球运动和瞳孔反应等数据，后续通过智能计算反映师生的认知负荷（Prieto et al., 2017）。

2. 系统自身表达的方式

交互设计的研究最为多样化，主要研究热点包括自然语言理解、人机对话、虚拟现实、增强现实等。

（1）自然语言理解和人机对话。自然语言理解旨在为计算机理解人类语言提供理论和方法。自然语言包括语言表达的两种基本形式：一种是语音，另一种是文字表述。例如，西班牙瓦伦西亚大学的 Arevalillo-Herráez 等人（2013）设计了用于解答应用题的 ITS，能够将语言描述的数学问题智能转换成代数符号表示。句酷科技和南京大学共同研发的句酷批改网，能够对学生提交的英语作文进行智能化批改，标识出作文中的语法、拼写错误，提供短语、词组的用法建议等，并给出作文的综合评定分数（蒋艳，马武林，2013）。此外，许多导学系统都实现了人机对话，如由首尔国民大学、伊利诺理工大学等多校联合开发的 CIRCSIM-Tutor，以及由曼彻斯特城市大学开发的 Oscar 等（Latham et al.，2012；Woo et al.，2006）。

（2）虚拟现实和增强现实。虚拟现实（virtual reality，VR）技术利用计算机技术生成逼真的虚拟环境，使用户可以与环境中的对象进行交互（Biocca，1992）。VR 在构建学习情境方面的应用，增强了 ITS 的真实性、感官性和交互性。增强现实（augmented reality，AR）通过摄像设备和角度位置判别，呈现相应的文字、图像、3D 对象等信息，将虚拟空间图像与真实世界同时呈现在同一屏幕上，实现虚拟世界和真实世界的连接。这两种技术目前被广泛应用于教学的实验环节，如医学实验、机械操作实验、电力系统实验等，以实现教学内容更加生动地展现，增加沉浸感和真实感，同时有效降低教学成本。Westerfield 等人（2015）将 AR 技术融入 ITS，辅助开展人工装配任务培训。

VR 技术在 ITS 中还可以用来作为交互界面，或构建虚拟图书馆、虚拟研讨会等。虚拟图书馆可以为学习者提供丰富的学习资源，方便学习者随时随地查阅。虚拟研讨会可以为不同地域的学习者创建有效的沟通交流环境，大大增加协同学习时的临场感。

第6章
对学生状态的自动感知

对学生状态的全面和准确感知是实施个性化导学行为的基础。学生的状态可分为认知状态、元认知状态和情绪情感状态三个方面。其中,认知状态主要描述知识、能力掌握情况,元认知状态主要描述获取知识的能力以及学习的策略,而情绪情感状态则描述了学习兴趣调节方面的信息,体现了学习过程中的"色彩"。

6.1 学生认知状态的感知

学生的认知状态（cognitive state）指的是学生关于某一问题或知识点的理解和掌握程度（张立山 等，2021），还可以指学生的能力水平，如问题解决能力（Hooshyar et al., 2016）以及认知投入水平（Li et al., 2021；Liu et al., 2022）。判断学生认知状态的数据来源包括：（1）做题和日志文件，如做题数据是根据学生答题的正确与否显示学生对某一知识点的理解（Craig et al., 2013；VanLehn et al., 2021）、学生的行为序列（Gobert et al., 2015）、学生的活动流（Pérez-Sanagustín et al., 2012）等。（2）论坛数据，是对学生在论坛中留下的文本进行分类。（3）眼动数据，比如利用 Tobii 眼球追踪仪通过学生的注意力模式监测其"不投入"状态（D'Mello, Graesser, 2012）。（4）生理信号，比如基于脑电信号探究学生的注意力水平、脑间同步模式等（Feng et al., 2021；Jiang et al., 2021）。

1. 基于做题和日志文件的认知状态感知

学生的做题数据蕴含着丰富的信息，能够直接指向学生的认知水平。基于此类数据常见的感知方法有两种：一种是将学生的回答与专家回答进行比较并直接基于规则进行认知水平感知；另一种是基于知识追踪模型，对学生的认知状态进行建模并基于所建立的模型进行认知水平的感知。

在 FACT 系统中，问题探测器（issue detector）通过将学生的回答与预期回答进行比较，从而对学生个体的认知状态进行实时感知。感知内容包括共同的迷思概念及错误的比例等。当学生的错误过多时，系统会发出警报（VanLehn et al., 2021）。对话型智能导学系统 AutoTutor 使用预期—误解定制式对话，将学生的回答与预期答案要素和误解进行比较，以此给出不同的反馈并选择下一轮对话的材料（高红丽 等, 2016）。

MTFeedback 能够将学生的概念图与专家的概念图进行比较，从而实时评估协作小组的概念图质量，并了解学生是否存在迷思概念（Martinez-Maldonado et al., 2014）。

在面向认知状态追踪构建学生模型时，最具代表的是贝叶斯知识追踪模型（BKT）（Corbett, Anderson, 1994）。如本书前面章节所述，该模型假设学生能否正确解决问题不仅取决于是否掌握了该知识点，也取决于失误概率和猜测概率。无论学生是否掌握题目所对应的知识点，都有一定概率做对或做错。贝叶斯知识追踪模型包含初始学习、习得、失误和猜测四个参数。在智能导学系统 ALEKS 中，基于知识空间理论，每个状态都有初始掌握概率，当学生做出回答后，系统能够根据学生的正确/错误情况，更新这些状态的概率。以此评估学生的认知状态，并在下一步推荐合适的题目（Craig et al., 2013）。很多智能导学系统用 BKT 来追踪学生的知识状态。卡内基梅隆大学人机交互研究所研发的智能导学系统 Lynnette（Long, Aleven, 2013），能够教授学生求解线性方程问题。Lynnette 主要采集学生答题信息和操作记录，输出学生的认知状态和异常状态。在具体算法运用方面，它同样采用贝叶斯知识追踪的方法，追踪每个学生的知识掌握情况。

2. 基于论坛数据的认知状态感知

随着大规模在线学习的兴起，越来越多的研究者利用论坛数据对学生的认知状态进行分析。目前，常见的分析方式有：利用传统回归模型进行分类，利用主题模型进行建模，以及利用深度学习和自然语言处理技术进行分类。

在利用传统回归模型进行分类方面，主要是使用逻辑回归算法对学生论坛数据进行认知状态感知，研究者旨在改进贝叶斯知识追踪模型的一些弊端（Pavlik et al., 2009）。如 Wang 等人（2015）根据 ICAP 框架（Chi, Wylie,

2014），利用逻辑回归模型，对学生在论坛中发布的帖子进行分类，以了解其认知投入水平。十折交叉验证结果表明，逻辑回归对"主动式参与""建构式参与""互动式参与"的分类准确度都能达到74.3%以上。

在利用主题模型建模方面，许多研究者利用潜在狄利克雷分配模型（latent Dirichlet allocation，LDA）对在线学习论坛中的主题进行挖掘，帮助教师和教育研究者发现文本数据中的潜在主题和模式（Chen，Ren，2017；Zarra et al.，2018）。在线学习论坛中，"点赞"是学习者之间一种常见的互动手段，可以反映学习者对文本内容的喜好以及主题兴趣。Peng等人（2016）提出了一种新的主题模型（like-latent Dirichlet allocation，Like-LDA），将"点赞"这一行为特征纳入考虑，用于检测课程评论中的潜在主题兴趣。结果表明，Like-LDA在提取新的隐藏主题、主题检测准确性和每个主题中词语的连贯性方面都比传统的LDA表现更好。

随着深度学习的发展，一些学者利用深度学习和自然语言处理技术，对学生的认知状态进行建模。BERT（bidirectional encoder representation from transformers）是一种基于Transformer的双向编码器（Devlin et al.，2018），自2018年诞生以来，目前已在各项自然语言处理任务中取得了较好的效果。因此，一些学者将BERT应用在文本分类任务中，以了解学生的认知状态。如Liu等人（2022）利用BERT-CNN对学生的论坛发帖进行分类，该模型包括一个BERT语义编码模块和一个CNN语义融合层。相比于以往的研究，对于认知投入的分类，该模型在F1值上提高了8%。当然，随着生成式大语言模型的不断普及，不难预期会有越来越多利用GPT技术分析论坛讨论数据的认知状态感知方法，比如利用GPT进行学生生成文本词云的构建（Koh et al.，2024）。

3. 基于眼动数据的认知状态感知

眼动（eye movement，EM）指的是眼球的运动，与感知、意愿和认知状态等密切相关（Fuhl et al.，2018）。常用的眼动指标有兴趣区（area of interest，

AOI）、注视次数（fixation count，FC）、注视时间（fixation duration，FD）、眼跳（saccade）和眼动轨迹图（fixation track，FT）（Rayner，2009；张琪，武法提，2016；闫志明 等，2018）。在应用上，有研究者利用眼动设备监测学生的注意力和认知负荷。例如，D'Mello等人（2012）开发了基于对话的Guru系统，利用眼动仪记录学生的注意力模式，将学生的注视模式与预设注视模式进行比较，从而监测学生"不参与"的状态，并基于学生的状态给予个性化干预。在课堂教学场景中，有研究者利用头戴式眼动仪实时采集眼球运动和瞳孔反应等数据，后续通过智能计算反映师生的认知负荷变化情况（Prieto et al.，2017）。

4. 基于生理信号的认知状态识别

大脑是人类学习最关键的物质基础，大脑思维活动依赖于神经元之间的连接和信息交互，神经元在信息传递过程中会发生微弱的电位变化。随着技术的不断发展，我们现在可以利用神经信号感知技术来追踪这种微弱的电位变化，从而感知学习者的大脑活动。当前的电位信号感知技术主要分为侵入式和非侵入式两种。在教育中，研究者广泛采用的是非侵入式感知技术，主要包括对头皮脑电信号的感知技术（electroencephalogram，EEG）、表征大脑活动时氧合血红蛋白和脱氧血红蛋白变化的功能性近红外光谱技术（functional near-infrared spectroscopy，fNIRS）和在医疗中广泛应用的功能性磁共振成像技术（functional magnetic resonance imaging，fMRI）。基于人脑生理信号的认知状态识别涉及认知神经科学和教育学的多学科交叉研究。

在认知神经科学领域，北京师范大学认知神经科学与学习国家重点实验室卢春明课题组致力于脑认知与教育研究，系统揭示了教学情境下人际互动的典型交互行为及其脑间同步模式，提出了基于脑间同步的人际互动认知层级模型和面向教学过程的认知神经层级模型（Jiang et al.，2021；Liang et al.，2022；Zheng et al.，2020）。

在教育领域，研究者注意到脑与学习行为和学习结果的紧密联系，并致力于探讨在高生态、真实情境下学生的认知规律。比如，胡航等人（2019）利用 Mindset 耳机监测学生学习过程中的注意力指数，在英语学习过程中，学生会收到答题正确或错误的反馈。当学生的注意力低于 40 时，学习系统将自动暂停学习视频，同时启动注意力提升系统并向学生提问。Feng 等人（2021）利用 Neurosky 的便携式脑电设备开展课堂实验研究，探讨学生在协作学习时的注意力变化。学习场景如图 6-1 所示。

图 6-1 小组协作学习场景

6.2 学生元认知的感知

元认知（metacognition）是关于认知的认知，指的是对学习过程中认知活动的认识与调节（Brown，1978；Flavell，1979）。元认知主要包含三个方面：

一是元认知知识，即个体关于自己或他人的认识活动、过程、结果以及与之有关的知识。二是元认知体验，即伴随着认知活动而产生的认知或情感体验。三是元认知监控，即个体在认知活动进行的过程中，对自己的认知活动积极进行监控，并相应地对其进行调节，以达到预定的目标（董奇，1989）。

常见的元认知状态包括：对任务进程的调节情况（Alavi，Dillenbourg，2012；Deeb et al.，2019）、协作角色轮转情况（Balestrini et al.，2013）、小组活动参与和均衡程度（Bachour et al.，2008；Olsen et al.，2020）、学习策略的使用情况（Aleven et al.，2006）、诸如提示反馈等导学功能的使用情况（Holstein et al.，2018）、问题解决策略（VanLehn et al.，2004）等。学习中元认知策略的恰当使用能够显著促进学习效果的提高。此外，与认知活动不同，元认知超越具体学科内容限制，能适用于多种不同学科的问题解决，与跟学科领域知识相关的具体学习策略和解题策略相比，元认知策略更容易促进学习迁移的发生，更有利于学生高阶能力的培养。因此，对学生学习过程中元认知状态的感知监测是有必要的。现有研究大多利用自我报告、出声思考、人机交互、生理信号采集等方式，对学生的元认知状态进行感知。

1. 自我报告法

自陈式问卷是元认知测量最常用的方法，即在完成指定学习任务后，让被试通过问卷或量表报告他们在完成该学习任务时的元认知活动。比如，Barnard等人（2008）开发的自我调节问卷，从目标设定、任务策略、时间管理、求助、自我评价等维度测量学生的自我调节学习水平。Biasutti和Frate（2018）开发了针对小组协作学习场景的小组元认知问卷，从元认知知识、计划、监控和评价四个维度，对学生的协作学习过程进行测量。

除此之外，也有研究借助一些技术工具，支持学习者在学习过程中自我报告当前学习进程，帮助教师在教学过程中了解学习者状态并给予适当的干预。

如，在协作学习场景下，各小组可以利用 Lantern 工具，手动切换 Lantern 灯的颜色。每一种颜色对应正在进行的练习，颜色亮度表示在当前练习上所花费的时间，颜色闪烁表示该小组需要教师帮助，闪烁频率与等待教师帮助的时间有关，闪烁速度越快，表示等待帮助的时间越长。如图 6-2 所示。通过 Lantern 的状态，教师和其他小组能够很容易地感知到小组在学习任务中的状态进程（Alavi，Dillenbourg，2012）。

图 6-2　Lantern 工具（Alavi, Dillenbourg, 2012）

2. 出声思考

出声思考（think aloud）指的是学习者在进行学习任务的操作时，用语言表达出脑海中正在思考的内容，以让教师或研究者能够推断学习者的元认知水平（Pressley，Afflerbach，2012）。该方法常用于问题解决任务中，学生可以口述每一步的选择理由，将注意力从问题的答案转向自己解决问题时的思维加工过程。通过学习者口述的问题解决过程，教师可以了解其元认知状态（Van Someren et al.，1994）。例如，在协作学习过程中，小组学生被要求出声表达自己的看法，通过多轮交互共同建构知识。在学生互动的过程中，教师可以通过学生的口头语言，了解各小组的协作状态，进而激发学生更多的建构学习和互动学习（Chi，Wylie，2014）。

3. 人机交互

随着学习技术的发展，越来越多的在线学习系统支持学习者利用智能技术开展在线学习。在学习者与系统交互过程中，会留下大量日志文件，这些数据既可以用于前文所提到的认知状态感知，也可以用于元认知状态的感知。例如，当学生在智能导学系统Pyrenees中点击求助按钮时，Pyrenees系统能够试图理解学生的解题计划或意图，从而给出具体的提示，帮助学生继续解决问题（Chi，VanLehn，2007）。Aleven等人（2006）提出了一种元认知计算模型，该模型用了80个if-then语句。在认知导学系统中，对于给定问题解决情境中理想的元认知行为，模型能够预测特定的求助错误。Roll等人（2011）将Help Tutor整合进几何认知导学系统中，基于Aleven等人提出的元认知计算模型，对学生求助不当的情况进行检测，并提供元认知反馈，从而提升学生运用"求助"的能力。研究还发现，在干预后的一个月里，提高的求助能力能够迁移到学习新的领域知识上。

FACT系统开发了过程评测器（process detector），用于评测小组协作状态。其方式是通过监测小组学生的操作行为和语音，识别异常协作状态。当小组参与失衡，出现不对称贡献，系统会触发警告。例如，当小组学生共同参与完成海报的不同部分时，"分开工作"（working separately）的标识就会被触发，当系统监测到小组中某个学生独自完成了小组的所有操作时，系统的"独自工作"（working alone）标识就会被触发（VanLehn et al.，2021）。

美国卡内基梅隆大学人机交互研究所开发了教学生求解线性方程问题的智能导学系统 Lynnette 和面向教师的可穿戴工具智能眼镜 Lumilo。Lynnette 系统基于学生的行为和答题数据，将学生状态分为错误使用系统（如猜测、滥用提示）、无效挣扎（如多次尝试但学习效果不好）、挣扎（如很多错误）、非常出色（如一口气做对了很多个题目）和沉默（如两分钟之内没有交互）等。每种状态用不同的图形化符号与之相对应，如红色问号表征"无效挣扎"状态。Lumilo 可以把 Lynnette 对学生的分析进行再处理和可视化，呈现在教师佩戴的智能眼镜上，帮助教师更直观地了解学生当前的学习状态（Holstein et al., 2019；Long，Aleven, 2013）。

4. 生理信号

随着智能传感技术的发展，大量研究开始利用多模态数据揭示教与学的过程。在计算机科学中，多模态数据一般是指图片、视频、音频、文本等不同模态的数据。而此处所指的多模态数据主要指除了用常规手段可以采集的学习过程中的音视频和行为日志，我们还可以利用生理感知设备采集学习者的皮电、心电、脑电等不同模态的数据。这些数据能够从不同的维度刻画学习者的学习过程，更全面地反映学生的学习进程，进而让我们对每一名学生的学习过程进行更全面的评价。例如，Noroozi 等人（2019）利用 MATLAB 软件设计实现了 SLAM-KIT 工具，该工具能够将反映生理和心理的多模态数据进行融合分析，并以可视化的形式呈现结果，帮助研究者了解各小组的共享调节学习过程。该软件支持视频和音频与传感器数据对齐，然后在相同的时间线上以彩色编码图的形式表示。其中，皮肤电信号（electrodermal activity，EDA）能够用于监测多名学生在协作过程中的心率，结合视频获取到的数据，研究者就能够解释学生表现出心率波动的原因。SLAM-KIT支持用户利用简单的算法进行数据分析，包括多维递归量化分析（multidimensional recurrence quantification analysis，MdRQA）、坡度编码（slope coding）、皮尔逊相关性分析。其中，MdRQA能够从生理信号中找到学生之间的同步性。研究发现，学生在协作学习中遭遇挑战时（该时刻能够通过视频编码进行定位），小组学生的心率会同步升高（该现象可从皮电数据得出）（Järvelä et al.，2021）。

6.3　学生情感状态的感知

情感与认知加工紧密关联，对记忆、注意、思维等过程起调节作用，可以显著影响学习结果（Wu et al.，2016）。尤其在认知失调理论看来，认知失调对学习起着十分重要的作用，而某些情绪往往伴随着认知失调，比如"困惑"（Sidney et al.，2005）。因此，对学生情感状态的感知监测十分重要，这不仅有助于教师了解学生的情感状态，还有助于教师和研究人员进一步理解学生的认知过程。

对学生情感的感知监测主要有以下几种方式：（1）基于学生自我报告的情感状态感知；（2）基于日志文件的情感状态感知；（3）基于音频数据的情感状态识别；（4）基于面部表情的情感状态感知；（5）基于生理信号的情感状态感知；（6）综合多模态数据的情感状态感知。在应用上，现有研究主要着重构建追踪学生情感变化的模型，对学生的困惑、兴奋、沮丧等情绪情感状态进行追踪，并探究不同情绪情感之间的变化对学生学习效果的影响。

1. 基于自我报告的情感状态感知

学生在学习过程中进行自我报告，对学生在多个时间点上的情感信息进行采集。例如，Sabourin等人（2011）基于智能导学系统Crystal Island，利用贝叶斯网络，对学生的情感状态进行建模。在系统中，学生每 7 分钟自我报告当前的情感状态，包括 7 种情感，即焦虑、无聊、困惑、好奇、激动、专注、沮丧。在选择了情感状态后，学生还需要用一些词来描述当前状态。最后，利用贝叶斯网络（Bayesian network）、期望最大化算法（expectation-maximum，EM）等，训练参数和概率分布，进而实现情感状态的自动分类。Cloude 等人（2020）基于学生自我报告的 19 种情感状态，对学生在 MetaTutor 中的情感状态进行分析。研究发现，无聊状态和元认知监测准确率表现存在显著负相关关系。另外，如果困惑状态持续时间过长，会对学习表现产生较大影响。

2. 基于日志文件的情感状态感知

日志文件中包含学生的操作行为等数据，能够在一定程度上反映学生的学习情感。在对话式智能导学系统 AutoTutor 中，系统基于对话数据监测学生的情感和动机状态，并将分析结果用于教学策略的选择，以激励学生的自信心，提高学生的学习兴趣，使学习收获最大化。例如，如果学生处于沮丧状态，那么导学系统一方面需要提供线索帮助学生建构知识，另一方面需要提供支持性的意见加强学习动机。如果学生感到无聊，那么导学系统需要呈现更多有趣或具有挑战性的问题（D'Mello et al.，2007；Graesser et al.，2007）。当学生表现出困惑状态时，AutoTutor 会首先鼓励学生努力尝试，以从认知失调再次回到认知平衡。但当学生长时间没有跳出认知失调状态时，导学系统会尝试表达出同理心，以期在学生丧失信心放弃前帮助他们摆脱困惑状态。

此外，D'Mello 等人（2008）基于 AutoTutor 中的日志文件（包括瞬时信息、响应信息、应答质量等），用监督学习的方式对学生学习的离线视频进行编码，以自动识别各种情感状态。他们从日志文件中的瞬时信息、响应信息、应答质量评估等维度抽取特征变量，利用回归分析等 17 种算法，建立学习情感投入监控模型。2012 年，D'Mello 和 Graesser（2012）构建了一个模型，对复杂学习活动中出现的动态情感状态进行细粒度分析。该模型预测，处于投入状态的学生在面对矛盾、异常、目标障碍和其他僵局时，将经历"认知失调"和"困惑"。学生可以通过思考、反思和解决问题来恢复认知平衡，在恢复认知平衡的同时，学生也将恢复到投入的情感状态。但如果不解决这些学习中的障碍和僵局，最终将导致学生陷入无聊的情感状态。Wu 等人（2022）建构了面向日语学习的情感导学语言学习系统，基于学生的点击数据来确定学生的积极或消极情感状态。研究表明，该系统能够显著提升学生的参与水平和学习表现。

3. 基于音频数据的情感状态感知

情感状态能够通过不同的语音特征表现出来，如声音的音调、发音和强度等（Juslin et al.，2005）。在应用上，一般先对音频特征进行选取。为了减少冗余特征，可以采用特征选择和降维算法，如主成分分析、成对相关性算法等，对关键特征进行提取，这些特征包括但不限于语速、基频、能量、梅尔频率倒谱系数、共振峰等。在选择分类算法时，有研究采用传统机器学习算法（例如随机森林、决策树和支持向量机等）对音频进行分类、建模。例如，Noroozi 等人（2017）利用随机森林对音频信号的特征进行分析，包括音高、强度、前四个共振峰带宽、平均自相关、平均噪声谐波比和标准差等，从而识别说话者的高兴、恐惧、悲伤、中立、惊喜和恶心等六种情感状态。其中，对于高兴状态的分类准确率最高，达到了 78%。除此之外，许多研究开始采用深度学习技术建立情感状态感知模型，这包括卷积神经网络（convolutional neural network，CNN）、循环神经网络（recurrent neural network，RNN）、长短期记忆人工神经网络（long short-term memory，LSTM）等（Atila，Şengür，2021；Lee et al.，2020）。

4. 基于面部表情的情感状态感知

人类的面部表情常常能够反映当前自身所处的情感状态，不同情感状态所表现的面部表情带有或明显或微妙的变化。例如，悲伤时，面部表情特征为眉毛凹陷、眼睛狭窄、鼻肌抬高、嘴角向下等（Frasson，Chalfoun，2010）。在教育场景中，研究者通常探究某种面部特征与学习过程或结果的关联，为进一步感知和理解学生的学习过程提供证据。例如，Hayashi（2019）采用 Face Reader 系统对学生的面部表情进行识别，并在此基础上将面部表情特征值与协作学习过程和结果进行相关分析。研究发现，从学生的面部表情中检测到的负面情绪能够预测学生间发展相互理解的过程。在发展相互理解的过程中，学生可能会表现出"愤怒"的情绪；而在达成一致理解的过程中，学生可能会表现出"高兴"和"愤怒"两种情绪。

5. 基于生理信号的情感状态感知

情感能够引起人的皮肤电、血压、心率、呼吸速率等内部生理信号的变化（Frasson，Chalfoun，2010），因此，为了细粒度分析学生的情感状态，很多研究采用眼动设备、压力鼠标、手环、脑电设备等采集学生的内隐性特征和生理信号。其中，皮肤电活动指的是学生皮肤的导电性能，其可以提供学生交感神经系统的活动和唤醒的信息（Garbarino et al.，2014），能够在某种程度上表征学生的情感状态。Ketonen 等人（2023）发现，当学生感到兴奋时，心率会升高，心率变异性较低；而当学生感到无聊时，心率水平相对较低。Kim 和 André（2008）基于肌电、心电、皮电和呼吸等信号，采集了学生的皮肤电导率、心率和呼吸频率，利用特定情感多层次二分法分类技术对学生的情感进行分类。研究发现，

对学生在唤醒 – 效价上的情感识别准确率高达95%。此外，也有研究将脑电设备应用于情感监测。如Heraz和Frasson（2007）发现，利用脑电信号可以预测学生快乐、唤起、掌控感等情感状态，准确率分别达到了73.55%、74.86%和75.16%。Pamungkas等人（2021）利用便携式脑电设备感知学生愉快或悲伤的情感。

6. 基于多模态数据的情感状态感知

单一模态容易出现"路灯效应"（Freedman，2010），因此，众多研究者结合多种模态信息对学生的情感状态进行综合分析预测。Kaklauskas等人（2015）构建了纳入自我认知和自尊测评的智能导学系统，在鼠标和键盘的人机交互设备基础上，构建了面向学生认知和情绪测评的生理分析系统，利用眼动仪、脑电图、无线血压监测仪、无线脉搏血氧仪等感知设备对学生的眼动、脑电、血压、脉搏等多模态生理信息数据进行采集，以实现对学生情感状态的智能感知，并为其提供自适应的学习路径规划服务。Su等人（2016）构建了基于人脸识别和语义识别的情感导学系统，可利用学生的面部表情数据和文本输入数据对学生的情感状态和学习情境进行识别，并为其选取合适的教学策略和教学资源，通过教学代理实现用户和系统之间的交互，使学生获得良好的学习体验。VanLehn等人（2016）采用电生理信号采样（皮肤电、体温等）、脸部特征提取、坐姿特征提取、鼠标压力特征提取、操作序列特征等技术和分析手段，建立了随机森林模型，对学生的情感类型进行识别，并结合情感类型调整情感代理元认知指导话语的内容，为多模态学习分析技术下的情感识别提供了参考。

第 7 章
灵活个性化的教学

基于学生状态，智能导学系统就可以根据系统的领域知识模型和教学模型实施个性化的教学干预行为。这里所说的干预行为包含了对学生实施动作前的提示和实施动作后的反馈，其中以反馈最为常见。实施教学干预行为首先需要选择适宜的干预时机，使得教学干预不会打扰学生的思考。在此基础之上，导学系统选取合适的教学干预内容，通过适应性教学脚手架帮助学生一步步地消化、吸收、理解相应的知识内容。一般来讲，只有在学生主动要求时，导学系统才会给予提示。下面以教学反馈为主进行教学干预时机和内容选择的介绍。

7.1 教学反馈的时机与内容

就教学反馈的目的来讲，可以分为总结性反馈和形成性反馈。总结性反馈倾向于给予学生阶段性的反馈，一般是在期中或期末。形成性反馈是近年来学界提倡的反馈方式（Clark，2012；Fluckiger et al.，2010），主要指的是贯穿于整个学习过程以促进学生知识掌握和能力发展为目的的反馈，它注重给予学生重要的学习信息（Clark，2012）。智能导学期望在学习过程中给予学生形成性反馈。

学生在学习过程中需要不断地进行投入思考，以提升其学习效果，然而学生常常不能全身心地投入学习当中，甚至在课堂中都不乏经常出现讲小话、吃零食、玩手机等现象（Peeck，Tillema，1978）。著名心理学家加涅在论述影响学习内部过程的外部事件时提到，刺激的变化能吸引学生的注意力（Beck，Lindsey，1979），并强调教学要引起学生的注意，以确保刺激被接受（Kulhavy，Anderson，1972）。然而认知科学领域的专家指出，注意作为一种资源，其容量是有限的，因为它要分配并共享相互竞争的学习目标（Beck，Lindsey，1979）。这也就是说，学生会有选择性地关注自己需要的内容，以达到学习目标（Kippel，1975）。换言之，学生并非对所有的内容都感兴趣，不同的学生感兴趣的内容也不一样。在为学生提供反馈信息时，必须掌握好给予反馈的时机，确保在最恰当的时候给予反馈。因此，对于智能导学系统中的教学反馈而言，教学反馈时机和具体反馈内容的选择，是影响教学干预效果的两个重要因素。

1. 教学反馈时机的选择

教学反馈的时机是指学生应答行为发生到反馈刺激呈现之间的时间间隔。

如第 2 章所述，教学反馈的时机可以分为三类：即时反馈、延时反馈和按需反馈。（1）即时反馈是指在学生完成应答行为后立即给予反馈（Shute，2008）。（2）延时反馈是指在学生完成应答行为后，间隔一段时间再给予有关反馈，这个时间可能长达几小时甚至几天（Beck，Lindsey，1979；Peeck，Tillema，1978）。Anderson 等人（1972）发现，延时反馈配合相应的练习，具有较好的信息保留作用，且间隔时间在一定范围内与效果成正比。（3）按需反馈是在学生自己提出需求时才进行系统反馈，可能会出现学生过度使用或者过度避免这种帮助功能的情况。

不同反馈时机对于不同类型学习内容的影响也不尽相同。研究发现，反馈时机对类别学习（识别不同分类的学习）和动作技能学习会产生不同的影响（万楠 等，2020）。有专家在研究反馈时机对类别学习的影响时发现，即时反馈的学习效果比延迟反馈的效果要好许多，延迟反馈不利于类别学习的进行。针对动作技能的学习，反馈时机对于动作技能学习的影响与任务的难度系数有关：在任务较简单时，即时反馈和延时反馈的差别不大，而在任务难度较高时，即时反馈的效果要明显优于延时反馈（邢强 等，2018）。此外，有学者在研究中发现，在处理需要高阶能力的复杂任务中，延迟反馈具有促进作用（冯霞 等，2018）。这反映出，如果学生正在进行一些简单内容的学习，即时反馈的效果会比较好一点。如果正在进行高层次目标学习，则适当延迟效果更好。

对于反馈应该立即进行还是延迟进行，支持即时反馈的研究人员认为，即时反馈能防止将错误储存到记忆中，因此越早提出矫正性反馈信息，学生的记忆越有效。Anderson 等人（1995）应用 ACT 程序教学测试反馈时机对于学习的影响发现，对于学生错误的即时反馈有助于当前的学习。支持延迟反馈的研究者认为，延迟反馈可以减少前摄干扰，使学生通过遗忘最初的错误将正确的信息不受干扰地储存于记忆中。Schroth（1992）将反馈应用于概念形成任务中，并按四种时间段（0秒、10秒、20秒、30秒）进行反馈，发现延迟反馈虽然减缓了最初的学习速度，但是在延迟之后却有助于迁移。可见，学者们对于反馈时机的选择一直存在着争议，并没有达成普适性的结论。无论是即时反馈还是延迟反馈，对学习都有积极作用，也有消极的副作用。即时反馈的积极作用体现在有效促进结论的形成，激发学习动机，并能及时明确给出学生行为步骤的影响结果。消极作用则可能导致学生过于依赖反馈信息，抑制学生发现问题的主动性。而延迟反馈能激发学生积极主动地进行认知和元认知加工，但对学习有困难的学生和动机不强的人而言，延迟反馈不利于知识和技能的高效掌握。Mathan和Koedinger（2002）回顾了关于反馈时机的研究得出结论，反馈的有效性不仅取决于对时机的把握，也取决于任务的性质和学生的能力。

2. 教学反馈内容的选择

在传统教师所驱动的教学中，教师在确定反馈的内容时，通常考虑以下几个方面：（1）呈现的教学内容。这需要教师设计良好的教学方案，并选择合适的教学方法，将原本枯燥的专业知识生动地呈现给学生。此外，有关背景知识以及扩展性知识的加入可以激发学生的兴趣，培养学生能力。当今社会需要的不仅仅是掌握专业知识的知识再现者，拥有良好的合作能力、交往能力、解决问题能力、融会贯通能力等是另一个重要的方面。（2）评价的方式。教师需要给予学生贯穿整个学习过程的评价反馈。这意味着教师要建立给予学生学习评价的最佳方式，以达到评价促进学生学习的目的。（3）促进学生的个性发展。不同的学生对不同的学习内容有着不同的学习情感与动机，教师需要抓住学生的最佳学习情感与学习动机加以引导，辅之以挑战性任务，以促进学生的发展。

在智能导学系统中，教学反馈的内容与传统场景不尽相同，其具体内容需要基于一定的学生动作单位产生。在动作单位的界定上，由于研究者们普遍认为，智能导学系统的导学行为可以分成内、外两个循环。外循环以学习任务和练习为单位，而内循环则以学习和解题步骤为单位。因此，导学系统应该可以为学生提供基于步骤的指导，而不是仅在任务全部结束时提供反馈（Ostrander et al.，2020；VanLehn，2011）。

教学反馈可提升学生的认知水平和元认知能力，同时还可以调节学生的情绪。智能导学系统中反馈的设计在遵循通用性原则的基础上，与学生状态的智能感知相对应，依据反馈功能的不同，将反馈设计分为三个层面，即认知反馈、元认知反馈和情感调节反馈。学生的认知水平反映了其对知识的掌握程度，而元认知则是认知的认知，一定程度上反映了学生"学会学习"的能力。所以，元认知反馈可界定为不是单纯由学生认知的正误而触发的反馈。元认知反馈提供与元认知有关的内容，传达学生在学习过程中所需要的内在思考过程和外在行为的信息，例如建议学生请求提示、引导学生回忆先前知识等。元认知反馈使学生意识到正在使用的认知策略，提醒学生评估认知策略的适用性，以继续或调整其认知策略，增强学生元认知知识，促进元认知监控，提升学生的整体元认知意识和水平，促进学生的知识迁移和泛化能力，让学生能够学会举一反三。而具有情感调节功能的反馈则是在感知学生当前情感状态的前提下（如感兴趣、困惑、烦躁等），给予学生相应的反馈信息让学生能够保持与学习相关的有益情感，远离阻碍学习的负面情感。

机器学习等智能技术可以用于实现智能导学中的个性化自动反馈。例如，Kochmar等人（2022）研发了一个智能导学系统，探究了个性化的反馈如何提高学生的表现。他们提出了一种机器学习方法来自动生成个性化的反馈，该方法既考虑了学生的个人需求，也减轻了专家干预和设计手工规则的需要。它利用深度学习技术和自然语言处理技术，通过提示和基于维基百科的解释为学生提供个性化的反馈。此外，他们还证明了个性化反馈可以提高学生在实践中解决练习的成功率。实验结果表明，自动化、数据驱动、个性化的反馈促进了学生的学习表现，相比于传统方法，效果显著提升了22.95%，并且同时改善了学生的主观学习感受。Mathan等人（2003）研发了一个基于学生具体错误的反馈导学系统，并比较了基于正确解决方案生成的机械反馈内容和支持进行错误检测和纠正技能练习的智能导学效果。这里的正确解决方案用一个专家模型来进行描述，其反馈内容是基于一个强调无错误和有效的任务表现的模型产生的。使用该系统的学生需要一直保持使用同一条路径上的解决问题方法，因此，任何偏离解决方案路径的情况都会通过即时反馈得到纠正，学生也会因此错失很多犯错的机会。相比之下，另一个支持错误检测和纠正技能的模型，允许学生犯错误并观察错误的后果，让学生可以在自己的错误中进行学习。如果学生在解决方案步骤中一直未能纠正错误，系统会通过纠正反馈引导学生回到正确的解决方案路径上。

7.2 适应性教学脚手架

在智能导学系统中，学习任务和给予学生提示和反馈的内容通常依据学生的具体情况进行调整，展现出适应性脚手架的功能。学生的具体情况可以包括知识水平、学业表现等认知方面，学习认知风格、策略等元认知方面，以及学习兴趣等情感状态方面。这些适应性教学脚手架的实现，主要基于导学系统通用框架中的四个模块，即领域模块、学生模块、教学模块和用户接口模块。有时还会借助一些其他的辅助模块，如指南模块、策略模块、个人学习模块、知识库模块、通信模块、系统管理员模块和消息传递模块（Erümit,

Çetin，2020），进而针对学生的需求和偏好进行个性化教学（Radenkovi et al.，2011）。教学脚手架所依据的主体是教学模块，其适应性的实现则需要其他模块的联动。

如前文所讲，这样的适应性教学脚手架本质上与以促进学习为目的的形成性反馈一致。Shute（2008）指出，在基于计算机的学习环境中，形成性反馈和脚手架"通常被认为对提升知识和技能获取至关重要"。Wood 等人（1976）将脚手架的原始概念定义为成年人帮助儿童完成目前超出儿童能力范围的任务元素，从而使儿童能够专注于他或她能力范围内的任务方面。这将有助于孩子成功完成整体学习任务。Puntambekar 和 Hubscher（2005）将这种脚手架的概念与 Vygotsky 关于社会互动作为认知发展关键组成部分的讨论进行了类比，以凸显其在认知发展中的重要性。Bangert-Drowns 等人（1991）讨论了教学脚手架中反馈和提示的许多优点，肯定了其在帮助学生识别和纠正误解和错误，制订高效的解决问题策略中的作用，并指出适应性教学脚手架可以提高学生的元认知和自我调节能力。Van der Kleij 等人（2015）通过元分析发现，往往更详细的反馈和提示会产生更好的学习效果，特别是对于高阶学习内容而言。可见，除了支持学习中的认知和元认知过程外，反馈和提示还可以在发展有效的自我调节技能、增加动机和参与度以及减少挫折感等方面发挥重要作用。

智能导学的适应性具体体现在学习任务的选择以及提示反馈的选择上。在学习任务的选择上，导学系统的适应性一般分为三种：（1）学习任务由固定顺序给出，学生自主决定任务的完成进度；（2）按照学生意愿自主选择任务；（3）完全由教学模型进行自动选择。具体来说，当学习任务是按固定顺序给出的时候，学生可依靠自身水平和基础的差别，以自己最舒适的节奏依次完成各项任务，不必受限于固定教学计划的安排。当学习任务是由学生自主决定的时候，导学系统可按照学生模型所记录的学生对各类知识点的熟练程度，为每个学习任务进行标注，让学生能够大概了解该学习任务的难度水平，进而对学生的选择进行指导性建议，也让学生拥有充分的选择权。当学习任务是按照教学模型进行自动推送的时候，教学模型往往内置一个或多个教学法，如掌握学习等。这些教学法同样会考虑学生的认知、非认知等状态，针对这些状态进行教学过程优化。

智能导学在提示反馈上的适应性，首先可以体现在如上节所述的教学反馈时机和内容的动态选择上面。另外，其适应性还可以体现在导学过程中提示和反馈序列的构成和使用上。提示和反馈序列的构成类似，但作用不同。提示序列用于帮助学生顺利完成当前的解题步骤，反馈序列用于帮助学生顺利修改当前解题步骤出现的问题。序列都是由一系列模糊到具体的解释构成的。以提示序列为例，其一般首先提醒学生完成该解题步骤所需要应用的知识点，然后进行公式和理论的提示，最后直接告知学生正确答案。根据学生认知水平的不同，系统可以自动选取提示或反馈序列的起点，或者交由学生自主控制，进而实现导学过程的适应性。

第 8 章
沉浸式的交互

智能导学系统的用户接口定义了学生与导学系统的具体交互方式，是实际教学内容传递的介质。沉浸式的人机交互方式可以提高学生学习投入的程度，增强学生学习的动力。本章首先介绍了游戏化学习这种经典的沉浸式学习体验，然后介绍了虚拟现实（VR）、增强现实（AR）、混合现实（MR）（合称为 XR）等交互技术在教学中的应用情况，最后介绍了导学系统多模态的交互方式（即除键盘、鼠标交互外的动作、视觉、听觉等交互），为导学系统的交互设计提供了重要参考。

8.1 游戏化场景中的教学

游戏对人们的日常生活产生了巨大的影响,通过游戏,人们能够放松心情、释放压力,而后以更加饱满的热情投入工作和学习当中。"游戏化"是指借鉴游戏中的科技手段来吸引人,使其能够主观地沉浸于某个特定的场景中。2010年以来,游戏化越来越多地应用于教学场景中,教学工作者将游戏、游戏元素、游戏设计以及游戏理念应用到日常教学实践中。确切地说,是将游戏的合作性、探究性和竞争性与学习目标、学习对象有效地结合起来,这就形成了"游戏化教学"。游戏化教学有两个优势:其一,游戏化学习能够通过游戏和学习的共生关系增强学生的学习动机;其二,在教育中融合游戏元素,能够培养学生的创造力,改善学生的心理健康(Nieto-Escamez,Roldán-Tapia,2021)。

游戏化教学场景可以分为两类:一类是基于数字化学习手段的游戏教学平台,实践形式为将电子游戏应用在某些教学环节和过程中;另一类是在课堂上组织基于游戏的教学活动,强调师生互动和生生互动,实践形式为小组相互协作、辩论赛、角色扮演、实验游戏等。按照教授内容的类型,可以将游戏化学习分为以掌握知识为目标的教学和以提高操作技能为目标的教学。无论教授的内容类型如何,游戏化学习都用于学生学习投入的提升。因此,以下将从这三个方面展开说明。

1. 以掌握知识为目的的游戏化教学

以掌握知识为目的开展游戏化教学旨在通过将游戏和教材中的内容相结合的方式,为学生设计主题游戏,让学生通过游戏更好地理解所学知识。da Silva

Júnior等人（2021）通过包含竞赛、合作、积分、榜单排名等元素的游戏化机制来帮助学生学习和巩固与化学有关的概念，并对学习后的考试分数和问卷反馈进行分析。结果表明，竞赛和榜单排名能够帮助提高学生的学习动机，获得更好的学习表现，学生的自我反馈也验证了这一结果。Erenli（2013）认为，将寻宝游戏和学习目标结合起来，能够有效促进学生学习的主观能动性和知识获得感。学生可以根据已有的数学知识，创建指向特定地理位置的方程，并让其他学生进行解答，如果解答的学生能够正确回答位置信息或者相关建筑物，则闯关成功。寻宝的过程本身也是自我认知提升的过程，通过让学生在游戏中学习来激发学生的自主探索能力，进而帮助学生更好地理解所学知识。上面的案例都将学习内容分解成一系列关卡或挑战，学生需要完成特定任务才能进入下一个阶段。这种教学方法通过逐步增加难度和挑战来促进学生的学习和成长，并提供即时反馈和奖励，激发学生的学习动力。

2. 以提高操作技能为目的的游戏化教学

以提高操作技能为目的的游戏化教学旨在通过游戏化教学策略，让学生提升动手能力，在游戏中内化相关知识，获得思维能力的发展。Brezovszky等人（2019）发现，在支持小学生自适应数学知识和相关算术技能方面，基于数字导航游戏的学习环境有效地提高了学生的知识水平和算术技能。技能的掌握不能仅仅停留在理论学习阶段，游戏化教学能够让学生在特定的情境下沉浸式学习，对提高学生的实操技能有很大帮助，并且可以通过给学生指定角色或身份，创建一个具有情节和任务的游戏化故事，激发学生的兴趣和投入。学生可以在游戏中与其他角色互动解决问题，并根据他们的行动获得反馈和奖励。

3. 游戏化教学在增强兴趣、提升投入度上的作用

游戏化教学可以通过角色扮演、游戏活动等方法来活跃课堂气氛，吸引学生注意力，让学生带着兴趣听课。Mavridis 和 Tsiatsos（2017）将 3D 教育电脑游戏应用在学生考试中，发现游戏可以明显降低学生的焦虑感，同时学生的学习成绩明显提升。Simões 等人（2013）认为，基于游戏的教学平台能够提升 K-6 儿童（年龄在 6~12 岁之间）学习的积极性和主动性，孩子们可以在该平台上尽情地阅读、写作、绘画、社交、做游戏等。将游戏元素与学习内容结合能够让学习活动变得更具吸引力和趣味性。通过引入游戏化教学方法，教师可以为课堂注入趣味性和活力，提高学生的积极性和参与度。游戏化教学不仅能够激发学生的学习兴趣，还能够通过多人游戏中的合作任务，培养他们的协作能力和分析解决问题的能力。

总的来说，游戏化教学能够创造有趣且吸引人的学习体验，激发学生的主动性和积极性。采用游戏化教学的方法不仅可以增强课堂的趣味性，还能提升学生的实际操作能力，帮助他们更好地掌握知识。

8.2 XR 技术下的沉浸式学习体验

所谓沉浸式学习（immersive learning），指的是使用虚拟现实（VR）、增强现实（AR）以及混合现实（mixed reality，MR）等各类技术为学生营造出一种相比于传统方式更加真实的学习环境，使学生能够更好地沉浸于学习过程之中。具体而言，VR 是一种通过模拟环境创造身临其境的感觉的技术。在学习中，VR 可以提供逼真的情境和互动，使学生能够更深入地体验和探索学习内容，提高学习的沉浸感和参与度。AR 技术将虚拟元素与真实世界相结合，通过在现实环境中叠

加虚拟内容，提供丰富的学习体验。学生可以通过 AR 应用程序将学习材料可视化，与虚拟对象进行互动，并在真实的物理空间场景中应用所学知识。MR 结合了 VR 和 AR 的元素，允许用户与现实世界和虚拟对象进行实时互动。学生可以在真实环境中与虚拟对象进行合作、操作和实验，提供更加身临其境的学习体验。

1.VR 学习体验

VR 技术的应用需要头戴硬件设备的支持。通过 VR 头戴设备，学生可以沉浸在虚拟的三维环境中，与学习内容进行互动。针对在 STEM 相关领域学习有困难的美国高中生这一群体，Bodzin 等人（2020）设计并开发了一款沉浸式虚拟现实（iVR）游戏，为学生提供了一种高度沉浸式、即时和个性化的学习体验。VR 技术可以创造出身临其境的感觉，使学生仿佛置身于学习内容所描述的场景中，这种沉浸式体验激发了学生的兴趣和好奇心，提高了学生学习的参与度和专注力。另一项研究中，钟正和陈卫东（2018）结合 VR 技术的特性构建了灵活开放的体验式学习环境设计框架，并以此框架为指导，对生物学枯草芽孢杆菌体验式学习环境进行了沉浸式环境设计。通过在虚拟环境中进行学习，学生更深入地理解和记忆了学习内容。与传统教学相比，通过身临其境的体验和互动，学生可以更好地掌握抽象概念，加强空间认知能力，并提高信息的记忆和回忆能力。沉浸体验式学习场景能够改善学生的学习体验，当前，越来越多的研究者从神经认知和情绪变化的角度探究 VR 技术对学习认知的具体影响机理。王雪等人（2021）借助脑电设备、情绪测量技术跟踪和测试学生的大脑认知过程、情绪状态、学习体验，得出"生成性学习策略—过程性积极情绪""生成性学习策略—心理努力—即时迁移—延时迁移""生成性学习策略—感知难度—结果性积极情绪—心流体验—投入度—即时保持—延时保持"三条促进 VR 环境下学习发生的作用路径。

此外，VR 技术在科学、历史、地理、艺术、工程等其他学科和领域也有广泛的应用。在虚拟演练和模拟方面，VR 为学生提供了在虚拟环境中进行模拟演练的机会，如飞行模拟器、外科手术模拟等。这种模拟训练可以帮助学生获得在真实场景中才能获取的实践经验，提高学生的实际操作技能和实时决策能力。在虚拟课堂和远程教育方面，通过虚拟课堂，学生可以在远程教育中，与教师和其他学生进行实时互动。虚拟课堂提供了一种沉浸式的学习环境，使学生能够更好地参与和专注于学习内容。在语言学习和跨文化交流方面，VR 提供了模拟语言学习和跨文化交流的环境。学生可以通过与虚拟角色或其他学生进行交互来练习语言技能，并在虚拟环境中体验不同文化背景下的沟通和交流。在文化遗产保护和历史重现方面，VR 可以重现历史事件和文化遗产，帮助学生更好地理解和体验历史。学生可以通过 VR 游览历史遗址、参观博物馆等，增强对历史和文化的认识和理解。在实地探索和虚拟实验方面，VR 技术可以使学生远程参观难以到达的地方，如外太空、古代文明遗址或海底世界。此外，学生可以利用虚拟实验室进行实验，避免了传统实验室所面临的时间、空间和安全等限制。

VR 技术的应用使学习的过程变得更加生动。它提供了一种互动性强、身临其境的学习方式，同时还克服了传统教学中的一些限制和挑战。

2.AR 学习体验

AR 技术为学生提供了一个虚拟与现实世界交织的学习体验。它可以将虚拟内容叠加在真实环境中，为学生创造出与学习内容相关的 AR 场景，从而鼓励学生积极参与学习过程。通过与虚拟对象进行互动，学生可以触发动画、声音等，探索和发现知识。这种互动性有助于培养学生的探索精神和实践能力，提高学习动机和兴趣。Zhao 等人（2021）以提高学生学习体验为目标，提出了一种轻量级的移动室外 AR 方法。该方法将深度学习和认知建模相结合，让学生更深刻地感知学习场景。可见，AR 技术通过虚拟技术引导学生到现实世界中进行实地学习，使学生可以在现实场景中应用所学知识，解决实际问题，并进行实地考察和实践，同时通过 AR 技术观测应用的效果。这种实地学习经验可以增强学生对学习内容的理解和应用能力。张浩等人（2020）以幼儿美术活动教学为具体场景，结合体验学习理念，构建了 AR 技术支持的学习活动框架和设计流程，发现 AR 学习过程体验对幼儿的主动程度、创新思维、专注状态均有显著影响。此外，AR 技术也被应用在高等教育中，特别是在系统或机械的复杂理论和机制的学习方面，导学系统通过 AR 技术来提高学生的机械操作知识和技能。例如，Liarokapis 等人（2004）展示了学生在观察增强的三维凸轮轴模型时的视图，同时结合了一组真实的发动机零部件。结果表明，AR 技术能够增强通过上下文的交互，使高等教育中复杂的机制和困难的理论更容易被学生接受和理解。

  AR 技术还能显著提升传统纸质教科书的阅读体验。学生可以利用 AR 应用程序扫描教科书上的图像或标记，从而获得更丰富的学习内容。通过在纸质教科书的图像上叠加动画、模型或交互元素，AR 技术帮助学生更好地理解抽象概念或复杂过程。在 3D 模型和模拟方面，AR 技术可以让学生在现实环境中查看和操作虚拟的三维模型。例如，学生可以使用 AR 应用程序在桌面上生成人体器官的可视化模型，并旋转和放大模型，以深入了解其结构和功能。在实地导航和地理知识方面，AR 应用程序可以结合地理定位技术，提供实时的导航和地理信息。学生在手机或平板电脑上看到的虚拟箭头、标记或信息层可以指导他们在现实世界中探索和学习地理知识。在艺术和创造性表达方面，AR 技术可以在艺术教育中提供创造性的体验。学生可以使用 AR 绘画应用程序，在纸上创作艺术作品，并通过应用程序观察虚拟元素与他们的作品互动，为他们的创作增添新的层次。在科学实验和化学模拟方面，AR 技术可以为学生提供安全和可视化的学习环境。学生可以通过 AR 应用程序在现实世界中进行化学实验，观察反应过程和结果，从而更好地理解实验原理和概念。

这些 AR 学习体验的例子展示了 AR 技术在教育领域的潜力，它不仅能丰富学习内容，还能提供沉浸式的学习体验，并促进学生的参与和理解。通过与现实世界的结合，AR 为学生带来了全新的学习方式和机会。

3.MR 学习体验

MR 是 AR 与 VR 的结合。在 MR 学习体验中，学生通过穿戴设备（如头显）或移动设备，观察并与虚拟对象在真实场景中进行交互。MR 学习体验结合了 VR 和 AR 的特点。这就意味着，MR 不仅可以提供完全虚拟的环境，还可以将虚拟元素与真实世界相结合。通过使用传感器、摄像头和计算机图形技术，MR 技术可以在真实环境中追踪和感知学生的位置、动作和手势，然后将虚拟元素与真实世界进行融合和交互。

MR 技术被广泛应用于多个领域。在交互式实验和模拟方面，学生可以使用 MR 设备在虚拟环境中进行交互式实验和模拟。Ke 等人（2016）研究了 MR 综合学习环境在为大学教学助理提供模拟和沉浸式教学实践中的设计和潜在影响。通过对参与者的参与行为、参与度和感知的定性和定量数据分析表明，其所研发的 MILE 系统加强了临场感，并支持通过数字化身体现的现场手势来完成大量的虚拟教学任务 / 行动。此外，在化学课上，学生可以使用手势控制在虚拟试管中混合化学物质，观察反应结果。这种学习体验可以让学生在安全且沉浸的环境中进行实验，增强实践技能。在虚拟场景探索方面，MR 技术可以将虚拟对象叠加到真实环境中，提供更丰富的学习体验。例如，在历史课上，学生可以使用 MR 设备探索古代文明的虚拟重建，观察建筑、文物和人物的细节，深入了解历史事件和文化背景。在三维可视化和模型方面，学生可以使用 MR 技术将三维模型和可视化内容带入学习中（Billinghurst et al., 2001）。

这些例子只是 MR 学习体验的一部分，随着技术的不断发展，将会有更多创新应用出现，为学生提供更加丰富和个性化的学习体验。MR 学习体验具有以下优势和特点：（1）沉浸式学习。学生可以沉浸在虚拟和真实环境的融合中，创造出身临其境的学习体验。（2）互动性和参与度。学生可以与虚拟对象进行实时互动，通过手势、语音或控制器与虚拟元素进行交互，增强学习的参与度和动手能力，并通过具身认知效应来提高学习效果。（3）实践和模拟。MR 技术可以为学生提供模拟实践的学习机会，让学生在虚拟环境中进行实地操作、模拟实验或进行角色扮演。（4）个性化学习。MR 技术可以根据学生的需求和反馈提供个性化的学习内容和指导，以促进学生的个体化学习和理解。（5）协作和团队合作。学生可以通过 MR 技术与其他学生或远程的合作者进行实时的协作和团队合作，共同解决问题和完成任务。

总结来说，使用 XR 技术进行学习可以带来多种好处。它可以提供更加沉浸式和个性化的学习环境，增强学生的参与度和专注力。通过与虚拟对象或情境的互动，学生可以更深入地理解抽象概念，进行实践和实验，培养解决问题和团队合作的能力。需要注意的是，AR、VR、MR 等技术的使用场景、使用的便捷性等各不相同，需要按照实际教学情况进行选择。

8.3 与学习者的多模态交互

学生的多模态交互（multimodal interaction）是指学生通过多种感知通道和交互方式在学习过程中与导学系统进行交流和互动。传统的学习交互主要是通过书面文字和口头语言进行，而多模态交互引入了更多的感知通道，例如视觉、听觉、触觉和动作等，以提供更丰富、全面的学习体验。多模态数据支持的人机交互能够更好地对学生的外显行为和内隐生理信息进行感知，进而能够更好地理解学生真实的学习意图和学习需求，并为其提供更加适切的学习支持服务（王一岩，郑永和，2022）。下面将从动作交互、视觉交互、听觉交互三个方面展开介绍。

1. 动作交互

所谓动作交互，是指学生通过身体动作和动态操作与学习环境进行交互，包括使用手势、运动控制器、身体动作模拟和 VR 技术等。通过动作交互，学生可以参与互动式学习活动，如进行实验操作和动态场景探索等。例如，在基于 Kinect 技术的增强现实数学学习系统中，学生可以直观地通过手势拖动和组合图形元素，从而深入理解数学概念并掌握解决问题的策略（Lozada-Yánez et al., 2019）。为了实现动作交互，导学系统需要能够捕捉并理解学生的动作意图，进而呈现学生的动作效果。

2. 视觉交互

视觉交互是指学生通过视觉通道接收和理解信息，包括使用图像、图表、动画和视频等视觉媒体来展示和说明学习内容。学生可以通过观察和分析视觉媒体来理解概念、观点和实例。学生还可以通过交互式可视化工具进行视觉交互，提升其探索和理解复杂概念和数据的学习过程体验。

尚俊杰等人（2022）基于教育学、心理学、神经科学等学科领域的相关研究成果，设计开发了教育游戏《方块消消乐》。为了帮助学生解决认知困难，研究团队设计了两种认知脚手架，学生可以旋转观察正方体、查看二维图形与三维物体运动变化过程的演示动画。实证研究表明，该游戏能够促进学生数学知识学习，提升学生的心理折叠能力。李晓英和余亚平（2022）构建基于多模态感官体验的儿童音画交互系统，通过创新绘画体验，改变传统图画手、脑、眼并用的绘制方式，使儿童音画创作方式更加丰富与多元，扩展儿童认知能力边界，从而优化儿童的绘画互动体验，提高儿童的图画创作兴趣。此外，在虚拟实验室和模拟实验方面，借助视觉交互，学生可以使用虚拟实验室进行科学实验，观察和控制实验条件，调整实验参数和采集数据（Price，Price-Mohr，2019；Yang et al.，2019）。

3. 听觉交互

学生通过听觉通道接收和理解信息，包括听取讲座、听音频材料、参与讨论和听取语音指导等。通过听觉交互，学生可以接收语言信息、语音提示和解释，进一步理解和吸收学习内容。学生可以通过虚拟代理（virtual agents）进行听觉交互，提出问题、发出指令或获取学习资源。很多研究探讨了虚拟学习环境和虚拟代理对学生英语听力与口语能力的促进作用（Hassani et al.，2016；Tanaka et al.，2018）。例如，Hassani等人（2016）开发了一个智能虚拟英语学习环境，学生通过语音的方式与虚拟代理进行会话，虚拟代理可以评估学生的英语口语水平，并适应性地调整下一轮对话的复杂度。研究表明，学生在语法、发音、熟练程度等方面均得到了提升。Zhang等人（2006）研究探讨了在电子学习中使用互动视频的学习效果，结果表明，使用互动视频进行学习可以提高学生的学习效果和参与度。

基于多模态数据的交互不但可以提高学生的心流体验，还可以用于提升教师的教学过程体验。基于多模态数据的学习分析可以让教师更加全面地了解其学生的学习方式和总体学习状态，同时降低教学认知负荷。在这些方面，如何针对学习的多模态交互数据制订合理的指标体系，是需要重点解决的问题。

第三部分
智能导学的效果

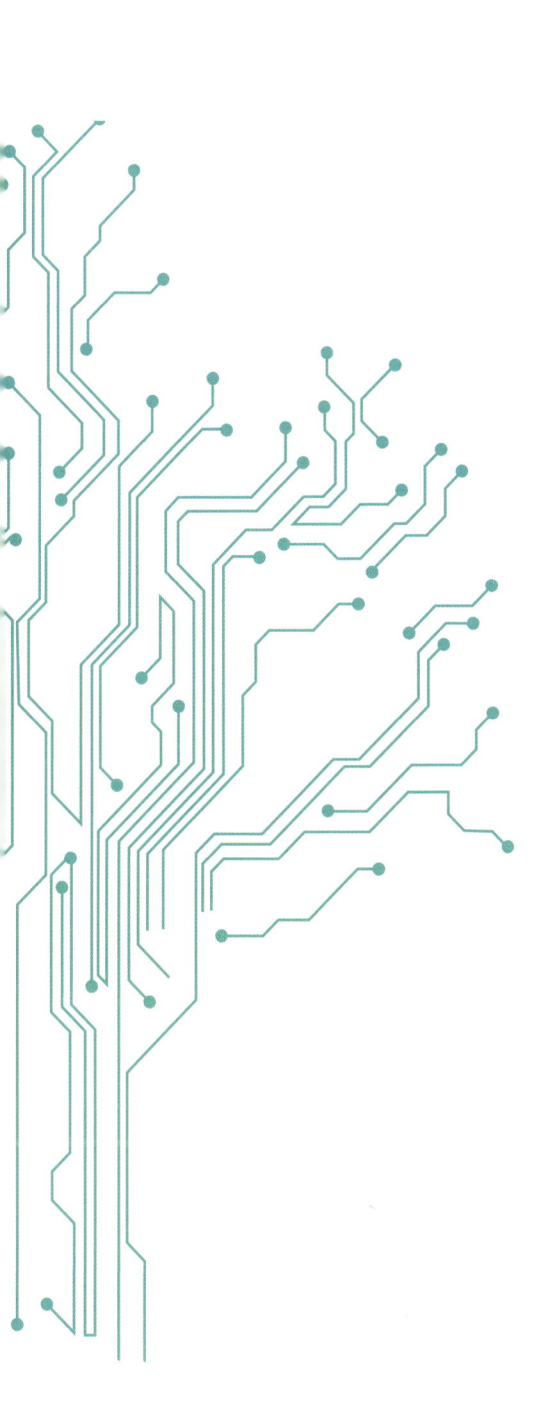

第 9 章
学习间隔效应促进的编程学习

编程技能是许多学科开展教学与研究的一项基本技能，如 C 语言程序设计、Python 编程等编程类课程也成为高等教育中的公共基础类课程。因此，如何面向不同学科背景的学生有效开展编程教学成为教育尤其是高等教育中的重要问题。作为智能导学应用效果部分的章节，本章以编程教学为例，详细讲述了如何基于学习科学理论中的学习间隔效应建立智能导学系统并实施系统教学的实验和评估。

9.1 学习间隔效应

在认知心理学领域，学习间隔效应是一种被广泛接受的学习理论。研究普遍认为，相比于集中式练习，分布式间隔练习能够帮助学生更好地掌握所学的知识（Karpicke，Bauernschmidt，2011；Soderstrom et al.，2016）。这里所说的集中式练习，经常和间隔式练习一起被研究者提及，指的是学生对于某一主题在短时间内，不间断或者非常短暂间断地进行大量持续性学习（Budé et al.，2011；De Cecco，1968）。有学者认为，间隔效应之所以产生，是因为当学生面对多次出现的学习资料时，会出现一种记忆优势（Sobel et al.，2011）。还有学者认为，间隔学习不仅能够加深学生对知识的记忆，还能够优化提升对相应知识的理解，因为这种学习方式让学生在持续有间断的练习中，对无关紧要或非核心的知识进行了遗忘（Shimoni et al.，2013），从而实现知识的优化。另有学者认为，学习间隔效应可以用缺陷处理（deficient processing）假设进行解释，即与立即重复相比，间隔重复更能引发大脑中有效的知识编码和记忆（Gerbier，Toppino，2015）。

单词学习、阅读和记忆任务的心理学实验支持了分布式练习的效果，发现分布式练习增强了学生对知识的记忆和理解，促进了错误的减少以及知识的保留和转移（Karpicke，Bauernschmidt，2011；Soderstrom et al.，2016）。另外，功能性磁共振成像的发展和应用进一步为分布式练习效应提供了神经学证据（Xue et al.，2013）。

除了前面提到的实验室实验，真实情境下高生态的教学实验也证实了分布式间隔练习的效果。例如，Budé等人（2011）要求学生以分布式的方式学习统计学，发现学生对相关知识的掌握更好更深入。Rohrer和Taylor（2006）将学生分成两组，一组在一周内的一次课堂上完成 10 个数学问题（集中式练习），而另一组在两周内的两次课堂上完成同样的 10 个问题，每次 5 个（分布式练习）。完成练习四周后进行的一项测试表明，采用分布式练习的学生获得了更好的知识保留和学习理解效果。

总而言之，现有研究表明，在多个领域中，分布式实践优于大规模实践，然而分布式实践的有效性在编程教育中并没有得到很好的研究。

9.2 导学系统的构建

本节首先详细介绍了领域知识的相关研究，然后介绍了系统架构与实现，最后描述了学生如何使用该系统进行练习以及教师如何管理系统中的练习题。

1. 编程教学的内容与导学设计

编程是一门公共基础课。然而，对于新手而言，编程并不是轻易能学会的（Bennedsen，Caspersen，2007）。这可能是因为许多学生只记住了编程语言的表面特征，如变量和循环的语法，却忽略了代码背后的逻辑。很多研究探讨了如何促进学生在基于计算机的环境中更好地学习编程。现有的一些研究旨在通过自动评估学生的代码和提供编码错误的反馈来帮助学生学习编程。例如，Web-CAT 和 ASSYST 是使用模式匹配技术将学生的答案与正确答案进行比较的工具。当学生违反了一组 SQL 语言不应破坏的约束条件时，SQL 导师会提示学生。QuizJET 是使用参数化练习促进自动编程评估的一个例子（Hsiao et al.，2010）。CloudCoder 可捕捉编程问题中的知识点，以分辨学生可能在哪些主题上有困难（David，Jaime，2013）。另外，一些程序通过构建有趣的用户界面让新手学生将注意力集中在编程逻辑而非语法上。例如，Scratch 软件用一组色彩斑斓的方块取代了乏味的代码，让新手忽略编程语法的细节

（Resnick et al., 2009）。Jakoš 和 Verber（2017）设计了一款教育游戏来教授没有编程知识背景的学生，降低了学生对编程学习的焦虑，创造了一个轻松愉快的学习环境。

在编程智能导学系统的设计方面，Hoffman 等人（2011）开发了名为 C-doku 的应用程序来提高学生的代码阅读能力。C-doku 为学生提供了大量的代码片段，让他们通过阅读代码来完成输入和输出。当学生完成代码时，C-doku 会自动检查解决方案并提供即时反馈。Zingaro 等人（2013）开发了 Python 课堂响应系统，在学生提交答案后，系统会自动提供即时反馈。教师也可以查看学生的答案和答题统计，及时调整教学计划。Na 等人（2017）开发了一个基于网络的 Java 编程学习辅助系统，为编程新手提供了填空题，让学生通过阅读代码来学习语法和基本的编程技能。

Quizit 是少数通过教授学生时间管理策略提高学生编程学习效果的导学系统。这个基于网络的系统帮助学生管理他们的练习时间，并让学生每次练习少量习题（Alzaid et al., 2017）。Zhang 等人（2020）利用 Quizit 在一定程度上提高了编程新手的学习效果，但也发现了教学干预嵌入的不足。

2.DQuiz 系统的介绍

笔者与北京师范大学的李葆萍团队合作研发了一个名为每日测验（DQuiz）的移动应用，该应用支持学生每天进行小规模练习，并通过改进反馈机制、实践评论功能和添加更多数据可视化功能扩展了其功能（Li et al., 2021）。

具体来讲，DQuiz 在手机移动平台上部署了一个练习小程序，旨在方便学生进行分布式间隔练习。在 DQuiz 中，单项和多项选择题是学生唯一的练习方式，因为这类题型容易适应移动屏幕，便于学生在手机端进行操作，也可以缩短每次练习的时间，同时还方便系统为学生提供即时反馈，防止学生陷入困惑无法纠错的状态。此外，系统还嵌入了电子勋章和讨论板功能，以鼓励学生进行自我调控和互动，从而促进学生学习（Chi et al.，2018；Denner et al.，2014；Dillenbourg，2005）。系统每天为学生分配几道练习题（通常是2或3道），并使用彩色日历来显示他们需要完成的日常练习。严格按照日历完成每天相应的练习被认为是分布式间隔练习，因为这种练习方式在每次练习中间都插入了一定的间隔。

DQuiz系统的架构可以分为三个主要层：表示层、业务逻辑层和数据层。表示层是用户和系统之间的用户界面，即本书前面所提及的用户接口。系统支持两种用户角色：学生和教师。学生通过移动设备访问系统进行练习，教师通过计算机访问系统管理练习题。业务逻辑层包括管理和交互模块。管理模块帮助管理学生登录信息和练习题，交互模块处理并记录学生的行为和讨论板上的帖子。所以这一层次主要完成了学生模型的构建。数据层由四个数据库组成，即存储用户信息、练习题、论坛帖子和交互行为，以便于轻松进行数据分析。这一层次主要对应领域知识模型。该系统没有单独的教学模型，而是把间隔式学习这种教学模式融入了整个系统的设计和实现当中。

3.DQuiz的主要功能

1）学生端功能

移动设备应用程序使学生能够在讨论板上进行练习和互动。学生登录系统后可以看到练习日历，该日历显示了当月所有日常练习的状态。每天练习的状态用不同的颜色表示：黄色代表当天的练习，绿色代表已经完成的练习，红色代表未完成的练习，灰色代表没有练习。日历下方展示了电子勋章，以此鼓励学生不断练习，提高练习的正确性。学生还可以将评论发布到讨论区，以获得更多点赞。这种可视化可以帮助学生快速了解他们需要完成多少未完成的练习以及他们在学习中的表现。学生可以选择练习的日期，点击日期后会看到一些选择题，这些题目旨在帮助学生加强对所学材料的记忆（Butler et al.，2008）。

学生选择并点击"提交"按钮后，会收到关于答案正误的反馈。学生可以继续尝试，直到他们做出正确的选择，或者点击"查看正确答案"按钮查看正确答案。点击"查看正确答案"按钮也意味着放弃了自己寻找正确答案。另外，系统为每个练习问题都提供了相应的解释，这样学生可以通过查看解释进一步加深对相关知识内容的理解（Butler, Roediger, 2008; Yang et al., 2015）。在操作上，学生可以点击"查看说明"按钮，进一步了解如何选择正确答案。完成当前练习后，学生可以通过点击"显示不同问题标识"按钮继续完成其他练习题，也可以通过"导航"按钮返回日历选择另一个练习日期。

2）教师端功能

系统为教师设计了一个基于网络的管理平台，使教师可以命题并查看学生的练习进度。通过这一平台，教师还可以识别出需要特别关注的学生群体。此外，教师可以按问题或按学生查看正确率，以便将来调整练习难度。

该系统所囊括的练习题主要包含四种类型：预测给定程序的输出、发现有问题程序中的bug（缺陷）、概念检测和补全程序。以下是每种类型练习题的一个示例。

（1）预测给定程序的输出：

以下程序的结果是（　　）。

int x = 117, i = 0;

char [5];

do{

switch（x%16）{

case 10: a[i] = 'a'; break;

case 11: a[i] = 'b'; break;

case 12: a[i] = 'c'; break;

default: a[i] = 'f'; break;

}

i++;

x = x/16;

}

A. F A

B. F

C. A B

D. A C

（2）发现有问题程序中的 bug：

下面程序想要实现的功能是逆序输出数组 c，但是这个功能未能实现，错误原因是（　　）。

int i=5, j = 0;

char c[5] = 'a', 'b', 'c', 'd', 'e', s[6];

do{

s[j]=c[i-1];

j++;

printf（"%c", s[j]）;

}while（i > 0）;

A. 数组 c[5] 的初始化错误

B. 数组 s[6] 的长度与输出的元素数不一致

C. j++; 语句的位置是错的

D. while 判断语句错误

（3）概念检测：

以下选项中的合法标识符是（　　）。

A. ＿A

B. b-a

C. goto

D. int

（4）补全程序：

以下程序的功能是找到一维数组中的最大值。可以填写在（空1）和（空2）中的是（　　）。

int a[5]=3,4,7,2,5;

int i,max;

max = a[0];

for（i = 1; i < 5; i++）

if（空1）

空2;

printf（max = %d, max）;

A. a[i] < max, max = a[i]

B. a[i] > max, max = a[i]

C. a[i] < max, max = a[i-1]

D. a[i]>max,max=a[i-1]

9.3　导学系统的实证效果

对比实验是检测导学系统实证应用效果的主要方法。本节首先介绍了对比实验的设计，然后描述了其数据分析与结果，最后讨论了分布式间隔练习对 DQuiz

中学生学习结果与行为模式的影响。

1. 实验设计

实验假设采用分布式间隔练习的学生应该能够比不采用分布式间隔练习的学生获得更好的学习效果，所以需要设立实验组学生使用分布式间隔练习方法，对照组学生使用集中式练习方法。尽管 DQuiz 嵌入了程序来促进学生采用分布式练习策略进行练习，但系统无法强迫学生一定按照既定策略执行。因此，我们安排助教鼓励实验组学生定期进行练习。这里设定每 3 天一次练习为一个合理的时间间隔。之前的研究表明，在没有强制干预的情况下，学生倾向于每周甚至更长的时间间隔进行练习（Zhang et al., 2019）。最终，由助教辅助学生遵循分布式间隔练习的策略，并进行组间对照实验。

课程持续了一个学期。教师每天都会布置练习题，直到期末考试前一周。一共有 228 道练习题，其中前 14 天每天 3 题，后 93 天每天 2 题（减少题目数量，但增加练习难度）。学生需要每周来上一次课。学生被随机分成两个班，每个班有 100 名，两个班都由同一位讲师指导。然后，这些班级被随机设置为分布式间隔练习组（即实验组）以及集中式练习组（即控制组）。两组都在课堂上学习，并使用 DQuiz 进行课后练习，将其作为日常练习。两个小组还每周编写或调试源代码作为他们的课程作业。学生们报告他们每周花在作业上的学习时间作为其他学习时间的指标。

课程开始时，教师向学生们介绍了 DQuiz 这一应用程序，并告诉他们可以自愿使用。教师建议学生在学期结束前完成应用中的所有问题作为练习，以备期末考试。作为对使用该应用的鼓励，学生将根据他们完成的练习数量获得一个从 0 到 100 的分数。这个评分将占据他们课程总成绩的 5%。具体来讲，完成练习超过 95% 的学生获得 5 分，完成 60% 的学生获得 3 分。课程成绩的其余 95% 则包括课堂参与度（5%）、家庭作业（15%）、期中考试（15%）和期末考试（60%）。教师建议所有学生遵循练习日历以取得较好的学习表现，并告知他们中的一些人可能会接受不同的指导。但是，学生们不知道这些指导具体是什么。两组都被建议每周在课堂上完成他们在DQuiz上未完成的练习。唯一的区别是，实验组还会每隔3天通过即时消息受到助教的鼓励。即实验组被建议每次练习更少但频率更高，而对照组则以集中的方式进行练习。这种干预使得实验组以分布式方式进行练习，而对照组以集中方式进行练习。

第一节课，所有学生都被要求回答5个关于C语言编程的问题作为预测试并通过课堂发布的电子问卷报告他们每周的学习时间。实验过程如图9-1所示。

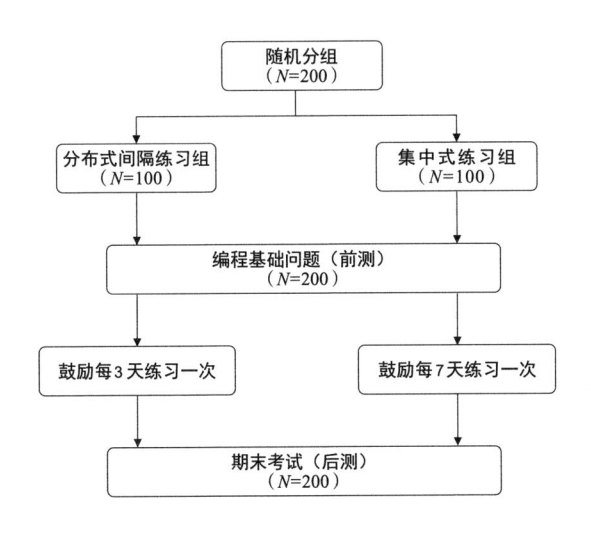

图9-1　DQuiz对照实验流程图

2. 数据分析与结果

在描述性总结指标方面，系统的评估一共设计了9个指标来测量学生在DQuiz上的学习行为以及系统外学习的成效。表9-1列出了所有指标和相应的计算方法。这些指标可以帮助我们了解两组学生在 DQuiz 上的总体不同表现。通过计算各个指标与学生期末考试成绩之间的相关性，可以揭示不同学习表现的学生是如何完成最终学业的。

表 9-1　学习成效指标

行为	指标	描述
DQuiz 行为	练习频率	连续两次练习之间的平均天数
	发帖总数	一个学生发帖的总数
	每次练习的时间	一个学生花在每个问题上的平均时间
	在线时长	一个学生花在 DQuiz 上的总时间
	第一次检查正确性	学生第一次提交时正确回答的百分比
	正确性	学生在整个提交中正确回答的百分比
	练习总数	学生完成的总问题数
系统外行为	其他学习时间	除了使用 DQuiz，学生每周在课后学习的时间（例如做作业）
	编程基础	编程基础问题的学习结果

在学习过程的行为模式分析方面，系统的评估采用了滞后序列分析（lag sequential analysis，LSA）方法。其主要用于检验当某一行为发生后，另一行为的发生是否具有统计的显著性。该方法的应用需在行为编码的基础上，统计每个行为序列出现的频率，并计算频率的 z-score。当 z-score 大于 1.96 时，相应行为序列的频率达到统计学显著水平（$p < 0.05$）。根据学生的行为记录日志文件和表 9-2 中所描述的编码规则，可使用 GSEQ 软件进行滞后序列分析。分析生成的两组序列转换图，可用于可视化识别两组学生的行为模式差异。

表 9-2 行为编码框架

动作	描述	编码
完成新练习	学生开始学习一个新的练习问题，并提交答案	NP
查看正确答案	学生点击按钮查看正确答案	CA
点击解释	学生点击按钮查看答案解释	CE
收藏问题	学生点击按钮将该问题放入收藏夹列表	CQ
发表评论	学生在论坛中发表评论	CM
点赞	学生点赞问题或答案	LK
重做练习	学生练习已经做过的问题	RE

结果显示，分布式练习组的学生表现优于集中式练习组的学生。分布式和集中式练习组的学生在期末考试中分别获得了85.67（SD=10.40）和77.40（SD=13.42）的分数，并且差异显著（t=4.76，p<0.001）。然而，分析发现很多来自集中式练习组的学生在学期末没有完成足够多的练习题，他们完成的总练习次数明显少于实验组的学生。因此，两组之间的差异可能是由练习量而不是练习时间的分布导致的。为确保两组总共完成相似数量的练习，进一步的分析剔除了练习完成量小于70%的学生。剔除这些学生后，分布式练习组和集中式练习组的期中考试成绩分别为84.05（SD=10.62）和79.58（SD=12.55），期末考试成绩分别为85.93（SD=10.59）和79.76（SD=12.68）。然后，通过协方差分析（ANCOVA）检验两组在期末考试中差异的显著性，并将编程经验和个人学习时间作为协变量。结果显示，两组的差异显著（p=0.002，F=6.52）。因此，可以认为分布式间隔练习提高了学生在编程方面的学习成绩。

3. 分布式间隔练习对 DQuiz 功能使用情况的影响

分布式间隔练习组比集中式练习组表现更好，可能是因为前者更频繁地接受鼓励，然后花更多时间在习题练习中。因此，探索分布式间隔练习如何影响学生对练习系统功能的使用情况非常重要。通过量化统计学生对 DQuiz 系统的使用情况发现，分布式间隔练习组比集中式练习组更积极地参与讨论，并且第一次提交练习答案的正确性显著高于集中式练习组。分布式间隔练习组在 DQuiz 上花费的时间比集中式练习组长，这种差异可能是因为分布式间隔练习组需要更长的时间来回答每个练习题，但这个时间上的差异并不显著。

进一步的相关分析还发现，学生第一次提交的正确性与期末考试成绩显著相关（$r=0.57$，$p<0.001$）。因此，学生第一次提交的正确性可以被视为预测学生最终学业成绩的有力因素。为了了解两组之间首次提交正确性的差异，这里计算了一个新的衡量标准，称为组间首次提交正确性差异。公式为

$$每道题的首次提交正确性差异 = \frac{（实验组首次提交正确性 - 对照组首次提交正确性）}{对照组首次提交正确性}$$

由于两个学生可以在给定的时间范围内选择不同的练习题集，而不同练习题的首次提交正确性无法比较，因此这里使用问题来标识计算首次提交正确性的差异是如何变化的。此外，问题是按时间戳排序的，因此问题标识也反映了时间序列信息。分析结果发现，两组学生之间首次提交正确性的差异是随时间变化而累积的。这一发现也与分布式间隔练习效应的理论假设一致：每个新的知识点在时间间隔内都获得了记忆优势，记忆优势逐渐积累并出现在后续的学习过程中。线性回归结果表明，两组学生的首次提交正确性存在差异，从而导致期末考试也出现显著差异。

4. 分布式间隔练习对行为模式的影响

通过对学生行为序列的编码和滞后序列分析的研究发现，学生普遍存在以下三种典型的行为模式。

（1）连续完成新练习。学生连续进行新练习，该类行为模式在分布式练习组中的概率大于在集中式练习组中的概率。在 DQuiz 中，学生每完成一道题目，会收到来自系统关于答案正确性的反馈。如果回答正确，学生往往会继续进行新的练习；如果回答错误，学生会尝试进行修改。前面的分析已经表明，分布式练习组的初检正确率更高，这个正确率保证了他们可以连续完成几个新的问题。

（2）做新的练习并修改。采取这种行为模式的学生，在完成练习后，会发表查看关于该题目的评论或者查看解释，以便对自己的练习结果进行修改。

（3）连续重做练习。学生重新做已经完成的练习，并在完成后继续下一题。学生连续完成问题可能是因为在完成问题时很少犯错误，但又觉得需要进一步学习相关知识。

对于集中式练习组，学生还表现出了以下三个额外的行为序列：

（1）将当前问题添加到收藏列表后进行新问题的练习。

（2）在发表评论后将当前问题添加到收藏列表中。

（3）在提交已经完成的练习题的答案后直接查看正确答案。

当学生将新习题添加到收藏列表时，可能是因为他们认为该问题的相关概念没有学好，并且需要在未来再次练习。分布式练习组的学生普遍在收藏之后没有急于开始一个新的练习，而是在这个时候进行反思。而集中式练习组的学生可能是急于完成所有未完成的问题，这样他们在收藏题目和开始一个新的练习之间没有腾出任何时间。此外，收藏题目和开始新练习的频繁组合会迅速增加学生需要重做的问题数量。结果是，当集中式练习组的学生再次练习时，会比分布式练习组更多地依赖查看答案功能。另外，集中式练习组的学生在完成练习后倾向于只检查他们答案的正确性，而缺乏查看答案解释的动作，这表明他们很少尝试彻底理解问题，因为答案解释提供了比正确答案更详细的信息。

以上分析表明，基于选择题的分布式练习可以帮助新手学习编程。在有限的人为干预（鼓励学生在应用程序中练习）情况下，移动应用程序 DQuiz 有效地支持了学生采用分布式练习策略，且不会增加学生的课后学习时间。对学生学习行为模式的分析显示，分布式练习策略减轻了学生每次的学习负担，使他们能够花更多时间专注于每个练习题。该研究为分布式练习策略对编程学习中基础知识和高级能力获取的影响提供了真实教与学的长期证据。

该导学系统的研发充分地展示了如何融合教育心理学的间隔学习理论和计算机技术促进学生的学习，也展示了基于总结性和过程性指标的导学应用效果评估分析方法。

第 10 章
智能导学手把手教动态系统建模

无论学生的专业是什么，建模都是一项非常重要的技能。首先，建模本身是一项重要的认知技能，美国的下一代科学教学标准列举了 7 条贯穿整个标准的重要能力，建模就是其中之一。其次，建模能力被广泛认为是学习领域知识的重要方法。例如，建模有助于学生深入了解科学系统、经济系统，以及其他类似结构的系统（Chin et al., 2010; Metcalf et al., 2000; Stratford, 1997）。通过对领域知识进行系统建模，学生可以消除对知识概念的错误理解，明晰相应概念的变化，并在学习和技能发展的同时，理解可观测的复杂现象（Hogan, Thomas, 2001; Mandinach, Cline, 1993; Schecker, 1993）。简而言之，建模既是一项重要的认知技能，也是学习众多知识的潜在强大手段。换言之，它既是学习的最终目标，同时也是实现其他学习最终目标的重要手段。

本章所讨论的建模，在传统上可称为系统动态建模。该模型由受以时间为函数的方程约束的变量组成，进而动态表征系统中数值随时间变化的情况，而建模的目的则是尽可能准确地预测那些变化的值。本章首先介绍了系统动态建模教学的发展和难点，之后介绍了为解决这些难点所构建的智能导学系统，并对系统应用进行了评估。

10.1 系统动态建模的学习难在哪里？

在教学活动中使用系统动态建模有着悠久的历史。据系统动力学协会记载，系统动力学自 1957 年左右开始用于大学教学，Forrester 提出了用于教学管理的系统动力学。当图形语言 Stella 出现后，建模在教学中的使用急剧增加，并且从大学扩展到了高中。众多早期的 Stella 项目致力于培训教师进行建模并让他们设计相应的教学活动（Mandinach，Cline，1993；Zaraza，Fisher，1993）。经过数百名教师的多年实践，研究者认为让学生实际构建模型需要花费大量课堂时间，以至于大多数教师仅将 Stella 用于模型探索活动。比如，给学生一个模型，并要求他们观察当操纵模型的参数时，变量值会发生什么变化（Alessi，2000；Doerr，1996；Stratford，1997）。

实验室的研究证实了关于模型构建所需时间长度和模型构建的重要性。例如，Hashem 和 Mioduser（2011）发现，构建 NetLogo 模型的学生比探索 NetLogo 模型的学生更了解涌现、自组织和其他复杂系统概念。然而，在预测试之前，模型探索组的训练时间仅为 2 小时，而模型构建组的训练时间为 48 小时。VanLehn（2013）通过文献综述发现，唯一为模型构建产生可靠积极结果的实验也在课前至少投入了 5 小时对学生进行培训。这些研究引出了本章想要讨论的一个重要问题：如何帮助学生更快速地掌握系统动态建模的技能。

现有研究已经实施了许多帮助学生加速掌握系统动态建模技能的方法，但只有少数方法与模型构建活动的基线版本进行了比较，并验证了有效性（VanLehn，2013）。在这些经过评估的方法中，有一种形式的脚手架显示出了相当大的前景，即在学生构建模型的步骤中使用反馈和提示。构建一个完整的模型通常需要对多种不同的部件或模块进行组合（例如，节点、链接、方程式、标签、图标、数字等），学生每次只能输入完成一个部分，输入完成这样的一个部分称为"步骤"。对步骤提供反馈和提示的系统是本书前面所介绍的基于步骤的智能导学系统。因此，本章将介绍一种基于步骤的系统动态建模导学系统，该系统旨在加速学生对建模技能的掌握，并提供相应的使用情况报告。

首先我们介绍一些其他导学系统在相关教学上的探索，以揭示系统动态建模学习的难点。Betty's Brain（Leelawong，Biswas，2008）是一个基于步骤的导学系统，其不仅能够辅导学生构建模型，还能教授学习策略。它可以对学生所构建的模型提供反馈和提示（认知辅导），也可以对学生使用导学系统构建模型的方式提供反馈和提示（元认知辅导）。例如，有时它不允许学生使用系统中教师代理提供的测验来评估模型，直到学生首先检查了他们的具体预测模型（例如，如果气温下降，体温会发生什么变化）。该导学系统内置了任务领域的一些多媒体资源，学习策略的另一部分就是鼓励学生阅读这些资源。导学系统内置的学习策略是针对系统提供的特定教学特征而设置的，这种特异性策略比一般学习策略更有效。研究者对Betty's Brain的有效性进行了三项评估研究（Biswas et al.，2005；Biswas et al.，2006；Leelawong，Biswas，2008）。Betty's Brain实验有两个阶段，分别是训练阶段和迁移阶段。在训练阶段，五年级的学生与Betty（系统中的学生代理）合作大约7次45分钟的课程，完成构建河流系统模型的任务。一组学生使用了有导师代理的Betty's Brain，而另一组学生则使用了没有导师代理的Betty's Brain。两个月后进入迁移阶段。所有学生都使用没有导师代理的Betty's Brain来创建氮循环模型。这个迁移阶段用于评估他们的建模技能。三项研究的结果大致相同。Betty's Brain研究的结果大致如下：

（1）学生们经常表现出糟糕的学习策略。在三项研究的控制条件（即没有导师代理）下都是如此。

（2）好的学习策略是可以被教出来的，通常难度不大。在三项研究的训练阶段，在导师代理的指导下，学生的行为与优质学习策略相一致。

（3）当学生使用所教的学习策略时，与那些没有被教过使用学习策略的学生相比，他们的领域知识学习有所增加。然而，生态学概念测试（即领域知识测验）结果显示，两组学生之间几乎没有显著差异。

（4）当学习策略中的教学包含元认知和动机因素时，在教学停止后，通常可以防止学生恢复到糟糕的学习策略。在训练阶段接受导师代理辅导的学生倾向于在迁移阶段继续使用学习策略。

简而言之，尽管 Betty's Brain 中的导师代理成功地教授了学习策略并说服学生继续使用它，但学习策略对领域知识学习的影响很小，其后续研究集中在找出哪些行为可以区分表现较好的学习者和表现较差的学习者（Segedy et al.，2012a，2012b）。

另一个系统是 Help Tutor（Aleven et al.，2004；Roll et al.，2006，2011），它是一个智能元认知导师，对已有的认知几何智能导学系统进行了增强。认知几何智能导学系统允许学生寻求提示。通常，系统给出的第一个提示相当笼统，但如果学生一直要求提示，那么最后一个提示会准确地告诉学生该做什么，这被称为最底层的提示。学生有时会快速点击"提示"按钮，以得到最底层的提示。这种对提示功能的滥用是一种"游戏系统"的行为（Baker et al.，2004）。为了减少学生游戏系统的频率，Help Tutor 对学生使用导学系统中帮助的行为进行了反馈和提示。

有两项研究评估了 Help Tutor 的效果。与 Betty's Brain 的研究一样，Help Tutor 研究也包括训练阶段和迁移阶段。在训练阶段，有一半学生使用了元认知导师；而在迁移阶段，所有学生都没有使用元认知导师。其发现也与 Betty's Brain 类似。

Betty's Brain 和 Help Tutor 通过反馈与提示提供了大部分指导。一种更具指导性的方法是提供约束学生建模行为的分阶段模型构建。例如，Model-It 系统（Metcalf et al., 2000）有四个阶段，分别是"计划""构建""测试"和"评估"。当学生试图绕过建议的活动阶段时，他们会得到反馈和提示。Carnegie 学习中心开发的代数认知导师 Word Problem Solving Tutor（Wheeler, Regian, 1999）也通过轻量级约束构建了问题解决策略，但这些智能元认知导师并没有与系统的其余部分分开进行评估。

Mulder 等人（2012）在 2011 年评估了基于阶段的学习策略的效果。他们研发了 Co-Lab 这个导学系统用于教授系统动态建模。Co-Lab 不是基于步骤的导学系统，相反，学生只收到关于模型预测准确性的反馈。该导学系统内嵌的学习策略鼓励学生分三个阶段进行模型构建。在第一阶段，学生定义变量，并在变量之间建立无向链接，以表明这些变量会以某种方式相互影响。在第二阶段，学生在链接中添加标签，以表明一个变量的增加是否会导致另一个变量的增加或减少。在第三阶段，学生将方程添加到模型中，进一步明确变量之间的关系。研究者将三个版本的学习策略与缺少阶段的 Co-Lab 控制版本进行了比较。这三个版本的系统在执行学习策略的严格程度上有所不同。受限策略要求学生在进入下一阶段之前在该阶段取得一定程度的成功。半限制版本允许学生随意从一个阶段移动到下一个阶段，但不允许向后移动。不受限制的版本则允许学生在阶段之间随意移动。与控制版本相比，所有三个版本的策略都增加了学生在使用系统时生成正确模型元素的数量。尽管三个版本在最终效果上没有显著性差异，但半限制版本显示出了优于其他两个版本的趋势。然而，该实验仅包括一个训练阶段，没有迁移阶段，同时也没有通过前测和后测来评估学生的领域知识。

Betty's Brain 和 Help Tutor 的元认知导师对学生的行为只施加了微弱的约束。而 Co-Lab、Model-It、Cognitive Tutors 和 Word Problem Solving Tutor 的阶段和形式对学生的行为施加了更强的约束。这些导学系统在一定程度上使用了程序式脚手架，对学生的行为施加了非常强的限制。程序式脚手架的基本思想是要求学生暂时遵循特定的程序来构建模型，即使这些程序不是任务所必需的。这种脚手架的指导对于可能迷失方向的学生来说非常有效。尽管 Marshall 等人（1989）使用程序式脚手架帮助学生解决算术问题，但其效果并未经过评估。

Chi 和 Vanlehn（2010）用 Pyrenees 导学系统对程序式脚手架进行了评估。该导学系统要求学生使用一种被称为目标变量法的策略进行建模，这种策略来源于人工智能应用中的通用推理策略（Russell，Norvig，2010）。Pyrenees 的程序式脚手架在一个两阶段的实验中进行了评估。在训练阶段，学生学习构建概率系统模型。在迁移阶段，学生尝试构建机械能系统模型。结果表明：

（1）学生经常表现出糟糕的学习策略。两个阶段的控制组都是如此。

（2）无法确定优质学习策略是否可以被教出来，因为 Pyrenees 强制实验组学生在训练阶段一直遵循学习策略。

（3）当学生使用所教的学习策略时，与那些没有被教过使用学习策略的学生相比，他们的领域知识学习有所增加。在训练阶段和迁移阶段，实验组比对照组获得了更多的领域知识，且效应量很大（Cohen's $d \approx 1.0$）。

（4）当学习策略中的教学包含元认知和动机因素时，在教学停止后，通常可以防止学生恢复到糟糕的学习策略。实验组倾向于在迁移阶段对困难问题使用学习策略，而不是对简单问题使用。然而，即使在简单的问题上，他们也没有使用糟糕的学习策略。

总之，Betty's Brain 和 Help Tutor 都使用了标准的提示和反馈方法，他们的元认知导师成功地改善了学生的行为，但在学生对领域知识学习方面仅有微弱的提升。Co-Lab 的学习策略提高了学生的学习表现，但没有评估其对学习效果的影响。Pyrenees 使用了程序式脚手架，它的元认知辅导在建模行为和领域知识学习方面都带来了很大的改进。

综上所示，系统建模教学存在以下四个问题：

（1）如果没有良好学习策略的指导，学生是否经常表现出糟糕的学习策略？

（2）好的学习策略容易传授吗？

（3）有效使用良好的学习策略是否能够促进学生领域知识的学习？

（4）当关于学习策略的元认知教学停止时，学生会恢复到之前糟糕的学习策略吗？

10.2 导学系统的构建

为解答以上问题，本节将详细介绍一个融入了元认知策略的智能导学系统 AMT（Zhang et al., 2014）。首先，描述学生在这个导学系统中所要完成的任务，特别是他们用于编写模型的图形语言。其次，介绍导学系统的架构和功能。最后，描述导学系统中的智能元认知导师及其所教授的学习策略。

1. 学生的系统动态建模任务

为了降低学习系统动态建模的难度，许多研究都使用图形建模语言。在这些图形建模语言中，模型由几种类型的节点和链接组成。这些图形语言比基于文本的语言更容易学习（Löhner et al.，2003）。传统的"存量和流量"图形语言由两种类型的链接组成，但在实际中，高中生经常发现这种链接令人困惑，因此 AMT 系统并没有采取这种流量链接形式。

在 AMT 系统所定义的建模语言中，模型是一种具有节点和链接的有向图。每个节点都代表一个变量和确定变量值的计算。该计算的输入本身也是变量，由传入链接指示。例如，"出生"的计算需要"增长率"和"人口"两个变量。变量的值是一个可以随时间变化的实数，其中时间是离散表示的。

学生的建模任务包含以下三种类型节点的使用：

（1）固定值节点表示直接在问题中指定的常数值。固定值节点采用菱形形状，它没有传入链接。

（2）累加器节点累加其输入的值。也就是说，它的当前值是其先前值加上其输入的总和。累加器节点具有矩形形状，并且始终具有至少一个传入链路。

（3）函数节点的值是其输入的代数函数。功能节点具有圆形形状和至少一个传入链接。

学生的任务是针对给定的文字绘制一个模型。例如，图 10-1 是针对以下问题的正确模型。

> 锈会破坏钢铁并迅速蔓延。假设你拿了一大块钢板，用作建造火车车厢车顶，然后你把它放在外面搁置。假设它开始有一个面积为 10 平方米的锈斑，锈斑每周都会变大，增加当前面积的 30%。在第一周结束时，锈斑面积变为 13 平方米。计算出 10 周内锈斑的大小变化。

这个文本包含了学生建立模型需要的所有信息。但是，它也包含一些模型中不需要的额外信息，如第一周结束时的锈斑面积。

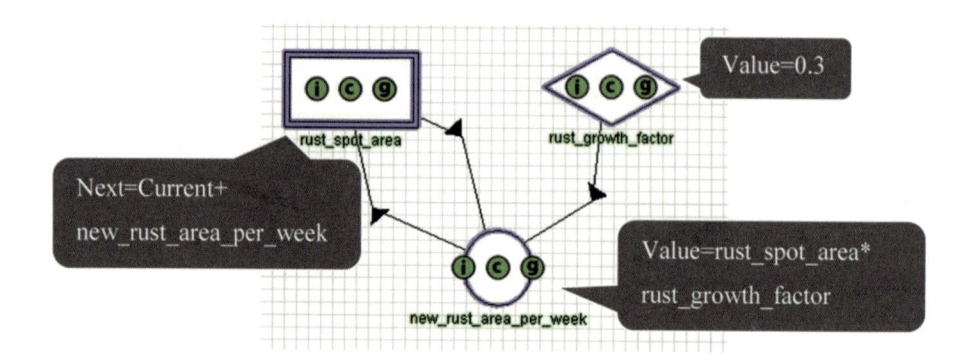

图 10-1　给定文字的模型（Zhang et al., 2014）

2.AMT 导学系统

很多导学系统都有一系列的反馈和提示。当学生输入答案时，导学系统首先只是告诉学生输入正确还是错误。如果学生向导学系统寻求帮助，系统会不断地给出越来越具体的提示，直到给出底层提示，直接告诉学生正确的答案是什么。AMT 系统并没有使用这样的提示序列，它只包含典型提示序列的第一个和最后一个。具体而言，AMT 系统实现了"检查"和"放弃"两个按钮。点击"检查"按钮会引发导学系统给出基本反馈：如果学生答案不正确，系统会将输入框变为红色，如果是正确的，则将输入框变为绿色。点击"放弃"按钮会使导学系统直接填写正确答案，即给出底层提示。

在用户接口方面，AMT 导学系统以一个大的画布形式呈现给学生。学生可以通过导学系统所提供的绘制功能来建立模型，并且可以随时查看问题文本和工具使用的说明。

导学系统在画布上提供了"创建节点""运行模型"和"完成"三个按钮。学生成功完成一个问题（即创建了一个准确的系统模型）后，可以点击"完成"按钮，进入下一个问题。点击"创建节点"按钮可以创建一个新的节点，并打开节点编辑器。节点编辑器分为五个选项卡：描述、计划、输入、计算和图表。

"图表"选项卡中的图表由导学系统在模型运行后自动生成,所以学生可以编辑除"图表"之外的其他四个选项卡。学生从左到右依次填写这四个选项卡即可完成一个节点的创建。此外,学生还可以通过双击画布上的节点来更改已创建节点内的信息。

"描述"选项卡旨在帮助学生与导学系统对于节点的定义形成共识。这里所说的共识,是对话中两个参与者之间就术语含义进行协商及相互理解的过程(Clark,Brennan,1991)。例如,在 Stella、Vensim、Powersim 等系统动态建模工具中,用户可以任意输入他们想要的节点名称,即使这些名称与问题中的任何内容都不匹配。对于模型编辑器来讲,这样的设定是没有问题的。但作为一个导学系统,这样的设定会使后续的导学变得异常困难。因为导学系统很难通过节点的名称来确定学生自定义节点所对应的具体内容是什么。在一项研究中,只有 78% 的节点名称可以被导学系统正确识别(Bravo et al.,2009)。还有一些用于系统动态建模的导学系统会直接为学生提供带有名称的节点,仅让学生填写节点的具体定义。然而,由于有些节点名称相近,学生经常会曲解或忽视节点的内涵。比如,部分学生会将"锈生长比例"和"锈生长面积"这两个节点名称相混淆,这就是没有形成共识的情况。

为避免出现上述问题,AMT 系统对"描述"选项卡进行了特别设计。学生需要浏览"描述"选项卡中的决策树,通过点击决策树中的节点不断进行展开,直到选中最终的叶子节点。这个决策树是由相关教师精心构建的,每个问题都有自己不同的决策树。学生选择叶子节点后,点击"检查"按钮。如果所选的节点描述与系统的理解相同,即学生与导学系统达成共识,方框会变为绿色。否则,这些方框就会变为红色。学生也可以点击"放弃"按钮,这样 AMT 系统就会自动填写正确答案,但这些方框会变为黄色。当学生退出节点编辑器时,画布上的节点也会在相应位置标识为黄色，此功能旨在减少学生选择"放弃"的频率。

当学生正确完成"描述"选项卡并且其方框为绿色或黄色时，学生可以进入"计划"选项卡。"计划"选项卡允许学生在 7 种不同的计划中进行选择。做出选择后，学生可以点击"检查"按钮以检查计划的正确性。学生点击"放弃"按钮导学系统会自动选择正确的计划并将其涂成黄色。与其他选项卡不同，填写"计划"选项卡不是必需的。如果学生愿意，他们完全可以跳过"计划"选项卡。

"输入"选项卡需要学生首先选择当前节点的类型。节点的值可能是给定的常量或是通过其他节点计算出来的。如果是后一种，学生需要进一步选择哪些节点是当前现有节点的输入节点，这样这些输入节点就会与当前节点自动形成链接。当学生发现想要选择的输入节点不在可选列表中时，他们可以点击"创建新节点"按钮来创建相应节点并将其选为输入节点。

如果他们在"输入"选项卡上选择了当前节点是常量，那么在"计算"选项卡上，学生所需要做的就是输入常量的数值。如果学生在"输入"选项卡上确定了当前节点值需要从其他节点计算得出，那么他们必须再进一步选择当前节点是累积其输入的值还是通过函数直接计算得出，并输入相应的计算方式。

学生在完成了所有节点的定义和计算后，就可以点击"运行模型"按钮。如果学生所构建的模型存在语法错误，导学系统会进行弹窗提醒。这里所说的语法错误包括节点的循环互作输入、输入节点未使用等。当没有任何语法错误后，导学系统会对每个节点的输入、计算和最终图形结果进行检查，并将画布上相应节点的 i、c、g 标为绿色或者红色（i 表示输入，c 表示计算，g 表示图形）。

此时学生可以打开节点编辑器，节点编辑器的"图表选项卡"会显示根据用户模型计算出的图形和预期的图形。学生可以将图表中的差异作为线索去寻找模型中的错误位置。

当所有图表都正确匹配时，学生的模型被认为是完全正确的，在这种情况下，所有 g 指示符都是绿色的。此时，学生可以点击"完成"按钮并转到下一个问题。

AMT 系统还有一种模式，称为测试模式，用于评估学生的建模技能。在这种模式下，尽管学生仍然可以通过"运行模型"按钮查看哪些图表是正确的，从而进一步调试他们的模型，但他们不能使用节点编辑器中除"描述"之外的任何选项卡上的"检查"和"放弃"按钮。启用"描述"选项卡上的"检查"是因为 AMT 系统和学生必须就节点的含义达成共识，否则的话，AMT 就无法判断节点图表的正确性。

3. 智能元认知导师

类似于 Pyrenees 系统，AMT 系统的智能元认知导师采用目标节点策略指导学生用一个简单的目标简化策略来构建模型。其基本思想是让学生一次只关注一个节点（称之为目标节点）的编辑，即在处理其他节点之前完成该节点的所有选项卡。当学生完成目标节点的过程中，他们可能会需要创建新的节点作为目标节点的输入。但新的节点只会被命名而没有完全被定义。因此，学生在完成目标节点之后，他们可以选择任何未被完全定义的新节点作为下一个目标节点，并开始对其进行定义。当所有节点都被定义完成后，模型的构建工作也就完成了。

目标节点策略中的关键步骤是填写"输入"选项卡和"计算"选项卡。要完成这些步骤，学生必须分析给定的问题情境，并确定目标节点和问题情境中所提到的其他数量之间的定量关系。也就是说，给定一个特定的目标量，学生必须找到一组量，使目标量的值可以通过这组值的简单函数计算出来。构建整个系统动态模型的问题，可以分解为一系列这样的判断，这些判断被称为"原子建模问题"，因为它们难以进一步分解。

这里我们仍旧以锈斑增长的问题情境为例，要求画出 10 周内锈斑的大小变化。

假设学生遵循目标节点策略来解题，并选择第一个目标节点为"锈斑大小"。学生创建了一个节点，并通过决策树选择了锈斑的面积大小作为其描述。那么现在学生面临一个原子建模问题：如何确定锈斑面积的值？我们希望学生脑海里想的是"锈斑面积在变化，并且每周都在增加"。这种想法足以正确填写节点的"计划"选项卡。接下来，学生需要填写"输入"选项卡，此时他们应该思考"锈斑面积是通过一周内产生的锈来增加的"。目前没有其他节点来表示锈的增加，所以学生必须点击"创建新节点"，并通过决策树指定该新建节点的描述为"一周内产生的锈的面积"，该节点名为"每周新锈面积"。学生随后可以将此节点选为"锈斑面积"节点的输入。接下来是"计算"选项卡，需要学生将其对关系的定性理解转化为正式的数学关系。学生需要明白锈斑面积下一周的值是其当前值加上每周新产生的锈的面积。如果学生遵从这种策略，说明他能将建立节点的关键推理分解为对应于导学系统节点编辑器中的"计划""输入""计算"三个主要步骤。这些大致对应了 Co-Lab（Muldner et al., 2011）和 Model-It（Metcalf et al., 2000）所定义的各个阶段，这是一种深度思考的建模方式。

当然，也存在一些"浅层"的建模解决方法。当学生需要创建新节点以填充"输入"选项卡时，其实只有有限数量的选择，即新节点"描述"选项卡上决策树中的叶子数目。因此，学生可以逐个尝试所有可能性，直到找到适当的组合。当"检查"按钮可用且问题简单时，这种方法可以让学生迅速完成建模。例如，锈斑面积问题的"描述"选项卡有7个可能的描述选择，有4个是与问题情境相对应的（其中1个是多余的节点，剩余3个是必要的）。所以学生不会花很长时间就可以创建完成所有的合法节点，然后测试每一种组合是否能使"输入"选项卡变成绿色。这种广泛试错的猜测方法就是解决建模问题的一种"浅层"方法。

许多学生的"浅层"建模方法都涉及滥用"检查"按钮或"运行模型"按钮现象，所以他们的行为是一种"游戏系统"或称"帮助滥用"行为（Baker et al., 2004; Baker et al., 2006），这是 Help Tutor（Roll et al., 2011）、Scooter the Tutor（Baker et al., 2006）和其他导学系统试图解决的问题。然而，没有使用导学系统的建模研究也注意到了学生做浅层建模的倾向（Alessi, 2000; Doerr, 1996; Mandinach, Cline, 1994; Nathan, 1998; Sweeney, Sterman, 2000; Zaraza, Fisher, 1999）。因此，我们将这种现象称为"浅层建模"，而不是"游戏系统"或"帮助滥用"。

现在来描述智能元认知导师如何教授学生目标节点策略。当智能元认知导师关闭时，学生可以随时编辑任何节点。此外，他们可以填写节点选项卡中的某些选项，然后退出节点编辑器，稍后再回来继续编辑。但是，当智能元认知导师打开时，学生不可以随意进行编辑。学生必须在进入下一个选项卡之前正确填写当前选项卡，并且必须在关闭节点编辑器之前填写完所有选项卡。当学生在"描述"选项卡上选择要创建的节点时，如果选择了不符合目标节点策略的描述，即使该选择是正确的，同样会被元认知导师所禁止，并弹出这样的一个窗口："虽然这个节点是最终模型所需要的，但现在定义它还为时过早。"简而言之，智能元认知导师的主要工作就是让学生的解题过程保持在与目标节点策略相一致的路径上。

除要求学生遵循目标节点策略外，智能元认知导师还实现了其他教学脚手架。当智能元认知导师被打开时，它会依据条件抑制学生过多猜测或过早放弃，这与 Help Tutor 的功能相似。如果学生在 3 秒内两次点击同一标签上的"检查"按钮，并且两次答案都错误，智能元认知导师会提醒这个学生不要随意猜测。如果学生没有填写任何内容就点击"放弃"按钮，智能元认知导师就会告诫学生不要过早放弃。

AMT 系统还设置了一些模型纠错练习，任务是让学生练习调试有问题的模型。在这个任务中，学生可以先运行模型，这时就会看到有些节点显示红色 g 指示，有些节点显示绿色 g 指示。此时，学生面临着从哪里开始在模型中寻找错误的决策。一般有两种启发式方法：（1）如果可能，首先检查本身具有红色 g 指示并且没有红色 g 作为输入的节点，这样的节点内部很可能存在错误。（2）避免编辑显示绿色 g 指示的节点，因为如果节点生成的图表是正确的，则节点的定义很可能也是正确的。当智能元认知导师打开，学生正在调试问题模型时，它会约束学生服从这两种启发式方法。

综上所述，智能元认知导师实际上使用了三种类型的脚手架：（1）要求学生遵循目标节点策略；（2）当学生滥用"检查"或"放弃"按钮时，它会进行指导；（3）教授一些在问题模型中定位错误的启发式方法。

10.3 系统的实证效果

本节将详细阐述针对 AMT 导学系统的评估方法、实验步骤、实验结果和分析讨论。

1. 评估方法

评估总体采用组间对照实验法。学生被随机分配到两个条件之一：有智能元认知导师（实验组）和没有智能元认知导师（对照组）。条件之间的差异仅存在于学生学习系统动态模型构建的训练阶段。实验组在智能元认知导师功能开启的情况下进行建模问题的解决，而对照组在智能元认知导师关闭的情况下进行相同问题的建模。在训练阶段，所有学生都可以随时使用"检查"和"放弃"按钮。

为了评估学生的学习成效，在训练阶段之后设置迁移阶段，也可以认为是事后测评阶段。在迁移阶段，所有学生都在几乎没有任何帮助的情况下解决模型构建问题。具体来讲，除"描述"选项卡的"检查"按钮以外，其他所有选项卡的"检查"和"放弃"按钮以及智能元认知导师均被禁用。

这里主要从三个方面对 AMT 导学系统进行评估，分别为迁移阶段学生的建模表现、训练阶段学生的建模表现以及元认知策略的使用情况。在迁移阶段学生的建模表现方面，主要通过"运行模型"按钮的使用频次、模型额外节点的创建数目、迁移题目的完成数目三个指标进行量化。在训练阶段学生的建模表现方面，主要依据帮助（包含"检查"和"放弃"）按钮的使用频次和训练任务的完成量两个指标进行量化，其中帮助按钮使用频次的计算方式是帮助按钮使用次数的加权总和除以完成的节点总数。在元认知策略的使用情况方面，主要通过计算学生符合目标节点策略行为的比例来量化。

由于学生都没有学习过系统动态建模，所以在该项评估中并没有进行前测。整个评估共包含三次实验。第一次实验有 34 名学生参加，第二次实验有 44 名学生参加，第三次实验有 34 名学生参加。每位学生仅参与一项实验，且他们都是参加大学夏令营的高中生。

2. 实验步骤

三次实验遵循相同的程序，每次持续两个半小时，包含两个主要阶段：训练和迁移。在实验中，AMT 系统还集成了生理传感器进行多模态数据采集，但本章不包含这方面的数据分析。所使用的生理传感器包括无线皮肤电导手环、面部表情识别摄像头、姿势感应椅和压力感应鼠标。

在实验过程中，学生需签署知情同意书，填写背景调查问卷，佩戴传感器，之后开始进入训练阶段。训练阶段共持续75分钟。学生首先需要学习幻灯片，这些幻灯片介绍了AMT系统的用户界面、系统动态模型构建方法和目标节点策略，然后学生需要解决一系列模型构建问题。在解决模型构建问题时，他们仍然可以回看幻灯片。学生可以自由决定如何在学习幻灯片和解决训练问题之间分配这75分钟。训练阶段之后是15分钟的休息时间。休息后，所有学生进入迁移阶段开启测试，两组学生在这一阶段没有任何区别。迁移阶段持续30分钟。

两组学生所需要解决的模型构建问题是完全相同的，无论是训练还是迁移阶段，学生需要解决的模型构建问题都是根据给定的问题情境，去建立对应的系统动态模型。在训练阶段还包含2道模型纠错问题，让学生调试模型中的问题。只有在成功地正确构建了当前问题情境下的模型后，学生才能够继续进行下一个问题。训练和迁移阶段都遵循此规则。

再次强调，训练和迁移阶段之间唯一的差别是可用的解题脚手架功能。在训练阶段，AMT导学系统启用了"检查"和"放弃"按钮，并且实验组智能元认知导师开启。在迁移阶段，"检查"按钮仅在"描述"选项卡上启用，在迁移阶段没有其他解题脚手架可用。

3. 实验结果

1）实验一结果

实验一有34名参与者。可能是因为幻灯片太多（本次实验总共有101张），有11名学生在休息时还处于幻灯片学习阶段，没有时间进入训练阶段，因此分析中未将这11名学生纳入考虑。另外，控制组和实验组各有一名学生的表现比其他学生要好得多。这两名学生的训练完成量和测试完成量均超过平均值的三个标准差,这两名学生也被排除在分析之外。最终,每组的学生人数分别为11名(对照组)和12名(实验组)。以下所有分析均基于这23名学生的数据计算得出。

(1)迁移阶段学生的建模表现:

"运行模型"按钮使用频次:在23名学生中,只有9名实验组学生和4名对照组学生完成了迁移阶段的第一个问题。在这13名学生中,实验组学生平均每个问题使用"运行模型"按钮4.88次,而对照组学生则为6.67次。可能由于样本数量有限,差异并不显著($p=0.72, d=0.12$)。

模型额外节点创建数目:迁移阶段的第一个问题允许创建2个额外节点。实验组学生平均创建了0.44个额外节点(SD=0.8),对照组学生定义了0.75个额外节点(SD=0.96)。尽管差异符合预期方向,但并不显著($p=0.61, d=0.58$)。

迁移题目完成数目:实验组学生在迁移阶段完成的问题数量为0.82个(SD=0.60),对照组学生为0.35个(SD=0.52)。尽管效应量很大($d=0.88$),但差异并不显著($p=0.057$)。这些数据显示,在没有脚手架帮助的情况下学生平均完成的问题不到一个,只有一半的学生完成了一个或多个问题。

简而言之,从趋势上看,实验组学生的表现优于对照组学生,但这种差异不显著,可能是由于样本量小。

(2)训练阶段学生的建模表现:

帮助按钮使用频次:在这个指标上,实验组学生的平均使用情况为4.78(SD=2.25),而对照组学生的平均使用情况为7.03(SD=3.44),差异边缘显著($p=0.08, d=0.82$)。

训练任务完成量:对于实验组,平均数目为13.00(SD=6.94),而对照组为 11.45（SD=6.77），差异不显著（$p=0.30$，$d=0.23$）。

因此，尽管实验组学生的表现在趋势上优于对照组，但可靠性较差。

（3）元认知策略的使用情况：在迁移阶段，实验组学生39%（SD=0.35）的步骤数与目标节点策略的步骤数相匹配，而对照组学生34%（SD=0.30）的步骤数与目标节点策略的步骤数相匹配，且差异非常小（$p=0.70$，$d=0.16$）。

2）实验二结果

实验二的分析使用了所有44名参与者（每种情况下22名）的数据。

（1）迁移阶段学生的建模表现：

"运行模型"按钮使用频次：为完成迁移阶段的第一个问题，实验组学生平均使用"运行模型"按钮3.05次。相比之下，对照组的学生使用了"运行模型"按钮5.13次。然而，差异并不显著（$p=0.31$，$d=0.32$）。由于极端值导致标准差很高（SD=6.77），所以所有学生以2作为阈值（也是中位数）被分为两种类型。使用一次或两次"运行模型"按钮的学生被认为是深度建模者，其余的学生被认为是浅层建模者。然后使用卡方检验将实验组中深度建模者的数量与对照组中的数量进行比较，实验组优于对照组，但只存在边缘显著（$p=0.067$）。

模型额外节点创建数目：因为大多数学生在迁移阶段至少完成了两个任务（对照组中只有3名学生没有完成），而第二个任务最多允许两个额外节点，所以这里使用第二个任务来计算额外节点。实验组学生产生的额外节点（0.27，SD=0.70）少于对照组（0.95，SD=1.03），差异显著且效应量大（$p=0.02$，$d=0.80$）。

迁移题目完成数目：实验组学生解决了3.27个（SD=1.03）迁移题目，而对照组学生解决了3.23个（SD=1.57），差异很小且不显著（$p=0.65$，$d=0.04$）。

（2）训练阶段学生的建模表现：

帮助按钮使用频次：实验组学生的帮助按钮使用情况平均为2.35次（SD=

1.75），而对照组学生为 3.55 次（SD=1.85），差异显著（$p=0.04$, $d=0.68$）。

训练任务完成量：对照组学生的训练任务完成量高于智能元认知导师组，这两组学生的完成量分别为 72.77（SD=32.12）和 54.36（SD=20.17），差异边缘显著（$p=0.05$, $d=0.70$）。

这些结果表明，实验组学生在训练阶段确实比对照组学生增加了建模的深度，但他们的建模速度也比对照组学生慢。

（3）元认知策略的使用情况：这次实验缺少相关数据进行该指标的计算。

3）实验三结果

实验三有 34 名参与者，其中 33 名参与者的数据用于以下分析（对照组 16 名，实验组 17 名）。一名学生因表现过于出色而被排除在外。该学生在迁移阶段结束前就完成了所有 7 道题，而第二快的人只完成了 4 道题。

（1）迁移阶段学生的建模表现：

"运行模型"按钮使用频次：对照组学生平均使用"运行模型"按钮 7.76 次，实验组学生使用了 7.82 次，两组学生的表现几乎相同（$p=0.98$, $d=0.0093$）。

模型额外节点创建数目：大多数学生在迁移阶段至少完成了两个任务（每组有一个没有完成），因此第二个任务再次被用来测量额外节点创建数目。实验组学生产生的额外节点（0.88，SD=0.96）比对照组学生（1.13，SD=0.99）少，但差异并不显著（$p=0.47$, $d=0.26$）。

迁移题目完成数目：实验组学生解决了 2.18 个迁移问题（SD=0.53），而对照组学生解决了 2.56 个迁移问题（SD=0.78）。对照组的学生表现优于实验组，具有边缘显著性（$p=0.094$, $d=0.57$）。

本次实验中，实验组学生在建模效率上要弱于对照组学生，并且只有一个趋势表明实验组学生可能比对照组学生进行了更深入的建模。

（2）训练阶段学生的建模表现：

帮助按钮使用频次：实验组学生的帮助按钮使用情况平均为 3.92 次（SD = 2.19），而对照组学生为 6.13 次（SD = 2.73），差异显著且效应量大（$p = 0.016$，$d = 0.89$）。

训练任务完成量：实验组学生完成量为 73.18（SD = 27.53），略高于对照组学生的 68.88（SD = 17.16），但差异不显著（$p = 0.59$，$d = 0.19$）。

第一次尝试正确率：这一实验计算了一个额外指标，即学生在选项卡上首次"检查"的正确率。实验组学生的百分比（0.77，SD = 0.068）高于对照组学生（0.68，SD = 0.11），差异显著且效应量大（$p = 0.015$，$d = 0.98$）。

所以这一次实验中，两组学生在训练阶段保持了相同的速度，并且实验组学生比对照组学生进行了更深层次的建模。

（3）元认知策略的使用情况：实验组学生的目标节点策略使用水平（0.66，SD = 0.23）与对照组（0.70，SD = 0.19）几乎相同，差异不显著（$p = 0.59$，$d = 0.19$）。

4. 分析讨论

由于学生经常会表现出糟糕的学习策略，所以本章介绍了 AMT 导学系统，系统中的智能元认知导师可以教授学生元策略，以期能增加学生对模型构建技能的掌握。

在本章前面所回顾的四个导学系统（Betty's Brain、Help Tutor、Co-Lab 和 Pyrenees）中，Betty's Brain 和 Help Tutor 在学生的训练阶段给学生提供了自由选择学习策略的空间，他们的实验结果表明，相比于没有接受元认知辅导的学生，接受元认知辅导的学生的行为往往更符合预设的学习策略。这表明，他们的元认知导师可以有效地让学生使用所教授的学习策略。Co-Lab 和 Pyrenees 都要求学生在训练阶段严格遵循所教授的学习策略，所以他们的结果分析难以回答元认知策略是否被掌握这个问题。

在所回顾的四个系统中，只有 Pyrenees 所教授的学习策略增强了学生领域知识的学习效果。AMT 导学系统所教授的学习策略就是从 Pyrenees 变化而来。因为 AMT 导学系统的目标是教学生正确地构建系统动态模型，所以大多数教学干预都集中在解决学生深度学习的频率问题。在 AMT 的训练阶段，接受元认知导师帮助的学生在"使用帮助按钮"和"第一次检查正确"这两个指标上得分显著高于没有接受元认知导师帮助的学生，且相应的效应量都很大（$d=0.89$；$d=0.98$）或中等大（$d=0.68$）。因此，AMT 系统在训练阶段的领域知识学习效果与 Pyrenees 的效果几乎是一样好的，并且明显优于其他三个导学系统。

然而，AMT 导学系统并没有显示出很强的元认知策略以及领域知识学习的迁移。在迁移阶段，接受过元认知导师教学的学生，并不比控制组的学生表现更优异。实验组的学生只是在模型课外节点创建数目这个指标上偶有显著优异的表现。学习的迁移确实是很困难的，在这方面 AMT 似乎确实比 Betty's Brain、Pyrenees 和 Help Tutor 的表现要弱一些。

在训练和迁移阶段的表现上，AMT 系统尝试使用了建模问题的完成数目来刻画学生的建模效率。采用该指标是默认深度建模比浅层建模更快。也就是说，学生努力思考解决一个建模问题，应该比猜测、过度使用"放弃"按钮和"运行"按钮或是其他浅层的模型构建策略花费更少的时间。然而，根据以上对比结果，我们并未发现显著性区别。相反，控制组学生反而比实验组学生完成的题目更多。这样看来，猜测等浅层建模方法实际上比深入思考在问题完成上要快很多，尤其是在训练阶段启用"检查"按钮时。即使学生在迁移阶段只能使用"运行模型"按钮来获得模型的正确性反馈，猜测同样可以很快，因为迁移阶段的前几个问题，模型规模太小了。对于后面的复杂问题，通过猜测来建立模型会变得效率低下，但达到这一阶段的学生较少。

对学生来说，当智能元认知导师被关闭后，他们之前所获得的元认知辅导效果并未能持续。因此，AMT系统还需要继续通过其他手段来加强辅导效果的迁移，比如建立情感学习伙伴，这也与下一章的内容有关。这种伙伴代理的任务是说服学生了解使用目标节点策略和不滥用"检查"和"放弃"按钮的好处。代理可以使用Dweck和Leggett（1988）的著名论点："头脑如肌肉，你越是努力锻炼它，它就会变得越强壮。"生理传感器的使用，可以用来更加精准地监测学生的情感状态，以便给出更加适宜的鼓励性言语反馈。

本章介绍的AMT系统应用实验结果表明，学生似乎在短短1个多小时的时间内就获得了一定程度的系统动态建模能力。与Model-It学生和其他系统所需的5小时相比，这一时间大大缩短了。这说明，来自智能导学的认知和元认知辅导，在解决课堂教学中的难点方面具有巨大的潜力。

第 11 章
教知识的同时抚慰情绪

学生在学习中的情绪情感状态会在很大程度上影响其学习效果。比如当学生处于愉悦、受鼓励等较为正面的情绪状态时，就比较容易有较高的学习投入度，也容易接收来自教师或者智能系统的教学干预。当然，相对负面的情绪状态并非全然不利，比如让学生感到适度的困惑反而会激励其学习投入程度。但如果学生长期处于焦虑、沮丧等负面情绪状态，其学习效果就会受到影响，甚至产生厌恶学习的情况。因此，对学生情绪状态的感知和调节是非常重要的。本章首先介绍了学习中常见情绪状态的分类以及追踪调节方法，接着介绍了基于情绪调节理论的导学系统构建方法，最后简述了相应导学系统的应用情况。

11.1 学习中情绪调节的作用

在这一节，我们将主要介绍学习中情绪的基本分类、学习情绪变化对学习的影响，以及如何利用情绪因素调节学习。

1. 学习中情绪的基本分类

情绪对人类的认知过程具有显著的实质性影响，涵盖感知、注意力、学习、记忆、推理和解决问题等多个方面。基于计算机多媒体的教育技术手段，如智能导学系统（ITS）和大规模开放在线课程（MOOC）的使用正在逐渐改变传统的面对面学习环境，这可能诱发学生产生更加丰富的情感体验（Tyng et al., 2017）。因此，本节内容将从基本的学习情绪入手，结合前沿的课堂实证研究，探索情绪变化对学习的影响，并最终明确如何利用情绪因素调节学习。

20世纪60年代开始，主流学习理论开始由行为主义转向认知主义。心理学家和教育学家不再强调外显的行为，而开始关注复杂的认知过程，如思维、问题解决、概念行为等。彼时，计算机科学家、心理学家以及教育学家开始思考如何让计算机像人类大脑一样思考，即实现人工智能。人工智能与教育领域的结合催生了ITS。当时ITS的设计主要受认知主义和建构主义的影响。认知主义认为，ITS的价值在于个性化教学，它允许学生在与计算机软件的互动过程中开展学习；而建构主义认为，学习是一个社交过程，ITS应提供一个可供学生协作、交流和知识建构的学习情境。

在学习过程中，心流体验（flow experience）是一种非常愉悦的体验。这种体验的界定最早由Csikszentmihalyi提出，是一种当个体完全沉浸在某项事物或情境中的整体感受。当个体处于心流状态时，他们完全被所投入的事情吸引，认真且专注于所从事的活动，以致忘了时间，忽略了周围其他的事情，心情非常愉悦且感觉时间过得很快。在《心流：最优体验心理学》（Flow：the Psychology of Optimistimal Experience）一书中，Csikszentmihalyi 讲到中国古代寓言故事《庖丁解牛》。文惠君问庖丁"技盖至此乎？"，庖丁的回答——"臣以神遇而不以目视，官知止而神欲行"——描述了自己全神贯注的工作状态。在现实世界中，许多舞者、棋手、作曲家等在从事相应的工作时，常常能够完全沉浸在当前活动中，浑然忘我，有时甚至失去时空概念和对周围环境的感知，这种主观的心理状态就被称为"心流体验"。行为体验和情绪存在紧密的联系，但是在学习行为发生过程中，不仅仅有类似心流体验的这种愉悦情绪，也包含自豪、得意、满足、困惑、质疑、挫败等多种复杂情绪。

更具体来说，在真实的学习情境中，情绪方面的体验是否会影响学生的学习成效，抑或是学习中的情绪变化是否会直接/间接地影响学习表现，是众多研究者所关心的话题。在比较泛化的学习场域中，Pekrun 等人（2009）对本科生进行调研的报告结果证明：学习成就目标（包括知识掌握、绩效取向和避免绩效）可以预测离散的学习成就情绪（分别是享受、无聊、愤怒、希望、自豪、焦虑、绝望和羞耻）。而这些成就情绪反过来又可以预测学业表现，以上所列举的 8 种学习成就情绪中的 7 种可以作为学习成就目标和学业表现之间的中介变量。而且这种预测的稳健性非常高，尤其是性别、社会期望、积极和消极特质情感和学习能力这些因素没有差异时，情绪的预测性会更强。从应用的角度来说，学生的情绪引导则可以较好地作为学习环境构建的重要因素，并且预留出来学习干预的机会。

学生学习中所伴随的情绪（例如，焦虑、无聊）可能与学习环境有关，因此设计能够调节学习的学习环境可能会改善学习表现。积极情绪有助于提升学业表现，有证据表明学习过程显著受到自我激励水平和对学习材料的满意度的影响（Um et al., 2012）。研究者可以通过调节消极学习的情绪状态（如困惑）来改善学习，这使得学生对学习材料的注意力有所增加，从而在后测和迁移测试中有更好的表现（D'Mello et al., 2014）。

图 11-1 展示了若干情绪状态和他们可能相关的学习状态之间的关系（Kort et al., 2001），横轴上的数字代表了相关性。

	−1.0	−0.5	0	+0.5	+1.0
焦虑-自信	焦虑	烦恼	不舒适	舒适	希望	自信
无聊-着迷	无聊	厌倦	不关心	爱好	好奇心	着迷
挫折-愉快	挫折	迷惑	困惑	洞察力	启发	顿悟
沮丧-鼓励	沮丧	失望	不满	满意	激动	热情
恐惧-吸引	恐惧	惧怕	忧虑	平静	期待	喜悦

图 11-1　情绪与可能有相关性的学习状态（Kort et al., 2001）

2. 学习情绪变化对学习的影响

1）情绪调节的重要性与影响

我们为什么需要认识情绪变化？Cicchetti 和 Tucker（1994）指出，情绪调节（emotion regulation）是为了使个体在情绪唤醒的情境中保持功能上的适应状态，帮助个体将内部的唤醒维持在可管理的、最佳表现的范围内，并使情感表达落在可忍耐而且具有灵活变动的范围之内。另外，沃建中和曹凌雁（2003）还指出，在面临干扰事件和条件时，情绪调节可以促进任务定向行为，避免和减弱由失败、失去和创伤带来的负面情绪压力。情绪调节的结果是改变情绪的强度，协调情绪、认知与行为。

总的来说，情绪调节是为了协调情绪、认知与行为，使情绪在生理唤醒、主观体验和表情行为等方面达到良好的、适应的、灵活有效的、可管理的状态。而且，情绪调节还帮助促进任务定向行为和认知活动，提高适应性，使人维持最佳状态，并实现发展自身能力的目的。

学习中，学生的情绪不可能一直都沉浸在愉悦中，情绪会随着教学情境随时发生转移，这种转变会对学习本身产生较大的影响，所以情绪调节对于学习来说非常重要。耶鲁大学的一项全校情绪调节项目实践的做法是，直接将情绪调节的教学方法融入现有课程，并且提供具体可访问的工具，用于支持教师自己和他们学生的情感技能发展（Hoffmann et al., 2020）。这项研究表明，在实际操作层面上，基于工具的情绪调节具有可行性。

在 ITS 中进行学习互动时，情绪调节有什么步骤和影响呢？情绪调节的需求往往来自那些非常复杂、需要学习者进行深层次理解的认知活动，比如对问题空间的系统探索、自我解释、逻辑推理、提出诊断性问题以及批判性思考等。这些认知活动容易让学生产生"失败"的感觉。在这些学习活动中，学生会经历一系列情感反应（D'Mello et al., 2009）。学生的情绪系统会受到他们自身知识和学习目标间差距的影响。鉴于情感和学习之间有不可分割的联系，情绪敏感的 ITS 会把对学生的认知、情感和动机状态的评估纳入其教学策略的制订之中，以保障学生的认知投入，增强学生自信并提高他们的学习兴趣，最大限度地提高学习效果。

教师和学生可以处于一个情感循环中，这个循环包括情感状态的实时监测、适当教学行为的选择以及最佳学习效果的获得（D'mello, Graesser, 2013）。一个完整的情感循环可以从学生或教师的角度来观察。以学生为中心的观点包括对学生突出情绪状态的分析、情绪对学习潜在影响的评估，并确定这些状态是如何在学生身上表现出来的。以教师为中心的观点探讨了优秀的人类教师或理论上理想的教师是如何在考虑学生情绪的情况下来调整他们的教学设计的。

在过去的四十年里，高兴、惊讶等基本情绪一直是大多数情绪研究的重心，但结果表明，这些基本情绪可能与学习的相关性并不大。特别是在短期学习阶段（0.5～1.5小时），这些情绪与学习关系不大。在学习过程所涉及的众多情绪状态中，研究者发现"投入"是最常见的状态，占所观测结果的24%。"无聊"和"困惑"是第二常见的状态（分别为18%和17%），其次是"沮丧"（13%）。"中性"情绪占19%，而"高兴"（6%）和"惊讶"（3%）较为罕见。事实上，无聊、投入、困惑和沮丧是学生与AutoTutor这个ITS互动时最常见的情绪状态。这表明，导学系统对这些情绪状态做出反应是至关重要的（D'Mello，Graesser，2013）。

学生的情绪状态对他们的问题解决策略、表现出的投入程度以及继续学习的动机程度都有影响。所有这些因素都可能影响学生当前的学习方式和未来的学习行为（Sabourin et al.，2011），因此在ITS中对情绪状态进行监测与干预具有重要的实际意义。

这里介绍一下经典的罗森塔尔效应，也叫皮革马利翁效应。

1968年，心理学家罗森塔尔和雅各布森来到美国的一所小学，从1至6年级中各选出3个班级，对18个班的学生进行发展预测，然后以赞赏的口吻将"有优异发展可能"的学生名单通知有关教师，并叮咛不要把名单外传。名单中的学生，有的在教师的意料之中，有的却不是。罗森塔尔对此解释说："请注意，我讲的是他们的发展，而不是现在的基础。"8个月后，他俩又来对这18个班进行复试。结果是，他们提供的名单里的学生成绩增长得比其他同学快，并且在感情上显得活泼开朗、求知欲旺盛，与老师的感情也特别深厚。其实，他们所提供的名单纯粹是他俩通过自己"权威性的谎言"来暗示教师，坚定了教师对名单上学生的信心，调动了教师独特的情绪，并且教师通过眼神、笑貌、嗓音，滋润着这些学生的心田，感染了学生在学习中的情绪，使这些学生更加自尊、自信、自爱、自强。这就是教育心理学上的罗森塔尔效应。

如果把教师真实的爱将促进学生智力、情感、个性的顺利成长叫作"罗森塔尔正效应"，那么教师的嫌恶将导致学生智力的衰退、精神的痛苦和情感的畸变，这就叫作"罗森塔尔负效应"。这说明期望和爱在孩子健康发展中具有重要意义。导学系统增加情感上的关爱和期待则可能提升学生继续学习的信心，这为降低"半途而废"的教育困境提供了启发。

2）追踪情绪的应用

在像 AutoTutor 这样的 ITS 中，学生与之交互时，它们可以通过分析学生的交互文本来推测学生的情感数据，并通过智能教学代理的口头内容表达、面部表情反馈与情感性话语等方式来对学生进行激励。在面对具有挑战性的学习活动时，学生经常会产生一种内部不确定因素的归因，这种归因包括：自己能力不够、自己不够努力等。为了改变这种归因方式，ITS 可以鼓励学生专注于学习目标，从而忽略这种归因焦虑。

按照皮亚杰的认知发展理论，学生的认知结构是通过同化与顺应过程逐步建构起来的，并在"平衡—不平衡—新的平衡"的循环中不断丰富和发展。一般情况下，人都有保持认知平衡的心理倾向，认知失衡会导致一种紧张、不舒服的感觉。为了消除这种紧张和不舒服的感觉，人会本能地产生一种达到平衡的需求。学生面对挑战性比较高的学习任务时，如果先验知识不够充足，很容易陷入困惑的状态，教师的第一步应该是鼓励学生继续学习。然而，如果学生长期处于认知失衡状态，教师应对学生的尝试表现出同理心，认可他们为达成自己的目标所做的努力，并在他们可能放弃之前引导他们走出困惑的状态。

一项针对西班牙和阿根廷的跨国比较研究证实，自我效能感可以通过心流体验间接影响学习投入。在在线学习活动中，心流体验贯穿于学习活动的整个过程，它会对在线学习中的学习投入产生积极情绪，进而促进学习投入。AutoTutor 会将学生情绪的来源归因于他们自己，并以或诙谐或怀疑或热情的回应来引导学生完成任务，让学生处于心流体验当中。Zakharov（2007）开发的 EER-Tutor，通过对学生眼睛、眉毛以及嘴唇的追踪，提取学生的面部表情，识别开心、微笑、生气、沮丧及中立等情绪,并通过制订相应规则赋予教学代理情感以及个性化情感反馈。

在基于情感的智能导学系统的教学过程中,研究者通常期待学生与系统中的教学代理能够实现深度情感交互。比如,Paleari等人(2005)设计的MAUI框架,充分考虑了学生与教学代理的情感交互,通过收集生理信号、语音会话、面部表情等,分析学生的情感状态。教学代理通过模拟人类教师,根据学生情感状态呈现相应的教学代理情感。EER-Tutor提供了四位智能教学代理——Callie、Diane、David以及Mark以供学生选择。教学代理的情感状态依据学生的情感状态以及认知状态,通过一系列规则来呈现,见表11-1。针对负面情绪,EER-Tutor采取情感导向性信息反馈。例如,如果学生没有提交问题解决方案,教学代理可能会说:"你此刻看起来很沮丧,如果你不喜欢这次学习,我很抱歉。"如果学生提交的方案存在错误,教学代理会鼓励学生找出错误,如:"不要沮丧,你很快就能解决这个问题。"如果学生反复请求新问题,教学代理可能会回复:"如果你感到不开心,我很抱歉。我希望你能找到一个可以解决的问题。""你看起来有点沮丧,何不尝试一个简单一点的问题呢?""你对这种体验并不满意,如果你本次学习不顺利,我感到很抱歉。"实验证明,EER-Tutor与学生的深度情感交互功能提高了学生的学习满意度(Zakharov,2007)。

表11-1 EER-TUTOR智能教学代理行为规则

事件描述	信息反馈	智能教学代理情感
首次登录	代理自我介绍,欢迎用户,并描述EER-Tutor工作空间	微笑
连续登录	代理欢迎用户,建议用户选择要处理的问题	微笑
反复提交相同的错误	代理告诉用户其解决方案看起来与上一次相同,列出错误并建议用户尝试修改其中一些错误	偏负面
正确解决错误	代理祝贺用户解决问题,微笑建议用户尝试解决另一个问题	微笑
提交单个错误	代理以一个令人鼓舞的短语开头(因为用户越来越接近正确的解决方案)并呈现反馈信息	正面

续表

事件描述	信息反馈	智能教学代理情感
提交多个错误	代理以友好的介绍性短语开头并读取错误	偏负面
选择新的代理	新代理自我介绍	微笑

3. 如何基于情绪因素调节学习

1）情绪调节学习模型

Kort等人（2001）提出了一个建构主义视角下的学习情绪模型，如图11-2所示。在第一象限，学生被期望可以获得很高的收益。因为在这个范围内，学生情绪饱满，可以建立自己的想法和概念，并将其付诸实践进行尝试。然而，随着时间的推移和挫折的产生，学生的情绪可能会向着无聊、失望方向衰退。来到第二象限，学生的知识构建速度降低，消极情绪作为进展标志出现。在第三象限，学生从学习状态转变为非学习状态，专注于情绪的调节和反思，开始抛弃错误的概念和没有成功的想法。到第四象限，学生消除了那些不可行和无效的概念，开始恢复希望和积极的态度，循环重新开始。在建立一个与学习相关的完整和正确的心智模型时，学生可能会经历多个周期，直到完成学习。

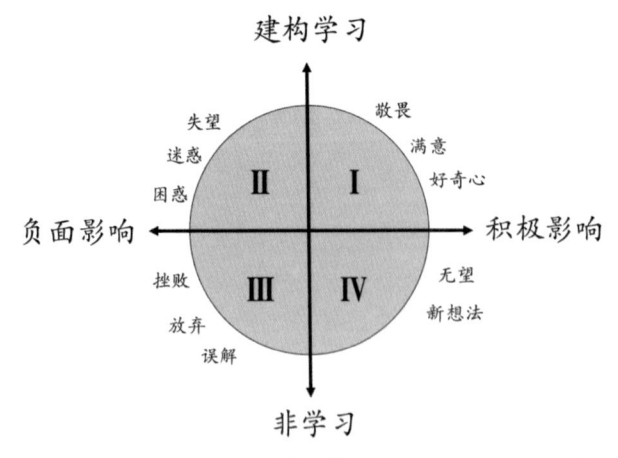

图11-2 建构主义学习情绪模型（Kort et al., 2001）

情绪调节包括所有积极和消极的具体情绪，如快乐、感兴趣、悲伤、愤怒、恐惧、抑郁、焦虑等。一方面，学生需要调节那些让人感觉难受的消极情绪，如焦虑、恐惧等。另一方面，学生也需要将积极的情绪保持在一个合理的范围内，例如不因过分的自信而产生骄傲。

2）具体的情绪调节是在调节什么？

史书彦和潘发达（2018）认为，情绪调节是个体对情绪体验或相关行为进行调整的过程，同时也是调节或维持情绪唤醒、体验、认知和行为的过程。在情绪调节过程中被调节的成分是相当广泛的，不仅包括情绪系统内的主要成分，也包括情绪系统以外的认知、行为等。总的来说，在情绪调节过程中被调节的主要成分是情绪的生理反应、主观体验、表情和行为。

情绪调节是以情绪的感知测量评估为基础的。在情绪调节的实际研究中，既有利用学生的自我报告数据作为情绪感知来源的，也有利用摄像机采集学生的动作与面部表情作为情绪感知来源的。在可穿戴设备的支持下，还有一些研究通过采集学生的生理信号来感知情绪，这些生理信号包括皮肤电、脑电等。这种方法可以更细致地分析学生的情绪状态。例如，Sarrafzadeh 等人（2008）开发的 Easy with Eve，利用摄像机采集面部表情数据，采用支持向量机的分类算法识别微笑、大笑、惊讶、生气、害怕、伤心、厌恶以及中立等情感状态，并根据学生的情感状态提供个性化干预措施。Litman 等人（2003）开发 ITSPOKE，通过麦克风提取音色、语音强度、音量、持续时间等语音特征，识别消极、积极以及中立情绪。Cabada 等人（2012）开发的基于移动设备的 FERMAT，通过手机摄像头收集面部表情，采用神经网络算法对面部表情进行识别，并由诊断性测试得出学生的知识水平，以此根据学生的情感状态和知识水平进行个性化教学。Jaques 等人（2014）利用眼动仪，收集学生对 ITS 界面的注视数据特征，利用随机树、朴素贝叶斯、逻辑回归等分类法，识别无聊、好奇以及感兴趣等情感状态，并得到了较高的准确率。Amershi 等人（2006）利用生理传感器，采集学生皮肤导电率、心率、肌肉活动等生理信号，通过无监督聚类识别开心、悲伤、钦佩、批评、骄傲以及害羞等状态。Kaklauskas 等人（2015）基于多模态生理识别技术，提出了纳入自我认知和自尊心测评的 ITS，除了考虑学生的认知水平和情感状态，还纳入了学习动机和压力等因素，以期在导学过程中充分实施情感化的个性教学。这些研究展示了利用不同类型设备和方法感知学生情绪并利用这些情绪数据支持个性化学习的可能性。

11.2　基于情绪调节导学系统的构建

在这一部分，我们将主要介绍教育学中情绪情感的理论基础、基于情绪智能导学系统的发展和机理，以及相应的情感反馈系统框架和相关技术。

1. 相关理论基础

当导学系统感知到学生的情绪时，我们期望导学系统像人类导师一样能够做出一些回应。导师对学生情绪的反馈来源于教育学情感的理论基础。教育学情感理论包括归因理论和学习过程中的认知失调理论（D'Mello et al.，2009，2011；D'Mello，Graesser，2013）。

1）归因理论

归因理论是关于人们对自己成功或失败的解释的理论。根据这一理论，成功或失败的原因可以归结于三个二分法因素：内部或外部；稳定或不稳定；可控或不可控。归因理论的一个基本原则是，一个人对成功或失败的归因决定了他将来在这项活动上所付出的努力，人们倾向于做出能让他们对自己保持积极看法的归因。

Miller、Ross(1975)和Zuckerman(1979)对成功和失败归因研究的综述表明，成功归因通常是相对内部的，失败归因通常是相对外部的。也就是说，学生更多地将成功归因于稳定的、内部的和可控的因素，而将重大失败归因于外部的、不可控的因素。Kelley和Michela（1980）的研究表明，相对于失败，成功更多地被归因于人，即能力、努力、稳定的特质等。为了激发学生面对失败后的努力，需要让学生对失败的归因加以转变，使他们将失败更多归因于他们可以控制的内部不稳定因素，如努力（Sarrafzadeh et al., 2008；Weiner, 2012）。这就需要鼓励学生关注学习目标，因为那些关注学习目标的人如果认为挑战会带来能力的提升，他们就会主动寻求挑战，并且倾向于通过更加努力来应对失败（Dweck, 2002）。

共情被认为是归因的一种重要情绪反应。一些学者认为共情是一种认知现象，其研究结果集中在对他人的准确感知等"智力"过程。另一些学者强调共情的情感方面，研究共情在人与人之间情感支撑和调节方面的功效（Davis, 1983）。其实，共情是认知过程和情感调节的统一（Harmon-Jones E, Harmon-Jones J, 2007）。共情在教学中可以有两个方面的作用。首先，当教师表现出其共情能力的时候，说明他能够意识到学生学习目标实现上的受阻，并可以积极有效地提供帮助。其次，当学生观察到教师所表现出的共情时，将更有助于其理解教师所制订的教学目标（Batson et al., 1995）。因此，在智能导学系统中，智能教师代理对学生表现出共情，这将使学生理解智能教师正在试图提供帮助，从而使学生更有可能采纳智能教师代理所提出的学习目标。那么，学生的无聊和沮丧等负面情感就可以通过智能教师代理的共情反应来改善。

2）认知失调理论

Festinger在1957年正式完整地提出了认知失调理论（congnitive dissonance

theory）。该理论指出，当一个人拥有两个或两个以上相互关联但不一致的知识要素时，就会产生一种不适的状态，这种令人不快的状态称为"失调"。认知失调理论着重探讨的是个体的信念和行为不一致的问题。"失调"是当个体的行为和态度不一致时出现的一种令人不愉快的状态，会给个体造成心理压力（Festinger，1962）。

认知失调理论在理解学生的学习过程中扮演着重要角色。当学生遇到矛盾、异常事件、目标障碍、干扰、惊喜或其他不符合预期的刺激或经历时，就会产生认知不平衡。在理想状态下，为了减少这种不平衡，学生会积极地进行思考和探究，以获得更深层次的理解（D'Mello et al.，2009）。这种积极的思考和探究可以帮助学生更好地理解和应对新的信息和经历，并在解决问题时更具创造性和灵活性。

缓解认知失调的有效方法之一是改变信念。为了达到更好的缓解效果，应重点攻克信念改变中最难改变的方面。研究者通常认为，与近期行为相关的知识信念最难以改变，因为一旦一个人已经以某种方式行事，就很难撤销这种行为了。因此，可以通过改变信念，使信念与最近的行为一致来减轻失调状态（Harmon-Jones E，Harmon-Jones J，2007）。

当人们的行为和信念之间出现不一致时，通常会使用四种自然发生的策略之一来引导思想和信念达到预期的一致性：修改认知、淡化认知、增加更多认知或否认认知（McGrath，2020）。这些策略通常会依据个体的特定情况而有所不同，但其目的都是减轻失调状态并恢复一致性。

当学生因学习内容而感到困惑时，通常意味着他们处于认知失调状态。在这种情况下，教师的第一步应该是鼓励他们继续学习，并提供支持和指导。然而，如果学生长期处于认知失调状态，教师应对学生的尝试表现出同理心，并认可他们在试图达到自己的目标。在学生放弃之前,教师应引导他们走出困惑的状态,帮助他们寻找新的角度和方法来理解和掌握学习内容。

2. 情绪智能导学系统的发展

情绪智能导学系统,或称情感导学系统(affective tutoring systems,ATS)最早起源于 Picard 教授在 1997 年提出的情感计算(affective computing)概念(Picard,2000)。情感计算是指在计算机科学领域中研究如何使计算机具有类似于人类情感的能力,从而使得计算机能够更好地与人类交互。De Vicente 在 2003 年第一次使用"情感导学系统"这一概念,并把 ATS 定义为一个可以检测并响应学生情感状态的数字化学习系统(De Vicente,2003)。这个系统利用感知技术来监测学生的情感状态,以便对学习过程进行调整和优化,提高学习效果。目前,基于 ATS 的情感反馈技术还处于初级阶段,但是随着技术的不断发展和完善,ATS 将在教育领域中发挥越来越重要的作用。

反馈是系统与环境相互作用的一种形式,当系统对环境中的某个动作或行为做出反应时,就会产生反馈。教学系统中常提到的反馈更多的是有关学习的反馈,反馈的对象是老师和学生。形式上,根据反馈所包含信息的复杂性,我们可以将其分为结果性反馈、正确答案反馈和精细反馈。结果性反馈属于最简单的反馈,只提供学生答案对错的信息。正确答案反馈属于稍复杂反馈,由系统直接提供正确答案,也就是前面章节提到的 ITS 中的底层(bottom-up)反馈。精细反馈(elaborated feedback)属于复杂性反馈,包括属性隔离、因情况而异的回应、因情况而异的主题、提示或线索、误解或错误、教学性辅导等类型。

按照反馈内容性质的不同,反馈分为积极反馈和消极反馈。积极反馈是指对学生的任务表现做出肯定评价,能够对学生起到激励作用。而消极反馈是指对学生的任务表现做出否定评价,有助于引起学生的警觉,使学生调整后续的学习（Lang，Betsch，2018）。

我们知道，ITS 中的反馈包含认知、元认知、情感三个层面。认知反馈的重点在于反馈的内容上，元认知反馈的重点在于对学生的自我调节学习，情感反馈的重点是针对学生在学习过程中产生的一系列情绪进行的反馈。

根据上文所提到的相关机理，在学习过程中，学生的情绪状态对其学习效果有着显著影响。消极情绪会削弱学生的学习动机，降低其学习参与度和成绩，甚至可能导致他们放弃当前的任务。而积极的情绪则可以增强学生的动机，提升其参与度和成绩。因此，导学系统在提供反馈时，需要考虑学生的情绪状态。具体而言，导学系统可以采取以下几个方面的措施来帮助学生调整情绪和提高学习效果。首先，系统应对学生表现出包容和友善，鼓励学生积极参与学习。其次，当学生付出努力并取得进步时，导学系统应给予适当的肯定和表扬，这不仅可以增强学生的自信心，还能激发学生的学习动机。最后，当学生遇到学习困难时，导学系统需要给予情感支持，帮助学生调整当前的情绪，并鼓励学生继续努力。

3.ATS 情感反馈系统框架

1）传统的 ITS vs ATS

传统的 ITS 由学生模型、教学模型、领域知识模型和用户接口组成，ATS 在 ITS 的基础上增加了情感支持的功能，需存储学生的情感状态、学习风格等，教学模块中通常还需存储教学代理的相关信息。ITS 能够适应每个学生的知识水平、学习能力和需求，提供个性化教学。ATS 除了具备 ITS 的功能外，还能根据学生的情绪状态，甚至学习风格、压力和兴趣，提供个性化干预，以改善学习效果。

Sarrafzadeh 等人（2008）认为 ATS 的学生模型分为两个主要部分：一个分析学生对问题的回答，另一个分析学生的非言语行为。非言语行为通过对学生上身和面部的图像识别，来检测学生的手势或面部动作。教学模块根据学生模型的状态选择最合适的教学策略，然后，根据这些教学策略呈现领域知识组件中的材料。

图 11-3 展示了 ATS 的体系结构。

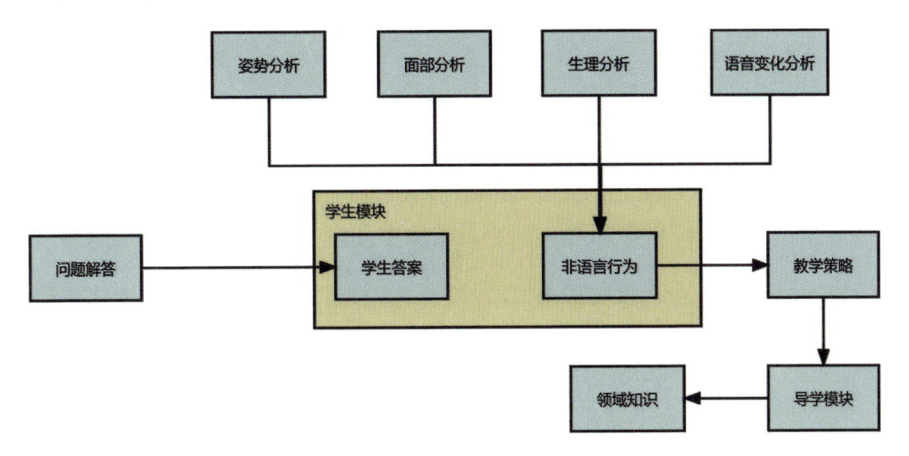

图 11-3　情感导学系统的体系结构

ATS 情感支持的具体实现可分为三个模块，分别是情感识别子系统、情感处理子系统和情感反馈子系统，如图 11-4 所示。

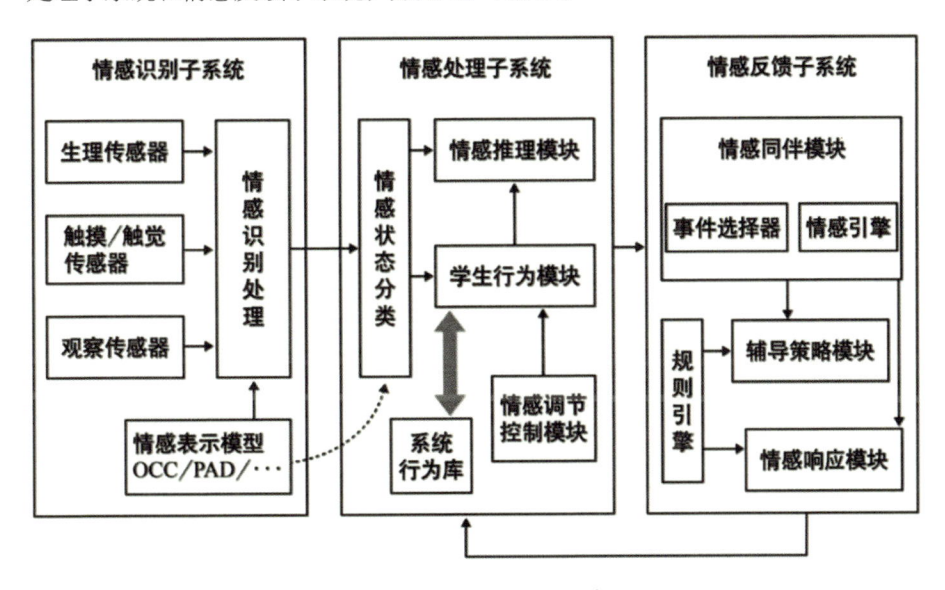

图 11-4　情感反馈系统

在情感识别子系统中，通过使用生理传感器、触摸/触觉传感器等工具，可以获得学生的多模态数据，而情感表示模型如OCC、PAD等，则可以对这些数据进行情感分类，这些分类结果将被用于情感处理子系统的情感推理模块中。

情感处理子系统主要由情感推理模块、学生行为模块和情感调节控制模块组成。学生行为模块记录了学生与ATS系统的互动，构成了系统行为库，而情感推理模块则利用深度学习等算法进行情感推理，并将结果传递到情感调节控制模块。情感调节控制模块采用情感反馈回路的模式，将感知数据转化成情感变量，并根据识别出的情感调整行为。

情感反馈子系统由情感同伴模块、辅导策略模块、情感响应模块三部分组成。首先，情感同伴模块封装了产生情感响应的逻辑，包含事件选择器和情感引擎两个组件。事件选择器读取情感处理子系统的数据，获取需要干预的组合，然后通知情感引擎，情感引擎会在合适的时间执行合适的干预策略。随后，辅导策略模块把从情感处理子系统中获得的有关学生情感状态和辅导情况的数据与情感响应模块中的相应规则相匹配。情感响应模块模仿人类导师处理学生各种认知和情感状态的行为方式，以调节学生的情绪。

如图11-5所示，ATS的导学模块重点关注情感表达与智能导学两方面。在情感表达方面，智能代理表达合适的情感，包括高兴、鼓舞、欣慰或者中立等。例如，当学生表现出沮丧情绪时，ATS及时以鼓励式口吻激励学生并提供有价值的建议，并通过面部表情、肢体动作和语音声调的形式表现出来。

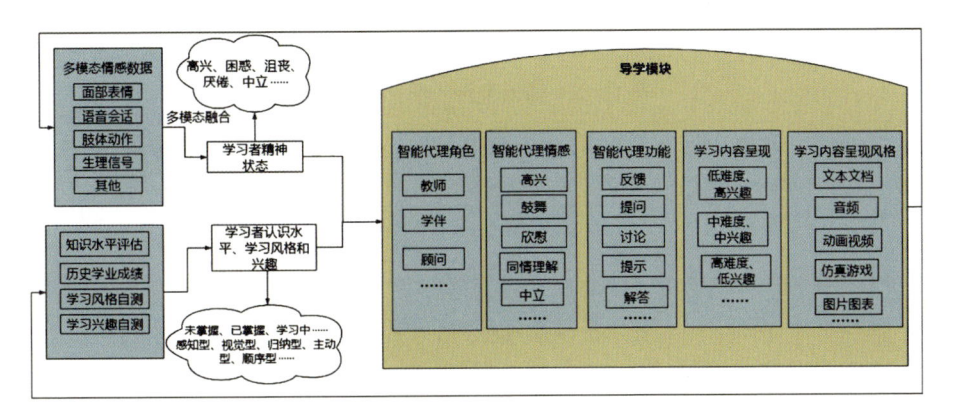

图 11-5 导学模块

2）基于事件的情感反馈设计

在 ATS 中，基于事件的情感反馈设计是一种典型的情感反馈设计模型。它是基于 OCC 情感模型进行的设计。下面介绍 OCC 情感模型和基于事件的情感反馈设计。

OCC 情感模型的结构包含由事件引起、由行为引起、对客观事物的看法等三个大部分，一共分为 22 种不同情感类型。如图 11-6 所示。

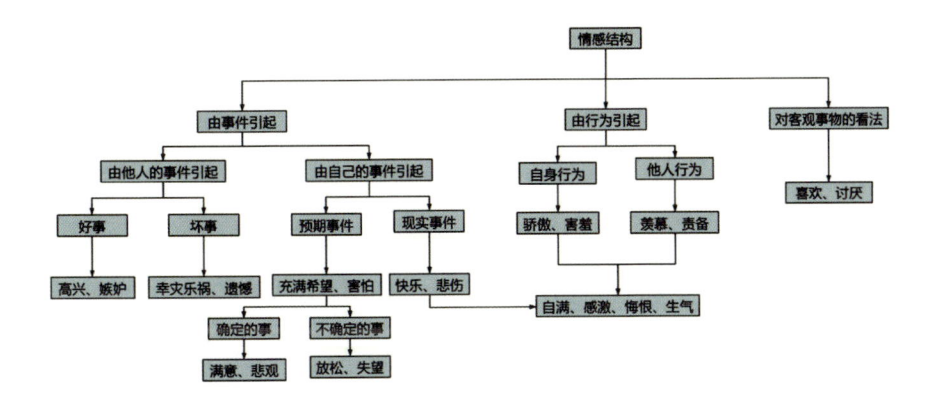

图 11-6 OCC 情感模型

基于事件的情感反馈设计是在 OCC 情感模型的基础上进行设计的。主要分为四个方面的反馈，分别是答题正误、学习任务是否完成、是否接受系统帮助、是否请求系统帮助，见表 11-2。

表 11-2 基于事件的情感反馈设计

事件		掌握取向	表现取向
学生登录		发送问候语	发送问候语
学生退出		发送结束语	发送结束语
答题正误	错误答题	提供帮助	呈现鼓励消息
	正确答题	表示祝贺	表示祝贺
学习任务是否完成	未完成学习任务	积极情感：引起学生的兴趣；消极情感：呈现鼓励消息	呈现鼓励消息
	放弃任务的学习	积极情感：对某些学习内显示出好奇心；消极情感：呈现鼓励消息	说服学生在失败时付出更大努力
	完成学习任务	表示祝贺	表示祝贺
是否接受系统帮助	接受系统帮助	继续提供帮助	继续提供帮助
	拒绝系统帮助	呈现出致歉类反馈行为	积极情感：先解释帮助的重要性，再提供帮助消极情感：致歉类反馈行为
是否请求系统帮助	请求系统帮助	提供帮助	先解释帮助的重要性，再提供帮助
	对系统提供的帮助不满	对不合适的帮助致歉，对有效的帮助表示欣慰	对不合适的帮助致歉，对有效的帮助表示欣慰

根据德维克等人的成就目标理论，学生的学业目标取向可以分为两类：掌握目标和表现目标。其中，掌握目标取向的学生，其学习是为了个人的成长，他们不在乎在这个过程中可能会犯错误或遭遇众多尴尬，所以他们敢于接受挑战，并且在遇到困难时，他们更能坚持到底。而表现目标取向的学生更关心的是能否向其他人证明自己的能力，他们更多地关注在考试中取得好的成绩，在比赛中获胜，在竞争中超越他人。这类学生常常会使用一些投机取巧的方法来证明自我。与掌握目标的个体相比，表现目标的个体在任务完成中较少体会到愉悦感，兴趣也相对较低，他们对结果期望有较强的功利性。在任务完成期间，他们能够积极投入，期望获得较好成绩和社会评价，评价任

务结束后，他们继续探索的积极性会消退。对于这两类学生，基于事件的情感反馈设计会有所不同。

（1）答题正误的情感反馈设计。当答题错误时，掌握目标取向的学生会感到失望，表现目标取向的学生会认为自己很失败，甚至不会再付出更多的努力。此时，系统会向掌握目标取向的学生提供帮助，向表现目标取向的学生呈现鼓励消息，提高其自我效能感。当这两个类型的学生答题正确时，系统会向他们表示祝贺。

（2）学习任务是否完成的情感反馈设计。对于未完成的学习任务，掌握目标取向的学生若产生失望的消极情绪，表明他们对任务完成感到有难度，所以未完成学习任务不是因为努力不够，而是确实有困难。因此，系统的反馈策略应该是呈现出鼓励消息，激励学生继续努力，同时提供帮助。但如果这类学生没有产生失望反应，则说明他们对这个主题不感兴趣，那么系统就应向学生呈现该学习主题能够获得的新技能来引起学生的兴趣，并且提供帮助。表现目标取向的学生若感到失望，则说明他们没有实现预期目的，自我效能感也会随着消极情感而降低，系统应鼓励学生付出更多努力。对于完成的学习任务，系统会对两类学生均表示祝贺。

（3）是否接受系统帮助的情感反馈设计。系统会根据学生的学习情况决定何时向学生提供帮助，提供什么种类的帮助，如果学生接受了帮助，那么系统则继续提供帮助。如果学生拒绝了系统提出的帮助，对于表现目标取向的学生，可能是因为接受帮助而感到不适。在这种情况下，系统会解释帮助的重要性，然后再提供帮助。如果这类学生因为自己能够独立解决这项任务而认为系统的帮助是一种干扰，并因此产生苦恼情感，系统应做出致歉类反馈。

（4）是否请求系统帮助的情感反馈设计。对于掌握目标取向的学生来说，向系统请求帮助是很正常的事件，系统会为学生提供帮助。表现目标取向的学生往往会认为寻求帮助意味着缺乏能力而感到羞愧，对此，系统应努力纠正这种错误概念，即解释帮助的重要性，并向其提供帮助。例如，当学生对系统提供的帮助感到不满时，系统应表现出致歉的反馈，给出"实在抱歉，我可能添麻烦了"等话语。反之，系统应表现欣慰的反馈，其话语包括"非常高兴能对你有用"等，从而与学生的情感产生共鸣。

4.ATS 相关技术

1）情感采集

与情感有关的信息很多来自面部表情，因为表情和情感是密不可分的，表情可以很好地表现情绪情感。除了面部表情，语音和生理信号也能够揭示学生的情感状态。例如，通过声音的音调和音量来识别情感，或者通过心率、皮肤电反应等生理指标来检测情感状态。此外，日志文件记录的学生学习行为，也可以反映他们的情感状态。例如，学生如果长时间没有操作界面，可能是因为无聊走神；多次提交错误答案，可能是因为这时有沮丧的情绪。除此之外，关于情感的数据还可以从肢体动作等方面获取，如身体的紧张和放松程度、动作的速度和节奏等。总之，情感数据可以从多个方面获取，并可以帮助我们更好地了解学生的情感状态，从而更好地设计教学策略，优化学习体验。

2）预处理

获取的原始数据一般不能直接使用，要经过预处理提取特征。人脸及肢体动作识别均涉及图像的预处理，目的是消除图像中的冗余信息，去除干扰、噪声，增强特征信息，从而提高图像识别的可靠性。常用方法包括直方图均衡化、去噪、归一化等。

对学习行为数据的预处理，主要包括数据的筛选、编码等。语音数据在被采集后，需要由语音信号转为数字信号，并且由时域往频域转变，这些转换可采用加窗分帧、傅里叶变换等。生理信号是较微弱的电信号，且在采集过程中易受噪声以及其他信号的干扰，如人体、采集设备和电磁环境等的影响。因此，预处理操作包括去噪和去伪迹，常用的方法包括数字滤波器、独立分量分析、数学形态学和小波变换等。

3）特征提取

常用的面部表情提取方法，包括几何特征提取、纹理特征提取等。面部表情变化主要通过眼睛、鼻子、嘴唇、下巴等区域的形状以及相对位置的变化来反映。几何特征是对相关部位的形状以及结构关系变化的几何描述，可作为人脸识别的重要依据。面部表情和情感的对应有两种方法。一是基于消息的方法，其按照表情的含义将面部行为进行分类，将面部表情看作一种特殊的消息，通过分析面部表情中包含的信息来对其进行分类。二是基于符号的方法，只描述动作而不考虑动作实际含义。基于符号的方法是一种简单的面部表情识别方法，它仅考虑面部动作本身，而不考虑动作的实际含义。在特征提取阶段，面部图像被分解成几个基本的符号（例如嘴巴张开、眼睛眯起等），这些符号反映了面部表情的不同方面。然后，这些符号被输入到模式匹配算法中，以便将它们与预定义的面部表情模式进行比较。

对于语音特征的提取可以是韵律、梅尔频率倒谱系数（Mel-frequency cepstral coeicients，MFCC）、感知线性预测（perceptual linear predictive，PLP）等方面的特征。Murray 和 Arnott(1993)研究了情感和语音之间的对应关系，见表 11-3。一些常见的语音提取特征方法包括：（1）采用 OpenSMILE 工具提取较高维度的低层标识符（low-level discriptor，LLD）特征，这已成为人工提取语音情感特征的主流方法。（2）采用卷积神经网络（CNN）从原始语音信号直接提取高层次的语音情感特征，已成为深度语音情感特征的主流方法。（3）将这两种特征进行融合以用于语音情感识别。

表 11-3 语音和情感对照表

语音	情感					
	恐惧	愤怒	悲伤	高兴	厌恶
语速	很快	稍快	稍慢	较快或较慢	非常慢
平均基频	非常高	非常高	稍低	很高	非常低
基频范围	很宽	很宽	稍窄	很宽	稍宽
强度	正常	较高	较低	较高	较低
音质	不规则	带呼吸声	引起共鸣的	带呼吸声响亮	嘟囔
基频变化	正常	重读音节突变	向下变形	平滑向上变形	向下变到极点
清晰度	精确的	紧张的	有不清楚的	正常	正常

在生理信号处理方面，脑电、心率、呼吸、皮电等生理信号与情绪具有密切的联系。例如，兴奋、紧张或害怕状态下心率加快、血压升高、呼吸急促和浅表肌肉变得紧绷。而放松或者愉悦时心率减缓、血压降低、呼吸变得深长和缓慢、肌肉松弛。通过对这些信号的分析，可以获得情绪方面的信息。

4）情感分类

现在比较热门的情感分类方法就是深度学习，常用的模型有卷积神经网络（CNN）、循环神经网络（RNN）、长短时记忆等（LSTM），它们都有一定的优缺点。CNN 是图像处理的常用算法，它把相关的图像直接作为网络的输入，避免了传统识别算法中复杂的特征提取和数据重建过程，但 CNN 在识别空间关系特征时存在不足。RNN 采用隐状态上的递归连接来捕获序列数据的历史信息，但 RNN 容易造成梯度消失或梯度爆炸问题。LSTM 主要用于缓解传统 RNN 训练过程中产生的梯度消失和梯度爆炸问题。

11.3 系统的实证效果

下面简单介绍一个情感敏感型的 AutoTutor。这个 AutoTutor 有两个不同版本，他们都着重于应对学生的情感状态。第一个版本叫作支持型导学系统（supportive AutoTutor），通过提供同理心和鼓励的回应来解决学生的消极状态。该系统将学生的情感来源归因于学习材料或自身，而不是直接归因于学生本身。第二个版本称为激励型导学系统（shakeup AutoTutor），通过直接将情感的来源归因于学生自己，并以诙谐、怀疑和热情的回应来引导学生完成任务。

这两个系统根据教育学理论和教育学专家的建议建立并增加情感敏感规则。系统中的情感教师代理拥有一套产生式规则，这些规则将五个参数（三个情感参数+两个认知参数）作为输入，与导学行为相匹配。学生模型中也有五个参数，包括：学生当前情绪、该情绪分类的置信水平、学生先前情绪、学生能力的全局度量以及学生即时反应的概念质量。导学系统整合了对学生的这一五维评估，并通过以下方式做出回应：（1）用导师代理的一个情感面部表情对当前答案进行反馈；（2）情感陈述；（3）下一个对话动作。其具体含义如下：

（1）情感面部表情反馈。导学系统对每个学生的反应提供简短的反馈。反馈基于响应和预期答案之间的语义匹配产生。反馈有五个层次：积极、中性积极、中性、中性消极和消极。每个反馈类别都有一组预定义的表达式，导学系统可以从这些表达式中随机选择。比如，"干得好"是积极反馈的示例，而"那不正确"和"你走错了路"则是消极反馈的示例。除了清晰地表达反馈的文本内容，导学系统中的教师代理还会调节它的面部表情和语音韵律。积极的反馈是通过认可的表情（大大的微笑和点头）来传达的。中性积极的反馈是一个温和的认可表情（微笑和轻微的点头）。消极反馈时，教师代理会以不赞成的表情（轻微皱眉和摇头）进行表达，中性消极反馈时，教师代理会露出怀疑的表情。而完全中性反馈时，教师代理不会带任何面部表情。

（2）情感陈述。在提供反馈之后，如果ATS感觉到学生无聊、困惑或沮丧，就会给出一份情感声明（D'Mello et al.，2009）。

（3）下一个对话动作。最后，教师代理以一个动作来回应，以推进对话。

情感敏感体现于教师代理的动机促进表现（反馈和情感反应），而不是它的教学行动表现（比如提示、断言）。

在学习效果的提升方面，情感敏感型的AutoTutor比原始的AutoTutor教学效果更好，同时支持型的导学系统比激励型的导学系统的效果更好（D'Mello，Graesser，2013）。

第 12 章
智能导学下的探究学习

　　探究学习是指学生在教师指导下，以类似科学探究的方式所开展的学习活动。它既是一种学习观念，又是一种学习模式。探究学习有利于学生科学素养和科学精神等方面的形成。数字化学习环境和人工智能技术可以在很大程度上促进探究学习的教学效率，辅助教师及时掌握学生的学习动态，精准地在学生探究过程中为其提供帮助，同时提高学生间协同探究的效率。本章首先介绍开展探究学习的"痛点"，而后介绍针对探究学习导学系统的构建，最后描述面向探究学习的导学系统的实际应用效果。

12.1 探究学习的"痛点"

智能导学下的探究学习是通过对科学探究过程的模拟来实现的。这里的科学探究指的是学生个体或小组通过发现问题、提出和检验假设、协作交流讨论等活动，来认识和解释科学机理并获取相应知识的活动。在探究学习中，学生模拟科学家采用的探究程序和方法，通过提出和解决与他们生活经历有紧密联系的各种科学问题，积极地参与到知识的获得过程中。与科学探究相对应，探究学习遵循以下典型程序或模式：形成问题、搜集数据、提出假设、检验假设、交流结果。因此，不管探究学习呈现哪种形式，活动种类如何多样，其本质特征都是：教师不是把构成教学目标的有关概念和认知策略直接告诉学生，而是创造一种适宜的认知和合作环境，让学生通过探索发现来获取学科内容知识甚至认知策略。

研究表明，只要学生得到充分支持，探究式学习可以比其他传统讲授式的教学方法更有效。但是什么类型的指导是恰当的，对谁来说是合适的，这些问题很难回答。因为先前大多数的研究只关注有限类型的指导和有限类型的学生。

学者们对于探究学习如何促进学生学习仍存在争议：

（1）Ausubel（1962）认为探究性学习只适用于正在发展具体操作阶段的学生。

（2）Taba（1963）强调探究性学习在增强学生使用认知过程能力方面的潜力。尽管她承认将探究学习应用于每一个主题是不可行和不可取的，但她也相信只要教学策略和实施条件得当，基于探究的学习就可以顺畅且成功地进行。

（3）Kirschner等人（2006）认为，基于探究的方法进行教学不太可能有效，因为它们忽略了工作记忆的局限性。仅仅进行一项探究调查就已经对学生要求很高，然而探究学习需要大量的工作记忆，而学生长期记忆中存储新信息的能力太小。

（4）Hmelo-Silver 等人（2007）对 Kirschner 等人的观点提出了质疑，他们认为当代基于探究的方法是强大且有效的学习模型，因为它们在探究过程中大范围使用了教学脚手架来帮助学生解决难题。

以上学术上的争论为探究学习理论的建立带来了莫大的裨益，同时也揭示了实施探究学习所面临的痛点。以下从四个方面进行说明。

（1）角色混淆。在传统的教学模式中，教师通常扮演知识传授者和引导者的角色，而学生则是被动的接受者。然而，在探究学习中，教师和学生的角色界定会变得模糊。学生需要更多的自主性来提出问题、进行实验和探究，但又需要教师的指导和支持，以确保他们的学习过程有效。

为了解决这一问题，智能导学系统可以提供个性化的学习路径，根据学生的知识水平和兴趣以及教师的指导，帮助学生逐步承担更多的自主学习责任。同时，系统还可以为教师提供实时数据和反馈，帮助他们更好地了解学生的需求，调整角色界定，并提供必要的支持。

（2）信息素养缺乏。探究学习要求学生能够自主搜索、评估和整合信息，但很多学生在信息素养方面存在不足。他们可能会面临信息过载、信息质量不佳以及不懂如何利用信息的问题。

智能导学系统可以通过整合信息素养培训，帮助学生发展必要的信息素养技能。系统可以引导学生评估在线资源的可信度，教授学生搜索策略，为学生提供搜索关键词，并鼓励学生在信息的收集和整合过程中进行注释和反思。此外，系统还可以自动分析学生在信息搜索和评估方面的表现，并提供个性化的建议和练习，以弥补他们的不足。

（3）协作学习挑战。探究学习通常涉及协作和团队合作，但学生在协作学习中可能会面临沟通障碍、分工不均和冲突解决困难等挑战。协作学习需要学生具备团队合作技能和有效的沟通能力。

智能导学系统可以通过在线协作工具和平台支持学生的协作学习。系统可以提供实时的协作空间，让学生在其中共享资源、讨论问题，并进行项目管理。此外，系统还可以监测团队合作的表现，并提供反馈和建议，以帮助学生改进他们的协作技能。教师也可以通过系统更好地管理团队项目，了解学生的贡献和问题，并提供相应的指导。

（4）评估和反馈问题。传统的评估方法可能不适用于探究学习，因为探究学习强调了过程性的学习和自主性的探索，而不仅仅只关注最终结果。因此，如何评估学生的探究学习成果以及提供有效的反馈是一个挑战。

智能导学系统可以借助先进的评估工具和算法来解决这一问题。系统可以跟踪学生的学习活动，包括问题的提出、数据的收集、假设的检验等过程，并生成详细的学习报告。这些报告可以为教师提供有关学生的表现，帮助他们进行个性化的评估和反馈。此外，系统还可以利用自然语言处理和机器学习技术，分析学生的探究报告和注释，以评估学生的思考和分析能力。

在智能导学技术的支持下，探究学习有望克服众多痛点和挑战，成为一种更加有效的教学方法。智能导学通过引导学生逐步承担更多的自主学习责任，提供信息素养培训，支持协作学习，以及优化评估和反馈过程，可以帮助学生更好地掌握探究学习的核心能力。同时，也为教师提供了更多的工具和资源，以更好地指导和支持学生的学习。

12.2 针对探究学习导学系统的构建

智能导学技术的发展为实现探究学习情境下的个性化高效学习提供了可能。本节将探讨如何构建针对探究学习的智能导学系统，包括系统应用方式、优势以及解决教学问题的潜力。

1. 智能导学系统如何应用于探究学习

探究学习是一种基于主动探索和发现的学习方式，它强调学生的主体地位，让学生在探索中积累知识和经验。智能导学系统是一种基于计算机技术的辅助教学工具，可以根据学生的个性化需求，提供适合学生的学习资源、学习路径和适应性脚手架。如何将智能导学系统应用到探究学习中，让学生在探究中得到更好的学习效果呢？

（1）提供适合的学习资源和学习环境。智能导学系统可以根据学生的个性化需求，为其提供合适的学习资源和学习环境。探究学习强调学生的自主性，因此导学系统可以提供多样化、多模态的学习资源，包括文本、视频、模拟实验等，并创造互动性强的学习环境，以鼓励学生的积极探索和发现。

（2）鼓励学生主动探索和发现。智能导学系统可以通过引导、提示和实时反馈等方式，鼓励学生主动探索和发现。系统应能引导学生提出问题、制订假设、寻找解决方案，并在他们的探究过程中提供支持和反馈，以帮助学生更好地理解和解决问题。

（3）提供个性化的学习路径和学习评价。智能导学系统应根据学生的个性化需求，提供不同的学习路径和学习评价方式。每个学生的学习速度和方式都不同，系统应能灵活地调整学习路径，并及时提供个性化的学习反馈和评价，帮助学生改进学习策略，提升元认知能力。

2. 智能导学系统在探究学习中的优势

相较于传统的教学辅助系统，针对探究学习构建的智能导学系统具有一系列优势，这些优势有助于提高教育教学的效率和质量。

（1）个性化学习支持和引导。学生的探究路径可能各不相同，智能导学系统可以根据每位学生的独特需求提供个性化的学习支持和引导。与传统系统相比，它更能满足学生的差异化需求，为他们量身定制学习路径，从而提高学习效果。

（2）交互式学习环境和学习资源。导学系统可以提供丰富的交互式学习环境和多样化的学习资源，还能给予学生即时反馈。相较于传统系统的静态内容，这种系统能够通过模拟、实验、互动等方式增强学生的学习兴趣和积极性，促进深度学习。

（3）自适应学习和学习效果评价。针对探究学习构建的智能导学系统可以根据学生的表现自适应地调整学习路径和内容，并提供更准确的学习效果评价。这有助于学生更好地理解自己的学习进展，并提高学习投入度。

总结来说，针对探究学习构建的智能导学系统有潜力推动教学形式上的创新，形成有效的、灵活的、由教师和机器共同引导的课堂教学活动。导学系统可以通过提供个性化支持、丰富的学习资源、自适应学习路径和实时反馈，改善学生的学习体验，提高他们的学习效果，增强教师和学生在教学过程中的获得感。

3. 支持探究学习的智能导学系统的具体应用案例：WISE

WISE，全称为 Web-based inquiry science environment，译为"基于网络的科学探究学习平台"（网址：http://wise.berkeley.edu），如图 12-1 所示。它由美国加利福尼亚大学伯克利分校主持研发，并得到美国国家自然基金的赞助。

WISE 提供包括英语、中文等多种不同语言的支持，广泛应用于世界各国。自 1997 年投入使用，该平台为全球数以亿计的四至十二年级师生提供了一个完全免费的线上科学探究环境。

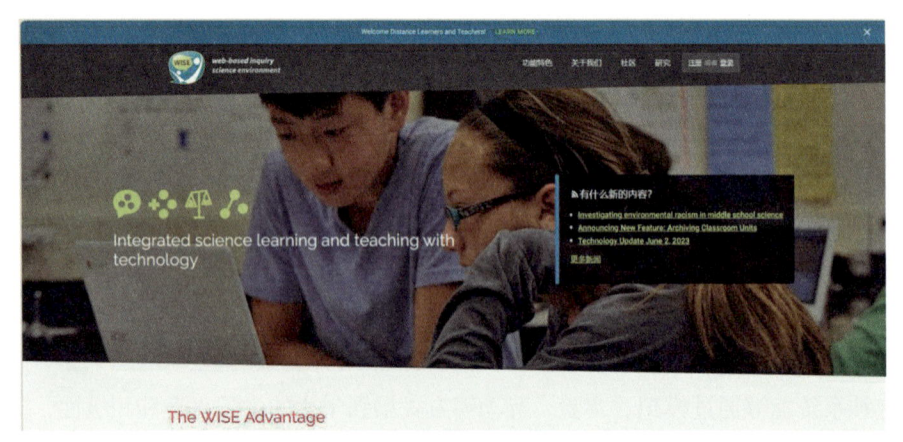

图 12-1　WISE 科学探究学习平台

WISE 开发了一个用户和课程管理系统以及一个虚拟的学习环境。该平台有两种界面：面向学生的学习界面和面向教师的工作界面。教师的工作界面为探究学习提供了课程设计和开发环境，使教师能对学生的探究活动进行实时监控、在线学习评价、学习指导、学生账户管理、教师信息维护等。教师通过平台可以不受时空约束获得学习的反馈信息，从而及时调整教学内容、方法策略。学生可按照自己的速度进行学习，打破课堂 40 分钟的约束，让教学更有针对性，学习更具个性化。

学生的学习界面包含一系列由教师预先设计好的科学探究活动，每个活动又根据科学探究的一般步骤设置了若干个活动步骤。学生通过自主探究、合作交流、反馈评价等步骤，建构科学知识，如图 12-2 所示。以"牛顿滑板车"这一项目为例，学生可以给滑板车上的气球充气以调整滑板车的动力，设置滑板车的质量、路面摩擦力、车轮半径等变量，并观测滑板车的行走状态。在探究过程中，系统会给出教学提示和线索，引导学生设置变量，不断改进他们的设计。在探究过程中，学生可以在 WISE 的虚拟实验中探索与能量和运动相关的科学概念，如势能、动能和热能以及能量转换和守恒等。

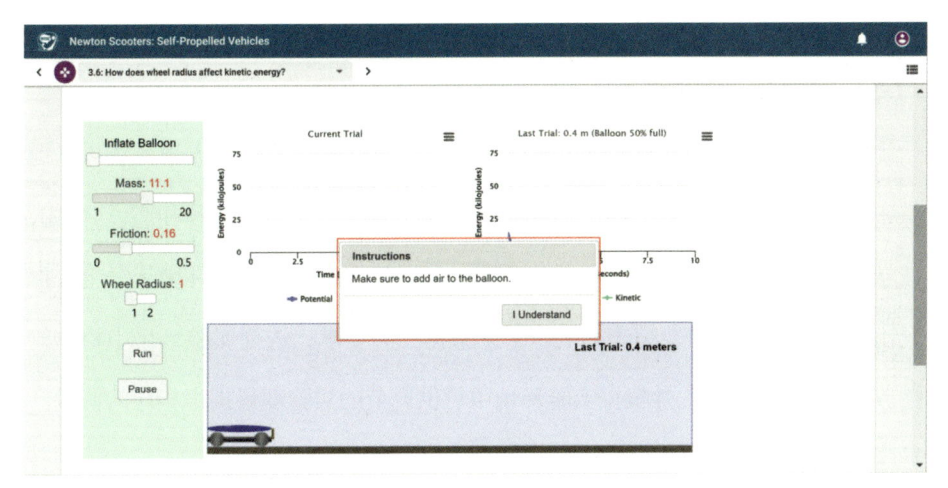

图 12-2　教学提示

目前，WISE 提供的探究教学项目涵盖了中学物理（于琪，2023；陈连锋 等，2019）、化学（丁东，屠莉娅，2021）、生物（姚海霞，2019）、地球科学（董晶，2017）等多个学科。WISE 界面简单明了，还具有认知提示、反思笔记、评价和在线讨论等功能，并集成了许多交互式的实验模拟系统，用以促进不同类型课堂活动的开展。同时，WISE 还提供了概念图工具和各种绘画、图表制作工具。

在教学论方面，WISE 项目以知识整合理论（knowledge integration）为基础，通过对学生的协同反思活动和教师的指导的支持，辅助学生进行学习的自我监督和调节。

12.3 导学系统的效果

本节将探讨智能导学技术在科学探究学习中的应用情况，包括学习任务的设计、实时数据分析和反馈以及学生之间的合作与交流。

1.学习任务的设计

首先，智能导学系统能够引导学生提出科学问题和假设。导学系统可以提供一系列的问题和假设供学生选择，也可以帮助学生自主提出问题和假设。例如，在学习生物实验时，导学系统可以提供一系列关于生物实验的环境让学生去探究不同颜色光对植物生长的影响。学生根据任务要求，选择实验环境中植物的摆放、光源的调整等，并根据实验环境中可供调节的实验变量提出相应的假设。导学系统中的模拟实验环境为学生提出问题带来了启示。

在提出实验假设之后，科学实验和观察是科学探究学习接下来的重要环节。智能导学系统可以在模拟实验环境中提供具体的模拟实验器材和观察工具，从而支持学生在模拟环境下的实验开展，让学生在导学系统的引导下进行科学实验、观察和记录。导学系统的引导主要体现在实验步骤的提示和实验操作的反馈等方面。例如，学习"电路"知识后，学生可以根据导学系统的指导进行电路设计实验，并记录不同电路设计情况下的实验数据。同时，导学系统也可对学生设计的电路进行直接反馈，提示学生对并联、串联等电路设计知识进行回忆、理解和应用。

智能导学系统还可以提供模拟科学实验之外的资源和工具支持。比如，导学系统可以提供与实验内容相关的文字和视频学习资料，帮助学生建立起概念知识与实际应用之间的联系。同时，导学系统还可以提供数据收集和分析工具，帮助学生整理和分析实验数据。在学生进行实验记录的过程中，导学系统也可以对实验记录的格式、内容等方面进行反馈，在学生漏记的时候，导学系统能够及时提醒学生进行实验观察，以免学生错过关键实验结果而造成知识理解上的偏差。在实验数据分析阶段，导学系统可以为学生提供数据分析的指导，并提示学生将数据分析结果与相关概念知识相结合。

2. 实时数据分析和反馈

在科学探究学习中，实时数据分析和反馈对于学生的学习进展和思维发展至关重要。下面对导学系统提供的实验数据分析功能进行详细介绍。

学生在进行实验和观察时，可以将实验数据输入导学系统进行记录。系统可以按照规则对数据进行描述性统计分析，并生成相应的可视化图表，帮助学生更好地理解实验结果。例如，在学习物理测量知识时，学生通过系统记录实验中物体的质量、长度和时间等，系统可以基于学生多次实验的记录结果，生成质量与长度的散点图，帮助学生探究质量与长度的相关性。当学生在解读散点图产生困难时，导学系统可以通过建立针对散点图的教学脚手架，引导学生一步步地对实验结果进行解读，进而理解数据结果背后所隐藏的科学原理。

对于教师而言，智能导学系统可以将学生学习进展的数据进行总结，并做描述性统计和可视化呈现，使教师能够快速定位遇到困难的学生和学生普遍存在的知识难点。教师则可以基于这些信息动态调整为学生所布置的学习任务，并有针对性地提供学习支持，帮助学生推进探究活动的进度。

3. 学生之间的合作与交流

科学探究学习注重学生之间的合作与交流。面向探究学习的智能导学系统可以为学生提供数字化交流的协作平台，让学生在系统上进行小组合作，共同完成科学实验和观察任务。在任务完成过程中，学生可以彼此分享实验的进展和观察的结果，在交流中加深对知识的理解。导学系统也可以打通教师与学生在小组协作时的交流通道，让教师能够及时地对学生间的合作进行干预和促进，提升学生的协作效率和效果。

总之，面向探究学习的智能导学系统可以在科学问题的提出、科学实验的设计实施、实验数据的分析解读、学生的小组协作讨论等各个科学探究环节提供支持，从而促进学生科学素养的形成，同时缓解教师在探究式教学中的压力。

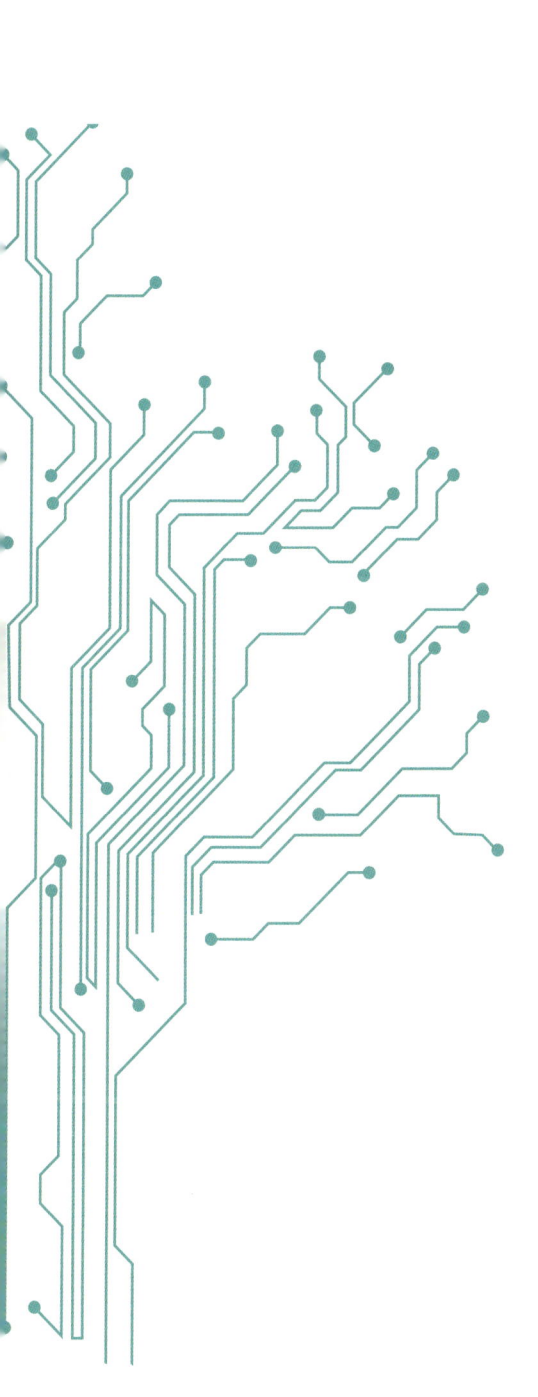

第四部分
智能导学与人类教师的共融

第 13 章
教师与智能导学携手课堂教学

课堂是教师教学和学生学习的主要场所，也是核心场所。不同课堂活动间的导学（classroom orchestration）是教师在日常教学实践中必须要执行的事务，贯穿于诸多教学情境。它通常指教师在外部约束（如时间、班级人数）下对多种层面教学活动（个人、小组和班级活动）的实时管理和协调（Dillenbourg et al.，2018）。外部约束指师生所处的客观环境对教师教学产生的限制，这些限制条件在很大程度上影响了教师的教学设计，以及对教学设计的具体执行。典型的限制是课堂时间有限和班级人数众多。一节课的时间是固定的，教师需要基于固定的时间设计好教学计划，并在课堂中加以实施。所以，在课堂中，教师不仅需要顾及学生是否掌握了某些知识，还要顾及制订的教学计划和教学目标能否如期完成。然而，学生人数多在很大程度上限制了教师在课上对学生状态的实时感知，以及"完全意义上"的个性化指导和干预，这就使得教学不能有效进行。此外，也使得教师对以学生为中心的、相比讲授式教学活动更为复杂的新型教学法（如协作学习、项目式学习、问题式学习和探究式学习等）有所顾忌。因为教师需要耗费大量的精力去协调学生完成既定的复杂学习活动。在多种因素的共同作用下，这些新型教学法很难在真实课堂中大规模和持续地开展。本章首先简要介绍了为解决上述问题所孕育而生的课堂活动导学系统，然后进一步阐述了这类导学系统的主要功能以及与教师携手教学的方式，并总结了其应用效果。

13.1 课堂活动导学系统

教师需要依靠特定的手段、技术或者设备来帮助他们解决课堂活动的管理和协调问题。为此，一系列的智能课堂活动导学系统随之诞生。它们由多种软硬件技术构成，可以帮助教师更好地感知学生的学习状态，协调不同社会层面的活动，甚至实现自动化教学。这些系统促进了教师对课堂活动的有效协调和管理，提高了学生的学习成效（Amarasinghe et al., 2020；Erkens et al., 2016；Swidan et al., 2019）。学生在课堂上可以通过课堂导学系统进行小组协作学习，如图13-1所示。

图 13-1　学生在课堂上进行协作学习

准确感知学生的学习状态是课堂活动导学系统的基本功能（Dillenbourg et al., 2009；Pellegrino, Quellmalz, 2010；Prieto et al., 2011）。课堂活动导学系统主要通过嵌入式测评技术和自我报告的方式，帮助教师感知学生的学习状态。这里提到的学习状态包括认知状态（如解决问题的状态）和非认知状态（如学生间的协调状态），感知学生的学习状态可以促进教师恰当地执行他们的教学计划。更具体地说，教师总是需要决定在协作学习活动中他们应该帮助哪些学生（Alavi et al., 2009; Dillenbourg, 2013; Gerard, Linn, 2016）。当教师专注于帮助一个小组时，其他所有需要帮助的小组只能等待。这无疑会降低课堂学习效率。为了解决这个问题，Lantern 允许学生通过按下按钮点亮指示灯来自我报告他们的学习状态。这些指示灯使用不同的颜色和闪烁频率表示不同的出现水平，以便教师可以根据指示灯选择干预组（Alavi, Dillenbourg, 2012）。然而，学生并不总是愿意报告他们的学习状态和遇到的问题。因此，一些系统通过自动检测的方式来评估学生的学习状态，并在必要时将状态报告给教师（Berland et al., 2015; Holstein et al., 2019; Martinez-Maldonado, 2019; VanLehn et al., 2021）。教师可以通过不同的媒体介质接收学生的状态，包括但不限于 iPad 上的仪表板或谷歌眼镜（Holstein et al., 2019; VanLehn et al., 2021）。

高效课堂活动的开展不仅要求教师能够感知学生的学习状态，还要求学生能够了解彼此的学习状态。在协作解决问题期间，了解彼此的当前状态对于提高沟通效率、建立相互理解和维护关系至关重要。鉴于协作解决问题是众多课堂活动中一项重要且复杂的小组学习活动，许多系统设计并实现了使学生们能够从认知和非认知角度看到彼此的学习或解决问题状态的功能（Abu Deeb, Hickey, 2021; Biel et al., 2015; Do-Lenh et al., 2012; Erkens et al., 2016）。课堂活动导学系统为教师设计的许多功能都试图减轻教师在教学活动切换时的认知负担，与此不同，为学生设计的功能则侧重于提高学习活动中的效率，尤其是针对小组的学习活动。

为了指导课堂活动导学系统的设计，Prieto 等人（2011）提出课堂导学系统的五方面功能，即设计（计划协作教学脚本）、调节（管理学习活动）、适应（在课堂上调整设计）、感知（了解学生的状态）、分摊（将活动导学负担分摊给学生），以及三个挑战和解决方案，即实用主义（应面向真实实践）、协调（利用工具协调不同类型教学活动的开展）和理论（提出课堂活动导学的通用理论）。在概念框架提出来十年后，研究者们开发了一系列系统，并通过实证研究对其进行了评估。

13.2　课堂活动导学系统与教师的协同

课堂活动导学系统为教师和学生提供了许多不同类型、不同层面的功能，从而与教师一起更有效地开展课堂教学活动。正如 Prieto 等人（2011）所建议的，在课堂活动导学过程中，课堂活动导学系统需要帮助教师感知学生的状态，并促进教师调整课堂教学的节奏和实施。同时，导学系统也为学生在与同伴协调方面提供帮助，分担教师在小组活动时的导学负担。大多数课堂活动导学系统在这三个方面都做出了很大的努力。因此，我们归纳出以下三类通用功能：

- 增强教师感知的功能；
- 增强教师教学和管理的功能；
- 促进学生协调的功能。

每一类功能都有几个具体的焦点，接下来将逐一详细介绍各类别的具体功能。

1. 增强教师感知

课堂活动导学系统从三个方面提供了不同的功能来增强教师的感知，分别是帮助教师了解学生的认知状态、非认知状态和学习进展情况。认知状态对应着学生回答问题的正确性和对知识的掌握程度。从教学辅助的角度来看，教师可以依靠课堂活动导学系统来提醒他们哪些学生个体或小组最需要指导（Alavi，Dillenbourg，2012；Holstein et al.，2019；Schwarz et al.，2018）。非认知状态包括学习参与程度、协作状态和情绪状态。例如，Subtle Stone（Balaam，2013）和 ClassMood APP（Beardsley et al.，2019，2020）都为学生提供了报告情绪的渠道。以预先设计的学习活动作为基准，学习进展表明学生在课堂上做了什么以及他们目前在做什么。例如，SAIL Smart Space 内嵌了一个代理来跟踪个人、小组和整个班级的进展情况，以便系统能在教师平板电脑上通知教师（Tissenbaum，Slotta，2019）。一旦学生完成教学脚本所规定的系列活动中的一项，教师平板上相应按钮的颜色就会发生变化，根据颜色的不同，教师就可以知道学生的学习进展情况。总之，增强教师感知的三个方面描述了学生的关键学习状态。一旦教师能够感知到学生的状态，他们就可以实时对自己的教学进行合理的调整。例如，决定是否对某些特定状态的学生进行干预，是否继续进行下一个活动或放慢教学速度，等等。

就像 13.1 节所提到的，自我报告和自动测评技术是检测学生状态的两种常用手段。例如，Lantern 工具允许学生通过按下按钮点亮指示灯来自我报告他们的学习状态，这些指示灯通过不同的颜色和闪烁频率来表示等待帮助的不同需求级别（Alavi，Dillenbourg，2012）。一些课堂活动导学系统实现了通过自动测评技术来感知学生的学习状态，并在必要时向教师发送报告（Berland et al.，2015；Holstein et al.，2019；Martinez-Maldonado，2019；Schwarz et al.，2021；VanLehn et al.，2021）。教师可以通过平板电脑、AR 眼镜等不同媒体介质来接收这些报告（Holstein et al.，2019；VanLehn et al.，2021）。

2. 增强教师教学和管理

对于增强教师教学和管理，教学的准备、执行、干预和课堂管理是现有相关导学系统关注的焦点。教学准备和执行与课前和课中两个连续阶段密切相关。课前，教师可以设计自己的教学脚本，并在课堂活动导学系统的帮助下上传学习材料和脚本（Phiri et al.，2016；Prieto et al.，2014；Vu，Tchounikine，2021），这也就是我们所熟知的备课过程。在课堂上，教师可以使用课堂活动导学系统监控和调整教学脚本的执行进度。一些课堂活动导学的功能使教师能够根据他们定制的约束条件将学生进行智能分组（Berland et al.，2015；Olsen et al.，2021；Tissenbaum，Slotta，2019）。此外，课堂活动导学系统还可以帮助教师控制教学活动的节奏，例如暂停所有小组进行重点内容的讲解、与其他小组共享一个小组的学习制品，以及在不同类型的学习任务之间进行切换（Do-Lenh et al.，2012；Joyce-Gibbons，2017；Lachand et al.，2019；Martinez-Maldonado，2019；Niramitranon et al.，2010）。课堂活动导学系统的教学干预支持专注于解决教师无法同时为一组以上的学生进行干预的尴尬情况。教学干预通过课堂活动导学系统发出，以帮助陷入困境的学生。例如，教师可以为目标学生手动选择预定义的学习干预（VanLehn et al.，2021），或者课堂活动导学系统自动定位学生，并在没有教师实时授权的情况下进行干预（Calderón et al.，2016；Gerard，Linn，2016；VanLehn et al.，2021；Wen，2019；Wetzel et al.，2017）。

3. 加强学生间的协调

学生间的协调是一种由学习者驱动的、减少教师课堂导学负荷的方法（Prieto et al.，2011）。如果课堂活动导学系统为学生间的协调提供良好的支持，那么学生的协作学习活动就可以进行得更顺利，学生就更可能在没有教师干预的情况下自行处理问题。这样的话，教师的课堂导学负荷就减少了。例如，教师可能大幅度减少监测学生个体、小组学习进展的需求。

共享工作空间是增强学生协调的最基本功能。不同学生通过访问和编辑同一工作空间可以进行实时协作（Martinez-Maldonado et al.，2012；Salvador-Herranz et al.，2013；Schwarz et al.，2018；Song，Looi，2012）。特定工作空间的权限可以局限在一个小组，也可以对不同小组开放。

一些课堂活动导学系统为学生提供查看其他同学学习状态的功能，以增强他们对彼此情况的了解。这样的功能同样可以为学生组建小组提供支持，当一个学生能够了解其他学生的学习状态时，学生将更有可能找到合适的同伴，这为进一步成功协作奠定了基础（Alphen，Bakker，2016；Biel et al.，2015；Deeb et al.，2019；Do-Lenh et al.，2012；Erkens et al.，2016；Fong，Slotta，2018）。此外，当参与度较低的学生了解到其他优秀的同伴在学习过程中行为、状态和当前进度时，他们有可能受到激励，从而更加投入学习（Lachand et al.，2019；Looi，Song，2013；Tissenbaum，Slotta，2019）。

13.3 课堂活动导学系统的效果

虽然教学上的协同关系主要发生在教师与课堂活动导学系统之间，但是学生和教师都是课堂活动导学系统的主要使用者，课堂活动导学系统可以从不同的方面对两者产生影响。对于教师而言，课堂活动导学系统可能会影响他们的行为模式（Amarasinghe et al.，2020）和感知水平（Granda et al.，2015）。对于学生而言，课堂活动导学系统可能会影响他们的认知状态，如学习收益（Erkens et al.，2016；Wen，2019）和非认知状态，以及学习感受（Amarasinghe et al.，2020；Clayphan et al.，2016）、行为投入（Alavi，Dillenbourg，2012；Amarasinghe et al.，2020）等。

需要注意的是，当课堂活动导学系统对教师产生影响时，这种影响可能会传递给学生，反之亦然。例如，Amarasinghe等人（2020）发现，Pyramid增加了教师使用脚手架的频率，从而提高了学生的学习参与度和学习感受。具体来说，课堂活动导学系统可以从以下五个方面对教师和学生进行促进。

（1）促进教师行为的改变。课堂活动导学系统通过影响教师在日常课堂中的行为来支持教师。例如，教师使用教学脚手架的频率在系统的帮助下得到增加（Amarasinghe et al., 2020）。

（2）促进教师对学生的感知。例如感知学生能力的变化（Granda et al., 2015）。

（3）促进学生对知识的获取。学生在课堂活动导学系统的帮助下进行学习并获得知识收益。例如，学生正确回答问题的平均数量从前测到后测得以增加（Echeverría et al., 2012）。

（4）改善学生的学习参与度。课堂活动导学系统提高了学生的学习参与度。例如，Lantern显著增加了团队间沟通的时间（Alavi, Dillenbourg, 2012）。

（5）提升学生的学习感受。课堂活动导学系统可以增强学生的学习感受。例如，增加感知到学习的满意度（Amarasinghe et al., 2020），并减少额外的学习认知负担（Hernández-Leo et al., 2012）。

在实验组有课堂活动导学系统、对照组无课堂活动导学系统的对照研究中，总体上，课堂活动导学系统对教师和学生产生了中等程度的影响（$g=0.603$，$p<0.001$）。在实验组和对照组都有课堂活动导学系统但功能上有所差异的研究中，总体上，课堂活动导学系统也对教师和学生产生了中等程度的影响（$g=0.536$，$p=0.044$）。由此可见，课堂活动导学系统对教师和学生能够稳健地产生中等程度的积极影响。

进一步元回归分析的结果表明，在课堂活动导学系统功能、使用者特征、研究情境等变量中，教师感知是影响课堂活动导学系统有效性的唯一关键调节变量（$p=0.039$）。尽管没有增强教师感知的课堂活动导学系统的促进效应仍然显著（$g=0.346$），但有增强教师感知的课堂活动导学系统的促进效应要更显著（$g=0.715$）。这一结果证明，增强教师感知在课堂活动导学中起着关键作用（Dillenbourg et al., 2009; Pellegrino, Quellmalz, 2010; Prieto et al., 2011）。当课堂活动导学系统促进了教师的感知时，教师可以有更多的机会实时调节自己的教学节奏，并通过手动或人工智能技术对特定学习状态的学生进行适当的教学干预。然而，进一步分析表明，增强教师感知的三个方面（包括认知状态、非认知状态和学习进度）均未对课堂活动导学系统的效应大小产生显著影响。因此，目前尚不清楚增强教师感知的哪个特定功能产生了这种促进效果，这可能是由于每个分支功能的样本量有限。另一种解释是，增强教师感知的单独功能是不够的，这些特定功能必须耦合在一起才能产生显著效应。此外，教学效果的测量类型对课堂活动导学系统的有效性存在边缘显著的影响（$p=0.058$）。针对导学系统应用后学生学习结果测量所得出的变化效果（$g=0.489$）要远小于针对导学系统使用过程测量所得出的变化效果（$g=0.802$）。这一趋势表明，相比学习结果，课堂活动导学系统更有可能影响学习者在学习过程中的行为和感受。

总而言之，课堂活动导学系统的使用从几个不同的方面对教师和学生产生了显著的促进效用，并且课堂活动导学系统的有效性相对稳健。这显示出了它在实际课堂教学中的巨大潜力。虽然基于现有的研究只确定了教师感知和测量类型两个关键因素，但这并不意味着其他因素不重要，未来的研究应该进一步探索其他因素的影响。

大量研究关注系统对学生的影响，仅有少量研究关注了课堂活动导学系统对教师的影响。同时，其他研究表明，教师特征，如数据素养（Conn et al., 2022）、教学经验（Podolsky et al., 2019）、技术接受度（Scherer et al., 2020）、生活环境（Lai et al., 2016）等因素都会影响教师对智能技术的使用。这些特征也可能影响教师使用课堂活动导学系统的方式。如果将教师和课堂活动导学系统作为一个整体来对待，那么教师和课堂活动导学系统之间的协作模式可能是影响系统成效的一个重要因素。近年来，一些研究者提出了人在回路（human-in-the-loop）方法在教育技术领域的应用（Clow，2013；Kleinman et al.，2022），这为我们进一步了解教师、技术和学生之间的有效协作模式提供了新的思路。然而，这种方法在课堂活动导学系统中的设计和评价并没有得到足够的重视。鉴于近年来基于预训练大模型的生成式人工智能（比如GPT）所带来的巨大影响，研究人类教师应该如何在课堂活动导学中与智能代理携手（或称协作）变得越来越重要。是否存在一种可以跨越不同的情境进行迁移的携手模式？基于ICAP框架（Chi，Wylie，2014），一个潜在的理想模式可能是，在课堂活动导学系统的帮助下，教师需要引导学生进行更多主动的、进而建构的甚至互动的学习。在这个过程中，学生可以激活内在的知识，创造新的知识。已有研究验证了基于ICAP的教学模式对数字化学习成效的影响（Liu et al., 2022；Zhang et al., 2021）。未来的研究应进一步探索如何更好地将课堂活动导学系统与这些模式相结合。

第 14 章
协同设计
——一线教师参与智能导学的研究

长期以来，智能导学研究一直面临着与实际教学之间的隔阂问题，很多智能导学的研究成果难以被一线教师在日常教学中所使用。为解决这一问题，研究者们建立了协同设计这一研究方法，旨在将一线教师纳入教育技术产品的研发过程中来，通过研究者与一线教师共同合作，不断地迭代更新，以创造出能够满足实践教学需求的数字化教学产品。本章将详细阐述一线教师需要参与智能导学研究的原因以及协同设计在智能导学当中的应用方式。

14.1 为什么一线教师要参与智能导学的研究?

1. 什么是教师和研究者协同设计?

2015 年，联合国教科文组织发布了《教育 2030 行动框架》，文件清晰地勾勒出到 2030 年全球教育的发展蓝图。2021 年出版的《剑桥学习科学手册》第二版中增加了"学习科学和政策的设计与实施"的相关内容，倡导学习科学研究者要积极主动地加入教育政策的制定与设计中。随着世界各地越来越重视教育的发展，教育改革被推到了风口浪尖上，这对教师教学法的变革推进也提出了更高的要求。但是现阶段传统教学参考书在"教学设计学理建议"功能上的缺失却阻碍了教师教学法的广泛变革（刘晓艳 等，2016），这表明我们需要新的方法路径来实现变革性的教学和学习（Goldman et al., 2022）。教师和研究者的协同设计（teacher-researcher co-design）可以实现教师丰富教学经验和研究者广阔理论知识的建设性叠加，不仅兼顾了教师的经验性和研究者的专业性，还可以增强教师在线教学的态度和信念，促进信息技术与课程教学的深度融合（蔡慧英 等，2021）。这种方式有助于增强教师在课堂上的互动性，让学生在教师的指导下更多进行主动参与和积极建构，更好地满足当代课堂深度学习教学的需求。让教师参与智能导学的研究，本质上是教师和研究者的协同设计，这种新型的教学设计方法为教学理论和实践存在沟壑的问题提供了一种富有成效的解决方案（Ko et al., 2022）。教师和研究者在协同设计的过程中甚至可能共同推动创造学校乃至区域层面的教育转型变革（Philip et al., 2022），并对智能技术对教育实践的赋能方式产生影响，转而促进计算机应用教育研究的发展（Lee et al., 2022）。

协同设计的理念主要来源于学习科学研究领域，该领域研究者提倡采用

"教师与研究者协同设计"的方式，来培养智能教育时代下的优秀教师。有研究发现，协同设计不仅仅是达到教学目的的一种手段，还是教师和研究人员专业知识学习和实践经验增长的催化剂。Goldman等人（2022）通过文献综述发现，国外学习科学研究领域通过开展大量的实证研究，对教师和研究者协同设计在促进教师专业发展方面的作用进行了探索。Ko等人（2022）采用专业成长互联互动模型（interconnected interactive model of professional growth，IIMPG）来追踪协同设计背景下教师和研究人员的职业成长路径，通过对他们协同设计工作的交互分析得出，在进行协同设计一段时间后，教师越来越熟练掌握管理设计教学过程中多个组成部分的基本原则，而研究人员也深刻了解到这些教学原则是如何支持学生进行知识概念之间的串联和相互关联的。

作为教师与研究者合作的一种新的表现形式，教师和研究者协同设计的特点主要体现在以下三个方面。

（1）从协同设计的起点看，研究人员可以为教师提供指导教学实践的科学原理和策略，驱动教师在教学过程中采纳创新教学的方法，或者整合创新的学习技术。

（2）从协同设计的过程看，教师和研究人员要进行以"设计"为中心的实践交互活动。在研究人员的指导下，教师基于对教学规律的科学理解，设计出符合他们实际教学需求的教学产品和教学活动以支持课堂教学。

（3）从协同设计的结果看，教师和研究人员一起采用和持续使用创新的教学实践来进行教学法的变革创新，在超越传统教学法的同时，实现自身专业知识的提升和自我认知的飞跃，从而达到教学效率和教学创新的双丰收（Goodyear，Casey，2015）。

2. 教师在智能导学研究协同设计中的教学指导作用

让教师参与到智能导学研究的协同设计过程中，有助于确保智能导学系统在现实环境中的有用性和可用性。尽管有研究表明，教师和研究人员的知识储备、角色定位和行为习惯不同（Gomez et al.，2018），但是在协同设计过程中，教师和研究人员有着共同的目标，那就是提高学生对所学知识的理解并增强学生对学习过程的参与，促进更健全和更公正的教育建设。

在智能导学的协同设计研究过程中，研究人员对学习理论和教学方法的认知具有系统性和连贯性。因此，他们可以从教学研究的角度出发，倡导基于研究证据驱动的教学决策。另外，教师具有丰富的教学实践经验，日常教学实践场景的频繁互动让他们熟练掌握教学场景中的要素特点，因此，教师可以从教书育人的角度出发，开展基于实践需求驱动的教学决策。

除此之外，让教师参与到智能导学研究的协同设计过程中，有助于为学生提供更全面的教育和指导。人工智能可以通过分析大量的数据来提供个性化的学习体验，但无法像教师一样根据学生的具体情况来提供有针对性的教育和指导。

3. 智能导学研究的协同设计是促进教师专业发展的可取路径

随着信息技术的发展，如何创新智能时代下教师专业发展的方式以提升教师教学能力，成为当前教育领域关注的重要问题之一。然而，在缺乏学习设计理论与方法指导的情况下，教师容易产生复制传统教学模式的行为倾向，这也导致了在实际环境中，教学创新的目的往往难以达到。另外，教师专业发展遵循的是实践逻辑，是教师相关技能、策略创造性地嵌入教育活动的实践中并获得一套行之有效的个体性实践途径的过程（陈玲 等，2023）。教师需要在教育理论、教育情境、教育行动之间不断地切换调适。在这个过程中，教师难免会出现综合性、创造性、模糊性等专业实践问题。因此，在教学实践中，在具体的教育情境中，教师非常需要同行和专家的支持和辅导，让教师能够完成符合自身情况的个体教学实践途径的建构和调适。作为一种创新教师专业发展的方式，协同设计是一种自下而上的策略,这种新型的协作方式可以带动自上而下的教学创新,在提高教师教学能力和创新上层教育系统上,都具有一定的发展潜力(Penuel,2019)。

通过与研究者协同制订智能导学的设计细节,教师可以获取相应的专业知识,提升智能教学情境下的技能和技巧,增强教师在教学变革中的自尊和自信。除此之外,协同设计还可以方便调查教师对教学实时分析的需求和愿望,从而使得研究者更好地了解教师在人工智能增强课堂教学中面临的挑战和支持需求。

总结来看,一方面在智能导学的研究中加入教师的协同设计,以教师的教学实践行为进行指导,可以让研究人员重新审视学习理论和教学方法,生成更具教学实践指导意义的理论和方法。另一方面,在动态协作的过程中,教师也可以生发出更灵活、更具适应性的且有科学原则指导的教学行为,这在一定程度上极大地提升了教师的动能,助力教师的专业发展。

14.2　一线教师参与智能导学研究的几种方法

一线教师在参与智能导学研究时,事实上也是参与到了与研究者协同设计的过程中。基于已有的研究工作,本节按照协同设计的交流介质,将协同设计方法总结为两大类——以视频作为边界对象的协同设计和社区会议分布式的协同设计,其对比见表14-1。

表14-1　两种协同设计方法的对比

维度		以视频作为边界对象的协同设计	社区会议分布式的协同设计
相同点	收集数据对象	对教师和研究者协同设计过程进行口头记录	
	数据处理方法	对口头记录进行人工话语分析以得出研究结论	
	发生时间段	可发生在课程开始前或者课程进行中	

续表

	维度	以视频作为边界对象的协同设计	社区会议分布式的协同设计
不同点	形式	线下	线下或者线上
	辅助工具	视频（和学生作品）	会议软件（非必要）
	规模	一对一	一对一或者一对多

从表14-1可以看出，两种协同设计方式都需要在教师和研究者研究讨论、共同设计或者解决某个问题的过程中，对他们的对话交流情况进行记录，后续对记录内容进行话语分析以得出研究结论，并且两种方式的发生时间段可灵活选择，既可以在课程开始前，也可以在课程进行中。两种方式的不同点主要在形式、辅助工具和规模上。以视频作为边界对象的协同设计主要发生在线下，教师和研究者通常聚集在一块共享的屏幕前共同观看教学视频，并进行讨论，有时会涉及对学生作品的观察，这种方式的规模多为一对一。而社区会议分布式的协同设计大部分发生在线下，有时根据需要也会在线上举行。当在线上举行时，就需要用到会议软件进行辅助。这种协同设计方式一般以研究者为中心，由研究者组织并发起社区会议，多位教师参与，会议过程中研究者起主导作用，教师们讨论教学设计或者解决某个教学问题。

1. 以视频作为边界对象的协同设计

通常，边界意味着诸如边缘或外围之类的东西，然而在这里，它用来表示一个共享的空间，参与者可以利用这个空间的灵活性和共享结构来构成一个整体之间的界限（Star，2010）。这种协同设计方式将视频作为边界对象，搭建一个共享合作的空间平台。在这个空间中，研究人员和教师聚集在一个共享的屏幕前观看和回顾课堂互动的记录片段，并对出现的环节进行讨论解释与协同设计。为进一步研究这种协同方法，另一位研究者可对教师和参与协同设计的研究者的讨论交互内容进行记录。目前研究中大部分采用了笔录的方式，在大语言模型愈加成熟的今日，研究者也可以利用各种语音采集和转录算法进行记录。最后，对所记录的话语进行分析，以揭示研究人员和教师相互学习提高的过程，分析两者的设计决策的演变，从而不断完善日后共同设计的方案以及解决教学中出现的问题。

Gomoll 等人（2022）的协同设计实验就属于该类方法。其实验旨在促进教师为期 5 周的机器人实践课的教学。实验的三次协同设计分别发生在课程开始前、课程实施的中途以及课程结束的时候，每一次的协同设计都是在以视频作为边界对象的基础上进行的。通过对实验过程中记录的话语进行分析，结合最终的教学成果反馈，可以看到该实验促进了教师和研究者双方教学能力的发展。研究者和教师的讨论主题从一开始仅关注学生的思考和注意过程逐渐转变到了"注意""解释"和"设计合作"三方面的紧密联系。

Ko 等人（2022）在和教师进行持续两年的协同设计过程中，通过共同观看视频和学生作品来促进并启发协同设计。在共同观看期间，教师和研究者并排观看教学视频并做标记，间歇性地停下来分析、反思和叙述学生的学习情况。每次共同观看结束后，研究者都会写一份分析备忘录，总结他们围绕视频片段的互动，并讲述自己的想法是如何通过与教师的互动而发生变化的。最后，通过对口头的话语记录和分析备忘录的结合分析，来发现说明教师和研究者在协同设计过程中互动的实质性变化。

两个以视频作为边界对象的协同设计研究对比分析见表 14-2。

表 14-2　两个以视频作为边界对象的协同设计研究对比

维度	Gomoll 等人的研究	Ko 等人的研究
时间段	三次协同设计周期：课程开始前，课程实施中，课程结束时	两年
协同设计方式	观看视频，协作讨论，设计课堂教学，解决教学问题	观看视频片段，分析、反思、叙述学习情况
需要分析的数据	口头记录	口头记录和分析备忘录

续表

维度	Gomoll 等人的研究	Ko 等人的研究
协同设计研究反馈	讨论主题从"思考+注意"转变到了"思考+注意+设计合作"	互动的变化揭示了设计过程中教师和研究者的成长，包括专业视野的提升

2. 社区会议分布式的协同设计

社区在这里代表的是由研究者和教师组成的共同体，在这样的一个社区环境中，以研究者为中心，对外连接一位或者多位老师，形成一种分布式的模式，以这种模式召开的教师和研究者协同设计研讨会，就是社区会议分布式的协同设计。在这种方式下，教师和研究者主要通过社交互动来进行合作，在特定的设计和实施空间中召开会议，通过在会议上教师和研究者的对话与访谈来制订和反思教学策略与课堂设计。同样，这种方式也需要对教师和研究者协同设计的交流话语进行记录，以方便后续对其进行深入的话语分析，追踪教师和研究者在该协同设计环境中的专业成长过程。

在 Scott（2019）的研究中，研究者和教师之间形成了这种社区会议分布式一对多的协同设计。首先由研究者组织发起社区会议，创建一个大家可以进行内容和情绪交流的空间。在会议上，教师们讨论学生作业并讲述课堂上发生的事情。研究人员试图理解并从教师的角度出发，鼓励教师并抵消课堂中的事件对教师所造成的负面影响，帮助教师发现学生的闪光点和未来成长的可能性（Adiredja，Louie，2020）。从对话语记录的分析和最终参与者的反馈来看，这种方式极大地培养了教师的能力感，增加了教师教学的自信心。

Jurow 等人（2019）的研究使用的则是社区会议分布式协同设计中一对一的方式。在其研究里，教师和研究者通过多次的会议对话，将理论、课堂实践和社区参与结合在一起进行协同设计。各种协同设计会议的召开，让教师的课堂结构发生了变化，在该过程中，研究人员成为支持教师课堂转型的重要支持。

两个社区会议分布式的协同设计研究的对比分析见表14-3。无论是一对一还是一对多的社区会议分布式的协同设计，都在一定程度上创造了一种人文关怀的空间，不借助任何边界对象的直接对话交流，让教师和研究者自身的能力都得到了一定的提升，并且在这种特殊的空间下教师的教学信心得到了极大的增强，也使得研究者的协助作用更加突出。

表14-3 两个社区会议分布式的协同设计研究对比

维度	Scott的研究	Jurow等人的研究
规模	一对多	一对一
协同设计方式	召开社区会议，讨论讲述教学片段，发现解决教学问题	进行会议对话，讨论交流教学想法，改进教师课堂设计
需要分析的数据	口头记录	口头记录
协同设计研究反馈	培养了教师的能力感，增强了教师的教学信心	教师的课堂结构发生了变化，研究人员成为课堂转型的辅助

事实上，在目前已有的研究当中，教师和研究者协同设计的方法并没有形成一个规范的体系和明确的模式。因此，一线教师在参与智能导学研究时，需要按照实际情况进行调整，建立不同学科背景研究人员和教师的共同交流语言。协同设计本身就是一个充满挑战的过程，而面向智能导学的协同设计又带来了跨学科因素，需要研究者根据具体情况对原有方法进行改进。

不管采用什么方法，一线教师参与智能导学研究的过程，本质上都是教师和研究者协同设计的过程。通过协同设计，可以聚集众多教师和研究者的智慧和经验，创造出更好的教学方法和教育模式。在共同的研究探索中，教师可以通过反思和讨论提升自己的教学质量，而研究者则可以不断改进和完善自身的专业水平，这种教育科研合作对于提升教学质量、推动教育的创新和改革具有十分重要的作用。

第 15 章
智能导学技术支持下的协同阅读

协同阅读是一种重要的协作学习方式，有利于学生深度理解阅读材料并培养其协作交流能力。本章将首先介绍几种典型的协同阅读批注系统，总结系统的开发与应用现状，在此基础上，介绍我们团队开发的协同阅读批注系统，以及该系统的实证效果。

15.1 几种典型协同阅读批注系统

产业界和学术界研发了通用和专用的协同工具，可用于学生的协同阅读批注。表 15-1 列举了常见的 9 种用于协同阅读批注和教学的工具，并总结了这些工具对于协同批注的支持方式。这里面既包含 GoogleDoc 这种通用的协同作业工具，也包含 Perusall 这类协同批注专用工具。

表 15-1 支持协同阅读教学开展的工具

工具名称	是否针对协同阅读	主要功能
三余阅读	是	高亮，批注，小组讨论，阅读反馈
SURF	是	高亮，批注，小组讨论
GoogleDoc	否	文本注释
HyLighter	是	高亮，批注，讨论
Hypothesis	是	高亮，批注，批注回复
Group Scribbles	否	争论支持，建立观点假设，建立观点和证据的关系
WASP	是	社会化书签，社会化批注，争论支持
Perusall	是	高亮，批注，批注点赞，批注邮件通知
CRAS 系列工具	是	高亮，批注，批注回复，批注支架，游戏化激励机制，形成性评估与反馈

由北京师范大学未来教育高精尖创新中心自主研发的三余阅读 APP 是一款支持泛在学习环境下课内和课外融合、线上与线下融合的移动阅读软件（吴娟等，2021），该系统具有勾画、批注、摘抄、搜索、反馈等功能，为实验数据的采集、智能分析与结果可视化提供了坚实的基础。

杨现民等人（2010）推出了一款共享阅读体验工具 SURF（sharing unique reading feeling），支持学生在线阅读、高亮显示、批注、建立阅读伙伴圈等操作。该工具能够为教师提供学生的课堂阅读信息，如阅读时间、阅读篇章数目等。

GoogleDoc（Tseng，Yeh，2018；Yeh et al.，2017）和 Group Scribbles（Chen，Looi，2011）虽然也可以支持学生分享交流观点，但学生无法对自己观点所关联的具体内容进行标记。这类通用工具因较高的易用性也会出现在协同阅读的研究中。

Persuall 是由哈佛大学研发的一种社交注释工具（Clarke，2021），其将阅读讨论嵌入阅读本身并将批注变成一项协作活动，能够鼓励学生协同阅读课本、网站、文章、视频和其他课程文本，支持学生对特定文本高亮显示、评论并对对方的评论做出回应，帮助学生更深入地学习阅读材料。

HyLighter 支持学生以个人或小组的形式，通过高亮内容、文字批注和回复同伴的评论来共同分析一篇文章（Samuel et al.，2011）。Persuall 和 HyLighter 工具同样具有高亮显示、批注、协同阅读等功能，同时还支持学生之间互相讨论、协作等学习活动，但不同的是，Persuall 软件能够兼容更丰富的学习材料，如视频、网站等，将学生批注变成一项"社交"活动，而 HyLighter 软件可以实现学生自主选择个人或小组权限。

Hypothesis 是一款 Google 网页插件，只需打开相应功能就可以在所有网页上进行批注，使用起来方便快捷，这款插件同样支持学生对网页中的文本进行高亮显示、批注，并提供设置批注权限的功能，如个人可见、组内成员可见或公开可见，如果批注权限为组内可见或公开可见，则批注人可以获得来自同伴的评论（Kalir，2020）。

实证研究表明，协同阅读批注可以提高学生的阅读理解和元认知技能（Johnson et al.，2010；Mendenhall，Johnson，2010；杨现民，魏顺平，2008），也能促进同伴学习（Marissa，2021）。在协同批注系统的支持下，学生能比平常更多地关注学习材料的具体内容（Cecchinato，2021）。具体来说，更多参与回答同伴问题的学生能在概念理解方面获得更多的知识。Gao（2013）发现，参与小组学习越多的，尤其是那些回应同伴问题越多的人，越能获得更多的概念理解。

为了提升协同阅读批注效果，许多研究者探索了有效的阅读批注支持策略。其中，提供阅读批注支架是一种有效方式。阅读批注支架能够帮助学生创建带有适当语义标签的批注，这些标签包括推理、链接和摘要等。研究表明，阅读批注支架对学生的阅读理解水平有积极影响（Chen C M，Chen F Y，2014；Chen et al.，2022；陈向东，杜健芳，2017）。陈向东和杜健芳（2017）设计了六种批注支架：注释式批注、联想式批注、质疑式批注、总结式批注、评价式批注和其他，以此来帮助学生进行阅读思考。研究发现，批注支架能够帮助学生明确表达自己的观点，让学生能够从不同的角度分析阅读材料并对学习材料进行深层次建构。此外，提供学习反馈也是让学生参与阅读活动的有效方式。如，Chen 等人（2021）利用决策树算法在社会化批注系统中提供形成性评价和反馈，提高了学生的阅读理解能力，激发了更多的学生互动，特别是对于先验知识水平较低的学生有更加显著的效果。

然而，协同阅读工具的使用并不能保证有效协同阅读的开展，其同样面临着协同质量低等一系列问题，具体表现为批注文本质量低（Zhu et al.，2020），容易让学生陷入无意义和低效的讨论。对于这类问题，研究者一般通过嵌入高质量的"种子批注"或是提供讨论的脚手架，引导学生形成高质量的讨论和批注（Miller et al.，2018）。然而，这类干预手段需要比较多的人工参与。现有工具更多是通过加入批注支架、排行榜、点赞等相对简单的功能，来促进学生阅读批注的协作学习效果。随着自然语言处理技术在作文批改、问答自动评分等教育场景的广泛应用（Gombert et al.，2023；Vairinhos et al.，2022），如何有效自动识别学生在交互过程中的状态,成为近年研究者们所关注的热点问题之一(Ahmad et al., 2022)。而识别学生在协同阅读时的状态,还没有得到很好的解决。

总结来说,以往的研究已经构建了若干支持协同阅读的数字化工具,但普遍缺乏针对学生批注的智能化反馈功能,也无法针对学生间的协同阅读行为形成有效激励和调节策略。因此,就有必要研发一种能够与实际教学深度耦合的智能化协同阅读辅助系统,有效感知并促进学生的协同阅读过程,进而提升整体教学成效。

15.2 自研协同阅读批注系统的构建

本章的剩余部分将会描述由本书作者所带领的团队自主研发的一款协同阅读批注系统以及对该系统的应用效果分析。由于该系统主要支持的是学生在协同阅读过程中所进行的批注和协作讨论功能,并遵从了IRIS(音译为"爱睿思")教学法,因此在系统界面上也会显示为"爱睿思协作批注系统"。

1. 协同阅读批注系统功能分析

上节分析了典型协同阅读批注系统涉及的一些常见功能,如高亮、批注、同伴之间的互动等。然而,在实际的阅读课堂中,每一节课的阅读材料会有所不同,为了丰富阅读课堂的教学,满足教学工作者的个性化需求,协同阅读批注系统还应具有自定义阅读内容的功能。大致来说,教师应可以在系统中编辑课程和阅读任务,按照不同方式(按小组或按个人)查看学生的高亮和批注情况。在学生功能方面,学生在登录系统之后,可以选择课程、选择课程下的某一阅读任务,在阅读任务页面可以对文本进行高亮显示,并对高亮文字添加批注和回复。学生还可以以小组的形式在小组的独立空间中开展关于阅读任务的讨论，并且在讨论过程中，系统可以设立智能代理对学生做出引导和干预。

协同阅读批注系统的功能设计需要考虑教育主体的基本权限、阅读任务的管理方式、阅读批注的支持方式、协作讨论的支持方式及阅读批注的分析方式等五个方面的内容。

（1）教育主体的基本权限。面向协同阅读批注教学需求的系统主要涉及教师和学生两个角色。教师可在系统中创建课程和阅读任务，学生可在系统中选择课程和阅读任务。

（2）阅读任务的管理方式。学生在进行阅读批注时是以阅读任务为单位的，一个阅读任务即可对应一篇文章，教师应该能够使用系统对阅读任务进行添加、编辑、删除等操作，从而制定阅读任务所对应的文章以及任务的起止时间等。

（3）阅读批注的支持方式。学生在进入阅读任务之后，应能够在系统中对其认为重要的文本进行高亮显示，并对高亮文本添加批注。同时，系统还应支持小组协同的批注，让小组内的不同同学能够相互了解各自高亮和批注的情况。

（4）协作讨论的支持方式。系统应该能让教师发布限时讨论任务，并让各学生小组在讨论空间中进行协作讨论。系统还应具有智能干预的功能，过程性地引导学生进行有效的讨论交流。

（5）阅读批注的分析方式。学生的高亮、批注数据以及同伴之间的交互会被系统自动记录下来。在此基础上，系统可以利用直方图等形式将数据库中学生的日志数据可视化，使教师更加直观地了解学生并有针对性地提供指导意见。

2. 协同阅读批注系统的设计

基于上述功能分析，接下来从系统架构设计、功能模块设计、数据库设计三个方面说明协同阅读批注系统的设计。

协同阅读批注系统架构自底向上主要由基础设施、数据库、数据层、业务层、展示层、访问层组成。基础设施层主要包括服务器、网络、Vue.js 框架、SpringBoot 框架、MyBatis 框架。其中，Vue.js 框架用于前端开发，SpringBoot 和 MyBatis 框架用于后端开发。用户在使用系统时产生的数据全部存储到 MySQL 数据库。数据层主要包括存储过程、数据缓存、自定义函数、读写数据库、数据交互，这些是系统中负责数据管理和存储的重要组件，为系统中其他组件提供数据操作的接口和方法。业务层主要包括权限控制模块、任务管理模块、协同批注模块、可视化分析模块，连接了系统的用户界面和数据层。展示层实现了系统前后端的交互，包括渲染页面和 Axios 交互，将系统中的数据和功能以直观易懂的方式呈现给用户，并提供用户与系统进行交互的界面和方式。访问层为用户访问系统提供了接口，系统支持用户通过移动端、PC 端及其他终端方式进行访问。系统的总体框架如图 15-1 所示。

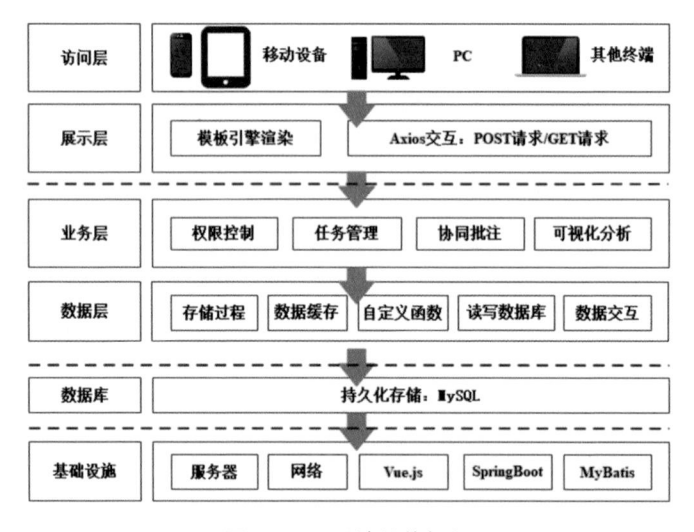

图 15-1 系统总体框架

从功能层面来说，协同阅读批注系统主要包括五个模块：权限控制模块、任务管理模块、协同批注模块、协作讨论模块、可视化分析模块，如图 15-2 所示。

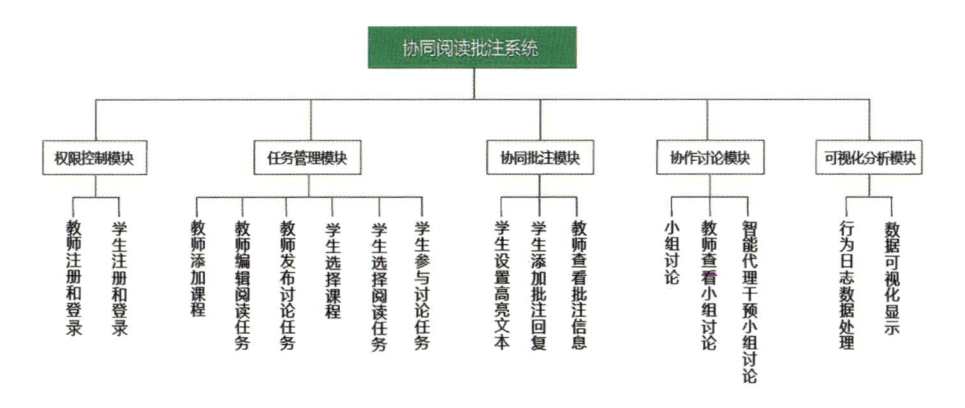

图 15-2 协同阅读批注系统的主要功能

协同阅读批注系统采用的数据库为 MySQL 关系型数据库，经过对需求分析阶段的深度分析，充分考虑到事务之间的联系，我们将数据概念设计以 E-R 图的形式呈现，如图 15-3 所示。

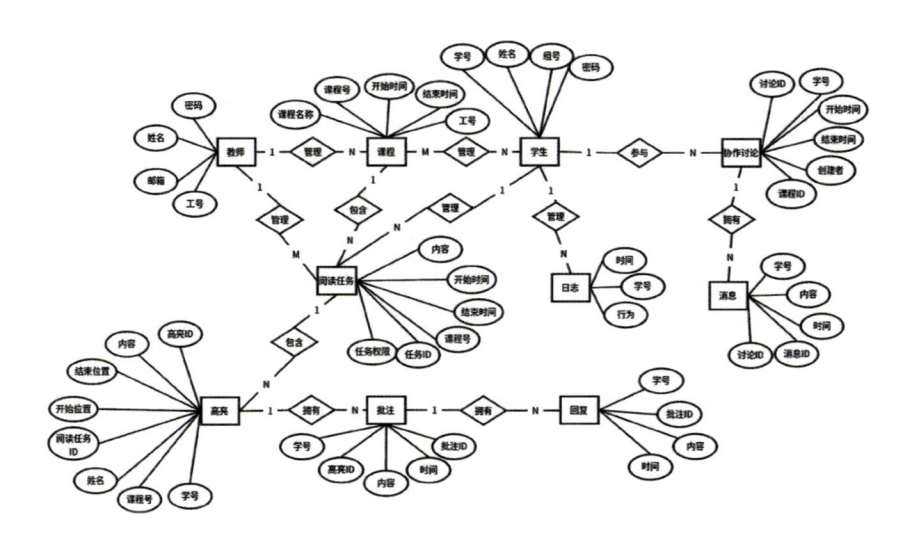

图 15-3 协同阅读批注系统数据库设计的 E-R 图

3. 协同阅读批注系统的模块实现

基于需求分析和结构设计，协同阅读批注系统主要采用基于 MVVM（model-view-view-model）模式的 Vue.js 框架和 Node.js 技术进行前端开发，采用 Spring-Boot、Mybatis 框架进行系统的后端开发，采用 MySQL 关系型数据库进行数据存储。

本节将具体介绍每一功能模块的业务逻辑与设计实现。

（1）权限控制模块。权限控制模块主要为了解决分角色管理用户的问题，其业务流程如图 15-4 所示。系统主要涉及教师和学生两个角色，无论教师还是学生，首次使用系统时均需注册一个账号。教师在注册时需要输入工号、密码、邮箱等信息，学生需要输入学号、密码等信息。教师在登录成功后默认跳转到创建课程页面，学生在登录成功后跳转到选择课程和阅读任务页面。

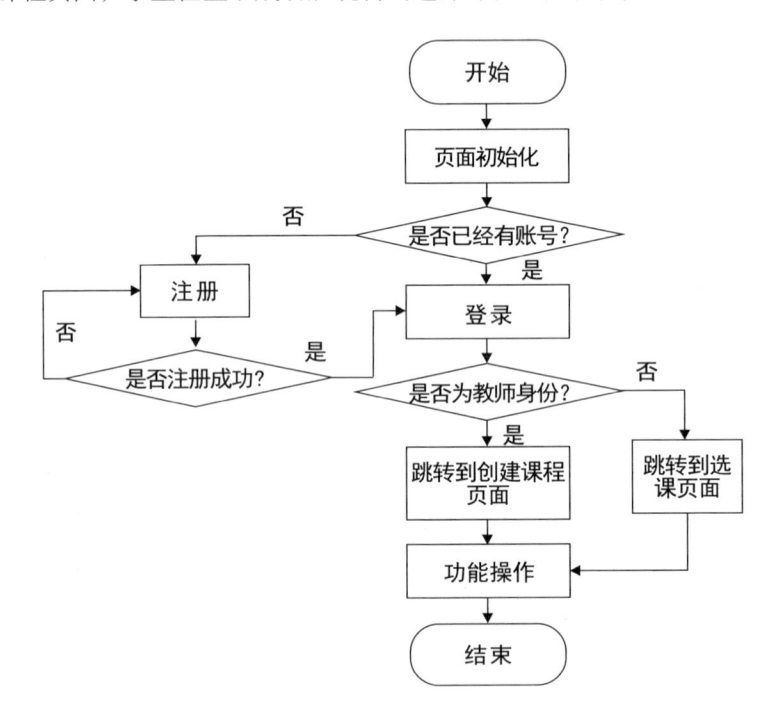

图 15-4　权限控制模块业务流程

用户在登录系统时，需要选择相应的身份，并输入正确的用户名和密码。用户登录时的页面如图 15-5 所示。

（2）任务管理模块。教师在登录系统之后，会默认跳转到课程显示页面，在该页面教师可以创建课程、查看课程列表，查看某一课程下所有的阅读任务，添加和编辑阅读任务。学生在登录系统之后默认跳转到选择课程显示页面，在该页面学生可以选择课程，选课之后可以查看课程下所有阅读任务。任务管理模块主要包括教师添加课程、编辑阅读任务、学生选择课程和阅读任务。其业务流程如图15-6所示。

图 15-5　系统登录界面

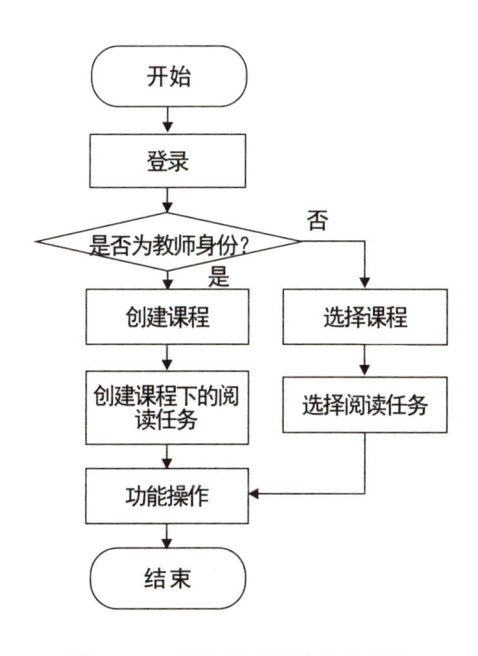

图 15-6　任务管理模块任务流程

在教师端，教师在添加阅读任务时需要输入相关信息并设置任务权限。教师可以在某一具体阅读任务下创建限时讨论任务，如图 15-7 所示。

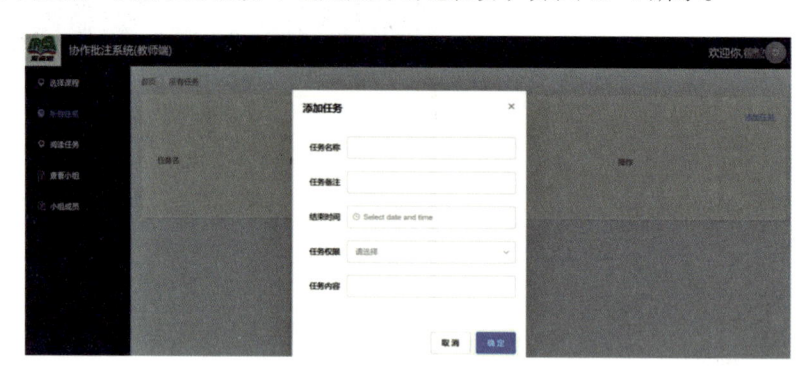

图 15-7 教师添加阅读任务

（3）协同阅读批注模块。教师在进入系统之后，先选择要查看的阅读任务，然后可以按照小组或者学生个体查看阅读文本高亮和批注信息。学生在进入系统之后，选择要进行的阅读任务，对任务中的文本设置高亮、添加批注，也可以查看并回复其他同伴的批注。其业务流程如图 15-8 所示。

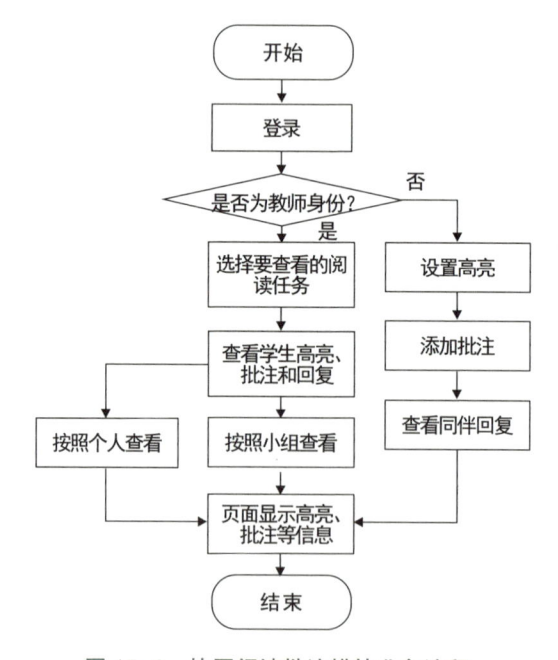

图 15-8 协同阅读批注模块业务流程

阅读任务页面由阅读区和批注区组成。在阅读区域，学生能够选择文本进行高亮设置，高亮颜色为黄色，当鼠标移动到已经设置高亮的区域，高亮颜色由黄色变为橙色，以做提示。高亮显示功能的界面设计如图 15-9 所示。

图 15-9　阅读批注界面

在教师端，教师可以按不同的方式查看学生的高亮文本和批注情况。教师需要先选择要查看的小组，如图 15-10 所示。

图 15-10　教师查看学生批注

（4）协作讨论模块。教师发布限时讨论任务后，小组学生在讨论区进行讨论。系统的智能代理会对学生的讨论内容进行监测追踪，同时对学生进行干预。对学生的干预方式有两种，第一种是私聊，针对某一讨论任务开始 5 分钟或 10 分钟后一直未发言的学生；第二种是群聊，针对某一讨论任务，根据任务发布时长和预设条件，面向整个小组引导学生完成讨论任务。该模块业务流程如图 15-11 所示。

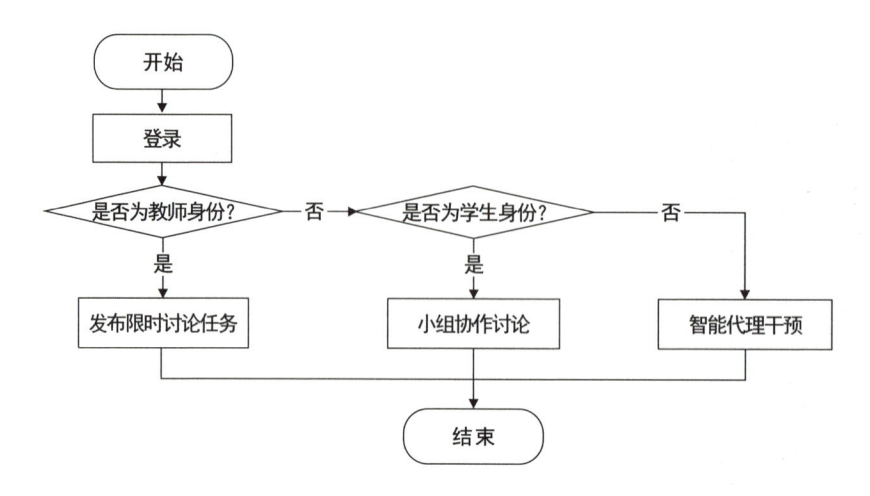

图 15-11 协作讨论模块业务流程

相应的研讨界面如图 15-12 所示。

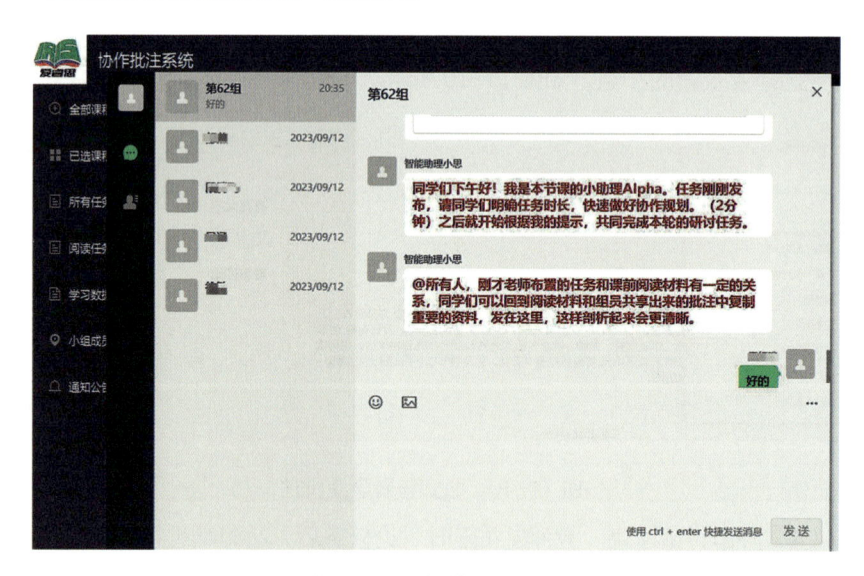

图 15-12 智能干预代理

（5）可视化分析模块。学生的所有行为数据被存储到 MySQL 数据库中，经过数据分析和可视化，教师可以直观地看到学生在阅读任务时添加高亮、批注和回复等阅读情况，学生也可以看到每一个阅读任务中自己的学习情况。其业务流程如图 15-13 所示。

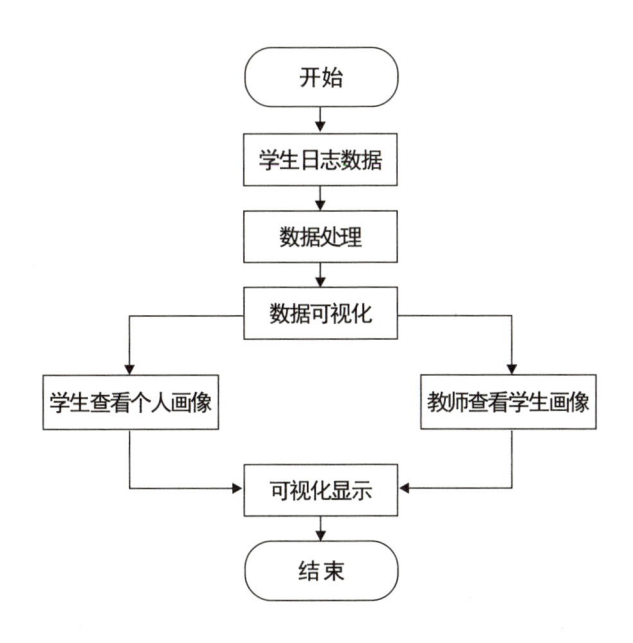

图 15-13　可视化分析模块业务流程

教师端的可视化数据页面显示了所有小组的高亮和批注情况，如图 15-14 所示。学生端的可视化数据页面显示了学生本人的高亮、批注、回复数量和同一小组内其他成员的批注数量，如图 15-15 所示。

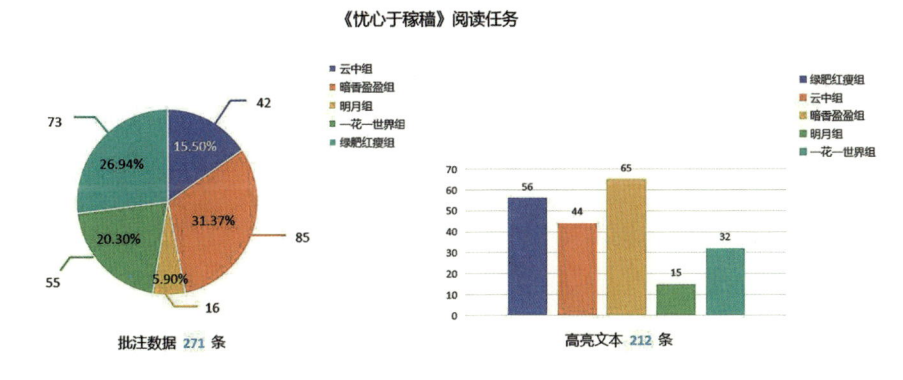

图 15-14　教师端可视化界面

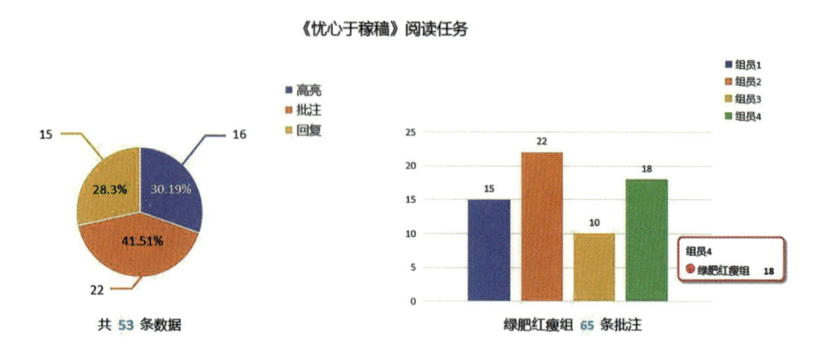

图 15-15　学生端可视化界面

15.3　系统的实证效果

围绕协同阅读批注系统，我们的研究团队分别从课堂实践、智能算法和实验室机理三个方面开展了一系列研究。

1. 课堂实证研究方面

已有研究表明，协作前个人与小组学习准备对协作学习有积极影响。为了厘清协同阅读批注场景下个人与小组学习准备对协作的影响，理解学生的学习机制，下面介绍研究团队在真实课堂教学场景下开展的三轮实证研究，这些研究设计并验证了学习干预策略，以帮助学生更好地开展个人与小组学习准备，促进协作学习。

（1）第一轮研究：学生对协同阅读批注的感知有用性如何？

• 参与者：本研究依托高校的一门诗歌鉴赏公选课进行开展，共有 73 位来自人工智能、历史、心理、物理等多个学院的学生选择该课。学生自由选择同伴组队，分成 6 至 8 人的学习小组。

• 研究设计与实施：研究设计了 IRIS 四步教学流程，分为课前个人准备、课上小组准备、小组知识建构和来自教师的总结评价，如图 15-16 所示，四个阶段联系紧密。课前个人准备要求学生在协同阅读批注系统上进行文章阅读和批注，这有助于学生建立个人理解。课上的小组准备是让学生基于课前的个人准备进行反思，这能够帮助各个小组对前一阶段阅读批注的学习进行回顾与提炼，为接下来的协作讨论学习奠定基础。小组知识建构阶段促进学生参与到协作讨论活动中，通过讨论完成教师课上所布置的任务。最后，在小组讨论之后，教师根据课程内容的实际需求进行总结，汇总不同小组学生的观点。这一阶段能够帮助学生建立新知识，并助力他们日后协作学习能力的发展。

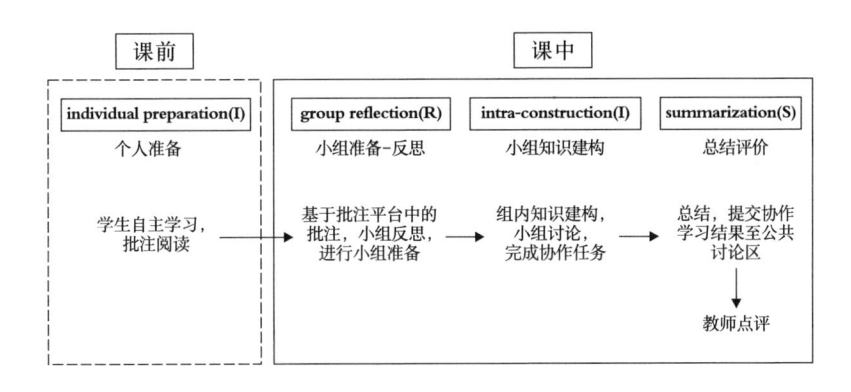

图 15-16　IRIS 四步教学总体流程（第一轮）

- 测量工具：学生在课后完成协同阅读批注的感知有用性问卷。该问卷共包括三个问题，分别是："我认为课前个人批注活动帮助我更好地理解了学习内容""我发现课前的个人批注显著影响了课堂上的协作讨论，因为课前的学习帮助我掌握了基本知识"，以及"在课堂协作学习过程中，我们的小组可以根据我们课前在协同阅读批注系统上学到的内容进行讨论"。Cronbach' α = 0.719，问卷的可靠性较好。

- 数据分析结果：对于问题1，30.99%的学生选择了"非常同意"，59.15%的学生选择了"同意"。对于问题2，28.17%的学生选择了"非常同意"，54.93%的学生选择了"同意"。在问题3中，32.39%的学生选择了"非常同意"，52.11%的学生选择了"同意"。这三个问题的平均值均远高于中值，说明大多数学生认为阅读批注有助于他们更好地理解学习材料，并进一步积极地影响课上协作讨论过程。

（2）第二轮研究：协作阅读批注场景下，不同颗粒度的学习反馈对学生小组反思有何影响？

• 参与者：第二轮课堂研究共有 84 位来自人工智能、历史、数学、化学等多个学院的学生参与。学生自由选择同伴组队，分成 6 至 8 人的学习小组。

• 研究设计与实施：第一轮研究发现了个人和小组学习准备对小组知识建构存在积极影响，然而，在小组学习准备过程中，学生花了较长时间填写在线文档，大部分学生会多次回看个人准备阶段的阅读材料和批注，效率较低。因此，我们对这一阶段的活动进行了优化，加入新的干预策略，以更好地帮助小组进行学习准备。第二轮研究对课上的小组准备进行了干预支持，根据学生在个人准备阶段的情况进行反馈，帮助学生开展高效的小组反思。本轮研究将学习反馈的颗粒度作为干预变量，对比详细学习反馈和普通学习反馈的区别，随机选择一个班为实验班，其学习反馈为详细学习反馈，另一个班为对照班，其学习反馈为普通反馈。改进后的IRIS四步教学流程如图15-17所示。需要说明的是，两种反馈都分为三个部分，其中第一部分是一样的，区别在于第二和第三部分，普通反馈采用了词云的方式进行可视化表征，而详细反馈则是对小组所有学生的高亮和批注进行了总结。

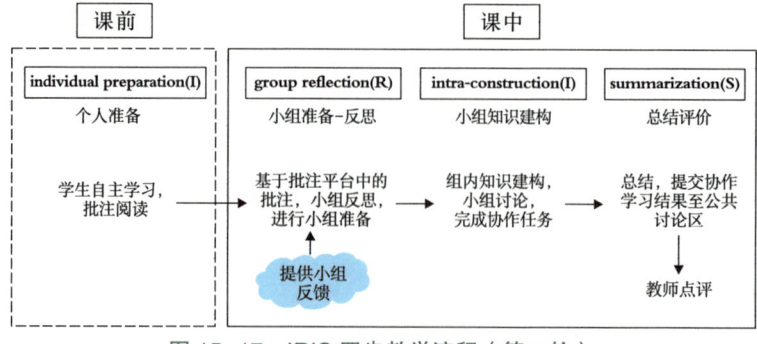

图 15-17　IRIS 四步教学流程（第二轮）

• 测量工具：学生完成了对学习反馈的感知有用性问卷，该问卷共包括 5 个问题："我认为学习反馈可以帮助我更好地理解小组中其他成员的观点""我认为学习反馈可以帮助我和我的同伴讨论""我认为反馈第一部分的有用性分数是（1~5 分）""我认为反馈第二部分的有用性分数是（1~5 分）""我认为反馈第三部分的有用性分数是（1~5 分）"。Cronbach'α=0.793，问卷的可靠性较好。

• 数据分析结果：与对照组相比，实验组的学生认为学习反馈可以更好地帮助他们了解小组中其他成员的观点 [t（57）=-1.787，p=0.079]，并帮助他们更好地与同伴进行讨论 [t（57）=-1.822，p=0.074]，但这两种差别只存在边缘显著。此外，与对照组的学生相比，实验组在学习反馈第二部分的有用性上得分更高 [t（57）=-1.977，p=0.053]，但同样也是边缘显著。可见，与普通反馈相比，详细反馈具有帮助学生更好进行相互了解的趋势，但这种趋势并不稳定和显著。因此，对于反馈的设计还需要进一步的研究。

（3）第三轮研究：协同阅读批注场景下，同伴批注对学生个人准备阶段的认知投入有何影响？

• 参与者：与第二轮研究中的参与者相同。

• 研究设计与实施：基于第二轮研究的数据分析结果，本轮研究仍然延续前一轮的设计，即实验组的学习反馈为详细学习反馈，而对照组的学习反馈为普通反馈。另外，实验组的学生额外增加了在个人准备阶段的小组感知功能，这个功能使得实验组的学生能够看到同组学生的批注内容。本轮研究主要探讨的就是个人准备阶段的同伴批注是否会影响个人学习准备。活动流程如图 15-18 所示。

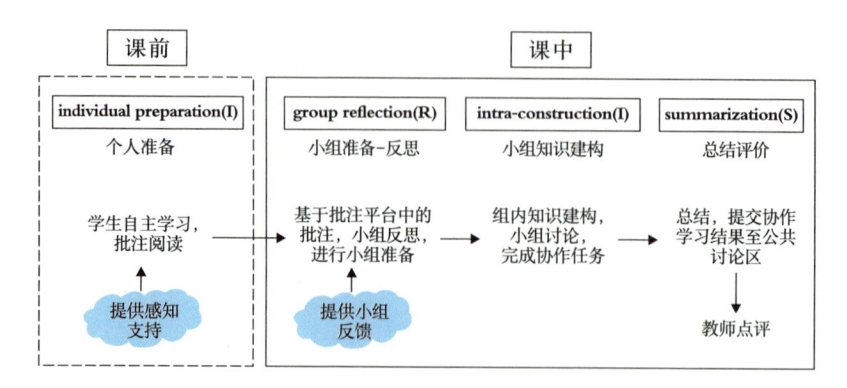

图 15-18　IRIS 四步教学流程（第三轮）

• 测量工具：在 ICAP 框架的基础上（Chi，Wylie，2014），我们建立了在线阅读批注场景下认知投入的编码框架，对学生的批注文本进行分类。编码框架见表 15-2。其中，从认知加工的深度来看，A1 < A2 < C1 < C2。"仅高亮"和"复制材料"为浅层投入，因为学生并未建立自己的理解；而"观点建构"和"观点整合"为深层投入。

表 15-2　在线阅读批注过程中认知投入编码框架

类别	说明	编码
仅高亮	仅高亮，或评论的内容与该条高亮无关	A1
复制材料	高亮，并且直接/有选择性地复制材料中的观点	A2
观点建构	基于该条高亮进行推断、归纳或总结	C1
观点整合	高亮，并整合材料中其他信息或者其他材料进行对比联结等	C2

我们还测量了学生的感知有用性、使用意愿和感知到的学习。其中，"感知有用性"维度包括三个问题："在批注阅读过程中，我认为组内同伴的观点对我个人的理解非常有帮助""在社会注释过程中，我认为同伴的想法帮助我更好地完成了生成式阅读任务""我认为课前批注阅读的学习反馈对我了解组

内同伴的观点非常有帮助"。"使用意愿"维度包括一个问题:"在之后的学习中,我愿意继续使用批注平台进行批注阅读"。"感知到的学习"维度包括两个问题:"我认为协同阅读批注提高了我对花卉意象的理解""在协同阅读批注过程中,我认为小组成员的观点有助于我理解花卉意象"。问卷的Cronbach'α=0.861,问卷的可靠性较好。

除此之外,问卷还有三个开放问题:"对于批注阅读,你最喜欢的地方在于?""对于课前批注阅读的学习反馈文档,你最喜欢的地方在于?""针对批注阅读过程和课前批注阅读的学习反馈文档,你认为还可以改进的地方在于?"。

• 数据分析结果:分析使用卡方检验来探索实验组与对照组学生个人准备阶段认知投入分布的差异。结果显示,实验组与对照组之间的认知投入分布存在显著差异(χ^2=27.649, df=3, p<0.001)。实验组和对照组的学生大多集中在"仅高亮"和"知识建构"上,这表明,无论学生是否能看到同伴的批注,其最常见的行为都是对某些内容进行高亮和评论。然而,实验组的学生更多地关注"知识整合",即深层投入,而对照组的学生则更多地关注"复制学习材料",即浅层投入。造成这种差异的原因可能是实验组学生在批注阅读过程中可以看到更多不同的观点,通过整合材料中的其他信息,比较或联系不同的观点,帮助唤醒他们的隐性知识,做出更多的评论。因此,在课前个人准备中提供感知支持可以促进学生高水平的认知投入。

问卷结果显示,与对照组相比,实验组的学生认为同伴的观点更有助于他们对阅读内容的理解[t(69)=−2.002, p=0.049],他们希望在后续的课程中继续使用协同阅读批注系统进行批注[t(69)=−1.993, p=0.051]。

对于开放式问题的分析发现,实验组学生认为协同阅读批注系统还有待改进，首先，一些学生认为组内同伴的批注数量太多，"系统不能在批注状态下隐藏别人的批注内容，导致去晚了的话满屏都是批注，此时再去操作总觉得无所适从，感觉在重复别人的工作"，"批注阅读有时候可以注明批注的重心，不然有的同学的反馈就会显得很多"。其次，一些学生认为有些注释含义相同或者是毫无意义，"有一些批注比较同质，可以更加灵活一些"，"限制高亮数量，避免无意义批注"。最后，有一位学生提到，"固定的文章列大小影响了在大屏幕上的读数"。这些反馈为进一步改进协同阅读批注系统的设计提供了参考。

2. 智能算法研究方面

针对课前批注数据和课上协作讨论数据，本研究围绕协同阅读批注的算法，采用了由哈工大讯飞联合实验室发布的基于全词掩蔽的中文预训练模型RoBERTa-WWM-EXT。在该模型基础上，我们进行了批注和研讨文本的分类实验。实验基于人工编码的结果，将数据输入模型并进行了10折交叉验证，将10次得到的结果（accuracy，F1 score）取均值，作为模型的最终表现。在具体分类上，对于批注数据，实验采取了三分类，即将批注的文本分为"复制材料""观点建构""观点整合"三类。对于协作讨论数据，实验采取了四分类，即将研讨的轮次文本分为"团队协调""信息共享""观点阐述""协商讨论"四类。为了验证基于RoBERTa生成词向量的分类效果，实验将分类结果与其他五种传统的机器学习算法进行了对比，包括决策树、朴素贝叶斯、逻辑回归、随机森林和KNN。

结果见表15-3。在任务"阅读批注"分类中，从准确率上看，RoBERTa-WWM-EXT的准确率达到67.62%，分类效果最好。在任务"协作话语"分类中，从准确率上看，同样也是RoBERTa-WWM-EXT的分类效果最好，准确率达到67.41%。由此可见，相较于传统方法，利用RoBERT这种预训练模型进行文本的自动分类具有比较大的优势。这可能是由于预训练模型编码了很多通用知识，极大地提升了自动分类的准确性。随着以GPT为代表的大语言模型的广泛应用，越来越多的研究者尝试利用GPT这类生成式大模型来解决自动标注问题。在初步尝试中，我们发现GPT的模型可以在更少量示例的情况下达到甚至超过RoBERT模型的分类表现，但具体的实验还在进一步实施中。

表 15-3　各算法对阅读批注类型与协作话语的分类准确率

算法	阅读批注（三分类）	协作话语（四分类）
决策树	44.32%	47.70%
朴素贝叶斯	49.76%	33.04%
逻辑回归	46.46%	46.88%
随机森林	50.87%	56.63%
KNN	53.54%	52.21%
RoBERTa-WWM-EXT	67.62%	67.41%

3. 实验室机理研究方面

为了进一步探讨"不同质量的批注"对学生阅读过程的影响，研究团队还开展了一项实验室研究，设置了虚拟的社会化批注场景：实验开始之前，在实验组学生的批注平台中嵌入"高质量批注"（即建构型批注），在对照组学生的批注平台中嵌入"低质量批注"（即主动型批注）。将这些预先嵌入的批注视为同伴批注，考察不同类型批注对学生在阅读过程中的影响。实验采用了固定式眼动仪对学生在阅读文章和观看批注时的眼动数据进行采集。实验场景如图15-19所示。

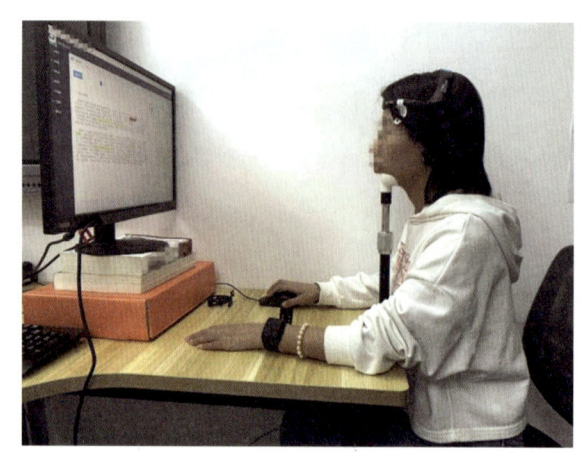

图 15-19　实验场景

1）学习结果和心理测验分析

为检验批注的质量对学习结果和阅读过程的影响，47 名参与者被随机分到实验组（建构型批注条件下）和对照组（主动型批注条件下）。实验采用知识测验和自我报告的心理调查表进行学习结果分析，通过采集到的眼动数据和系统日志文件对阅读过程进行分析。为了排除学生的初始知识水平带来的影响，学习前，被试进行了初始认知水平测试（前测），并对两组学生的前测结果进行了差异检验。结果显示，实验组和对照组在初始认知水平测试上没有显著差异（$t=1.587$，$p=0.119$）。这表明，两组学生在初始认知能力方面大致处于同一水平。学习结果和主观体验的描述性结果见表 15-4。

表 15-4　学习结果和主观体验的描述性结果

	因变量	实验组	对照组
学习结果	前测成绩：主观题	15.40（3.12）	13.90（3.33）
	后测成绩：主观题	26.86（9.06）	22.25（7.60）
	学习收益	11.47（9.49）	8.35（6.72）
	后测成绩：客观题	36.18（5.03）	37.24（4.06）

续表

因变量		实验组	对照组
主观体验	感知到的学习	6.08（0.97）	5.35（1.30）
	内在认知负荷	3.63（0.97）	3.65（1.19）
	相关认知负荷	5.25（1.23）	5.83（0.94）
	外在认知负荷	3.17（1.69）	3.70（1.99）
	学习投入	22.92（3.81）	23.65（3.16）
	学习兴趣	5.42（1.32）	5.00（1.13）
	批注对学习的影响	5.67（1.49）	5.04（1.33）
	消极/积极影响	2.13（1.19）	2.09（1.04）

注：表格数据为均值（方差）。

多元协方差分析显示，两组学生的学习结果没有显著差异（Pillai's trace=0.086，$F(2, 43)=2.024$，$p=0.144$），即实验组和对照组学生在后测主观题、客观题和学习收益方面，均不存在显著差异。

在主观体验方面，实验组和对照组存在边缘显著差异（Pillai's trace=0.318，$F(8, 37)=2.155$，$p=0.055$）。但主效应分析表明，两组间在八个因子上的差异都不显著（调整后的 p 值均大于 0.05）。

2）注意力的分配

主要从阅读时长、注视时长、注视空间密度、注视热力图和序列等方面对学生的注意力分配情况进行考察。下面将依次详细说明。

（1）第一轮阅读时长。虽然实验组学生在第一轮阅读中花费的时间（$M=598.42$ 秒，SD=168.68）比对照组学生（$M=534.74$ 秒，SD=143.249）多，但差异不显著（$t=1.392$，$p=0.171$）。与注视相关的眼动数据能够进一步反映学生如何分配阅读时间。

（2）注视点个数（FN）、注视时长（TFD）、注视空间密度（FSD）。眼动指标分析结果见表15-5。可以看出，实验组和对照组在批注区的总注视点个数（$t=4.78$，$p<0.001$，Cohen's $d=1.37$）、单个字符注视点个数（$t=-4.36$，$p<0.001$，Cohen's $d=1.27$）、总注视时长（$t=3.72$，$p=0.001$，Cohen's $d=1.09$）、单个字符注视时长（$t=-3.61$，$p=0.001$，Cohen's $d=1.07$）、注视空间密度（$t=5.64$，$p<0.001$，Cohen's $d=1.62$）均存在显著差异；实验组在批注区的总注视点个数、总注视时长、注视空间密度均显著大于对照组，但实验组在单个字符上的注视点个数和注视时长要显著小于对照组。实验组和对照组在高亮区和非高亮区的注视空间密度均存在显著差异（高亮区：$t=-4.60$，$p<0.001$，Cohen's $d=1.34$；非高亮区：$t=-3.72$，$p=0.001$，Cohen's $d=1.08$），且实验组的注视空间密度均显著小于对照组。假设把高亮区和批注区看成一个区，两组在该区域的注视空间密度存在显著差异（$t=3.72$，$p=0.001$，Cohen's $d=1.07$），且实验组显著大于对照组。

表15-5 眼动指标分析结果

兴趣区	指标	实验组	对照组
批注	总注视点个数	371.25（277.77）	94.96（54.63）
	总注视时长（秒）	134.55（123.62）	36.50（26.58）
	注视点个数/字符	0.30（0.23）	0.73（0.42）
	注视时长（毫秒）/字符	109.21（100.34）	278.64（202.89）
批注	注视空间密度	0.25（0.15）	0.07（0.04）
高亮	注视空间密度	0.29（0.06）	0.37（0.06）
非高亮	注视空间密度	0.46（0.11）	0.56（0.07）
高亮+批注	注视空间密度	0.54（0.11）	0.44（0.07）

注：表格数据为均值（方差）。

(3)热力图。热力图采用不同的颜色来表示注视点数量或者时长,深色表示注视点最集中的区域或者注视时间最长的区域,颜色越浅,表示注视越少或越短。如图 15-20 所示,实验组热力图在批注区颜色呈深色,且在整个页面颜色最深,而在阅读区浅色面积较大。对照组热力图所呈现的颜色在阅读区主要为深色,且重点颜色区域更为集中。

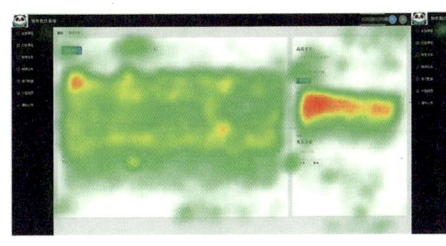

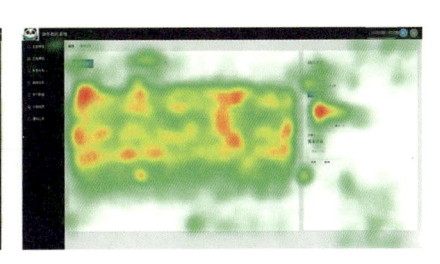

(a)建构型批注组　　　　　　　　　　(b)主动型批注组

图 15-20　热力图

(4)基于马尔可夫链的 AOI(area of interest)状态转移图。AOI 状态转移表示视线从一个兴趣区跳转到其他兴趣区和从其他兴趣区跳转到该区域的转移情况。马尔可夫性指的是系统的下一个状态仅仅与当前状态有关,与之前状态无关,马尔可夫链是一组具有马尔可夫性质的离散随机变量的集合。这里的分析定义高亮区、批注区、非高亮区三个兴趣区为状态空间集合元素,马尔可夫链在状态空间集合内的取值称为状态,状态随时间步的变化被称为转移(transition)。若一个马尔可夫链的状态空间是有限的,则可在单步转移中计算所有状态的转移概率,由此得到状态转移图。将眼动注视坐标点用高亮区、非高亮区、批注区三种状态替代,每一个参与者的状态序列根据时间连续变化,且状态空间有限,由马尔可夫链中随机变量间单步转移概率可得出两两状态之间的转移概率,再将两组状态转移概率求均值。实验组和对照组的 AOI 状态转移如图 15-21 所示。

(a）建构型批注组　　　　　　（b）主动型批注组

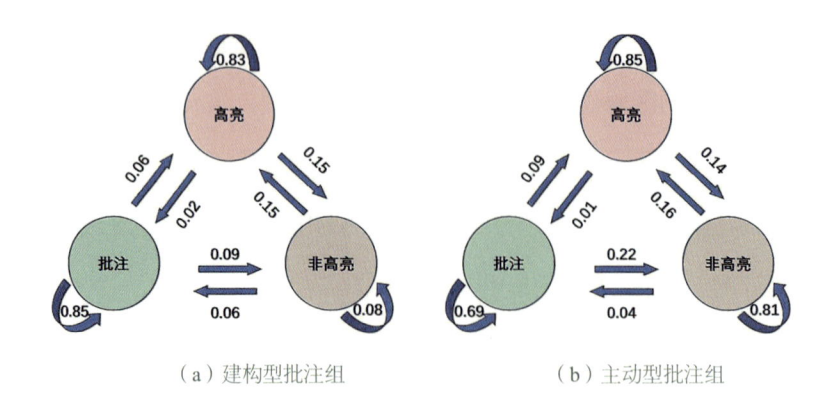

图 15-21　AOI 状态转移

这些分析结果显示，批注的质量会对协同阅读者的阅读过程中注意力的分配造成显著性的改变，而这些改变同样会在一定程度上折射到最终的学习效果上，这为进一步提升协同阅读的教学效果提供了重要依据。

总结来说，以上三方面的研究，通过结合相对高生态低控制的课堂实证研究和低生态高控制的实验室研究，探究了技术促进下的人机协同阅读教学的效果和影响因素，并在系统设计的框架下，进一步研究了智能算法对具体教学环节的支撑效果，为未来的优化提供了方向。

第 16 章
让线上辅导变得更有效

人们普遍认为，一对一辅导是最有效的辅导方法之一，通常被视为智能导学策略的黄金标准（Graesser et al., 2001）。已有大量研究探索了高效一对一辅导的特点（Chi et al., 2001; Siler, VanLehn, 2015）。这种高效的辅导通常具有非常好的脚手架，用以促进教师和学生高度参与。

随着计算技术的不断发展以及对移动学习需求的上升，在线学习已成为一种流行趋势，参与的学生人数稳步增长（Muljana, Luo, 2019），尤其是在大规模开放在线课程出现之后。然而，正如 Hoffman（2016）所说，在线学习往往缺乏师生互动。事实上，当前慕课平台已经提供了许多不同的方式来促进师生以及生生间的互动。例如，在论坛中加入反馈（Gillani, Eynon, 2014），在教学视频中嵌入问题（Kolås, 2015），等等，这种类型的互动是异步的。相比之下，在线一对一辅导则可以提供同步的师生互动，并且相比线下一对一辅导，其成本更低，因此引起了许多研究者的关注（Jopling, 2012）。

尽管在线一对一辅导可以连接位于不同地方的教师和学生，但通常无法支持随时随地的学习，因为教师并不总是有时间的。在实践中，在线一对一的辅导必须牺牲一些灵活性。Veletsianos 和 Houlden（2019）指出，这种类型的在线教学关键是定义教学的哪些方面可以变得更加灵活，以及如何使它们更加灵活。为了正确定义在线一对一辅导的灵活性水平，我们首先需要了解在线一对一辅导通常是如何进行的。

鉴于一对一辅导潜在的高成本，这种教学模式通常与传统的学校教育相结合，被视为正常学校教学的补充而非强制性的（Price et al.，2007）。在线一对一辅导可以由教师或学生发起。当教师发起辅导时，教师需要提前制订辅导计划，引导学生学习。因此，教师应该非常清楚学生的能力水平状态，以便确定每个辅导课程的学习目标。这种在线辅导模式被认为是以教师为中心的在线一对一辅导。当辅导由学生发起时，学生会提出他们自己的问题，从而推动辅导课程的进行。教师只是等待回答学生的问题而不制订教学计划。具体的辅导会演变成教师与学生一起解决问题，学生在解决问题的同时学习相应的知识点。这种在线辅导模式被认为是以学生为中心的在线一对一辅导，因为学生是辅导课程的发起者。然而，以学生为中心的辅导课程的有效性可能会极容易受到学生初始问题质量的影响。已有研究表明，学生经常需要脚手架的帮助才能提出高质量的问题（Bates et al.，2014）。

如上所述，以学生为中心的在线一对一辅导比以教师为中心的模式为教师和学生提供了更大的灵活性：教师无须花时间准备辅导课程，只需在电脑前等待回答学生的问题。学生可以灵活安排学习，只在学生觉得有必要时才开始辅导课程。多数一对一辅导研究工作侧重于研究单一有效辅导课程的特征。辅导课程仅限于那些有固定的长度和有学习目标的课程（Chi et al.，2001；Siler，VanLehn，2015）。相应的研究结果可以有益于以教师为中心的在线一对一辅导，其中辅导课程的长度和学习目标也是固定的。然而，鉴于辅导课程的长度和学习目标不确定，以学生为中心的在线一对一辅导比以教师为中心的辅导更难以预测，教师也更加需要机器智能的帮助才能顺利地完成线上辅导。

因此，本章介绍了一个名为 SCOOT 的系统（Zhang et al.，2021），该系统由北京师范大学未来教育高精尖创新中心研发，是一种支持以学生为中心的在线一对一辅导。SCOOT 作为正常教学的课外补充服务，被广泛应用于北京市开放型在线辅导当中。在本章，我们首先回顾人类教师线下的一对一教学实践与相应分析方法，而后通过介绍此系统来说明教师和机器智能如何进行协同在线辅导，最后以此系统的评估为视角，探讨线上一对一的优势与短板。

16.1　人类一对一教学的实践与分析方法

1. 人类教师的一对一辅导

由人类教师发起的典型一对一辅导主要包括五个步骤（Graesser et al., 1995）：

（1）教师提出初始问题。

（2）学生进行回答。

（3）教师对学生的回答给出基本的反馈（如正确性）。

（4）教师通过脚手架引导学生对自己的回答进行改进。

（5）教师检查学生对答案的理解。

根据 Chi 等人（2001）的研究，一个高水平的教师应该能够提供非常有效的脚手架来对学生进行引导，这是一项复杂的技能，没有明确的一定之规可以遵循。成功有效的脚手架需要教师准确地评估学生的水平，并且应该能够引起学生的建构性反应。教师通常会根据学生的掌握水平相应地改变脚手架下的具体教学行为（Wittwer et al., 2010）。一旦教师听到学生错误的答案或推理，他们通常会鼓励学生进行解释，并在需要时对学生实施干预（Merrill et al., 1992）。如果学生的推理方式是正确的，但教师觉得学生对于自身给出的回答并不确定，教师有时甚至也会进行主动干预（Forbes-Riley et al., 2008；Fox, 1993）。在教授程序性较少的陈述性知识时，教师倾向于对学生进行深入的讲解，以帮助他们理解内容（Evens, Michael, 2006）。虽然在本章的例子中，是学生而不是教师发起最初的辅导问题。但是，我们认为无论由谁发起，优秀的一对一辅导的交流特点应该是类似的。

2. 一对一辅导的成效分析

分析辅导过程的常用方法是开发编码框架并且编码标记所采集到的辅导对话（Vail，Boyer，2014）。编码的颗粒度随不同的教学情境会产生很大的变化，比较细粒度的编码方法是将每一轮对话视为一个原子编码单元，然后基于编码框架所定义的标签对每个单元进行独立编码。因为人类教师辅导通常都是有成效的，所以最直接的编码方法是假设所有人类教师辅导中出现的频繁标签表征了有效的辅导行为，那么分析的目标就是将这些频繁出现的辅导行为挖掘出来。然而，人类教师的辅导并不总是非常有效的。因此，研究人员通常会组织前测和后测，通过学习收益来确定有效的辅导行为（Chen et al.，2011）。目前已经有大量研究开发了针对辅导对话的编码框架。尽管编码框架因场景而异，但总的来说，当学生积极参与辅导时，他们会获得更高的学习收益，而教师过分强调讲授会损害学习收益。

本部分简要描述以下4种编码框架及其结果。

（1）Litman 和 Forbes-Riley（2006）：将所有对话行为分为5种不同类型，这五种类型中的每一种都包含一些子类型。学生的话语中对新概念的引入似乎增加了学习收益。学生对更深层次推理的错误尝试和人类教师主导对话的尝试都与学习呈负相关。

（2）Mitchell 等人（2012）：对话被分为13种类型，这些类型的界定与说话者无关。没有发现任何对话行为模式对学习有积极的影响，但过多的教师指导会对学习产生负面影响。

（3）Vail 和 Boyer（2014）：对话的标记类型包括10个交叉角色标签，15个教师标签和6个学生标签。总体而言，当学生主动提出问题，教师对问题进行反馈时，学生的学习效果会提高；而教师不断解释时，学生的学习效果会下降。

（4）Chi 等人（2001）：使用8个标签对教师进行编码，使用6个标签对学生进行编码。教师解释的频率和学生对教学脚手架的反应能够预测浅层学习，学生反思性评论的频率能够预测深层学习。

虽然人工编码每个教学辅导对话可以提取深层特征，帮助我们理解有效的教学对话是如何开展的，但这种方法需要投入大量人力资源进行标注。许多研究表明，与这些细粒度的指标不同，一些浅层特征（比如学生轮次的长度和每轮的单词数）也可以成功地预测辅导对话的有效性。浅层特征可以达到比较好的效果，可能是因为它们可以被视为学生参与度的粗粒度指标。当一对一辅导以计算机为媒介时，分析人员就可以很容易地提取这些浅层特征。比如当教师和学生都通过打字进行交流时，研究人员发现学生的学习与会话轮次的时间长度呈正相关（Core et al.，2003；Litman，Forbes-Riley，2006；Rosé et al.，2001）。Siler和VanLehn（2009）将以计算机为媒介所进行的辅导（computer-mediate，CM）与面对面辅导（face to face，FTF）进行了比较，发现在CM情境下，每轮学生单词的数量与学生的学习呈正相关，但在FTF中他们并没有找到这种相关性，因为学生原本完整的一个话语轮次可能在面对面辅导时被老师多次打断，进而形成了若干个离散的话语轮次。当这些回答的片段被重建成一个单一的回答时，学生每个话语回合的单词数量仍然与FTF中的学习收益相关。因此，学生在一对一辅导中的外显参与度（即每一轮次的话语数量）能够预测他们的学习成效。总而言之，对于学生和教师话语粗细颗粒度的编码各有优劣，在实际分析中可以结合使用。

3. 在线一对一辅导与面对面一对一辅导

面对面辅导可以使学生和教师通过多种不同的通道进行交流，如手势、面部表情、音频和语调等。当在线进行一对一辅导时，很多交流的通道都被限制了。在许多计算机支持的一对一辅导研究中，学生和教师只通过打字文本进行交流（Siler，VanLehn，2009）。因此，面对面辅导似乎比计算机支持的辅导更个性化，这使得人们更愿意接受面对面辅导（Adrianson，2001；Tu，2000）。Kim和Cho（2017）的研究表明，第二语言教学的教师可以使用手势来激发更多的学生参与，将语音和手势结合在一起也可以提高学生的学习能力（Koumoutsakis et al.，2016）。从情感学习的角度来看，面部表情和语调可以作为学习者情绪的反馈（Moridis，Economides，2012）。相反，不恰当的面部表情也会损害学生的学习。因此，面对面一对一辅导所提供的多通道交流也可以说是优势与风险并存的。

16.2 线上一对一教学的支持系统

本节主要介绍 SCOOT 系统的设计与实现。基于该系统所实现的在线一对一辅导主要有四个基本组成部分：学生提问、教师组织、匹配机制和辅导环节。教师组织确保了在线教师服务的可访问性。辅导的起点由学生向在线教师提问开始。随后，匹配机制决定教师与学生一对一辅导的配对关系，然后进入辅导环节。图 16-1 说明了四个基本组成之间的关系。下面详细对这四个部分进行描述。

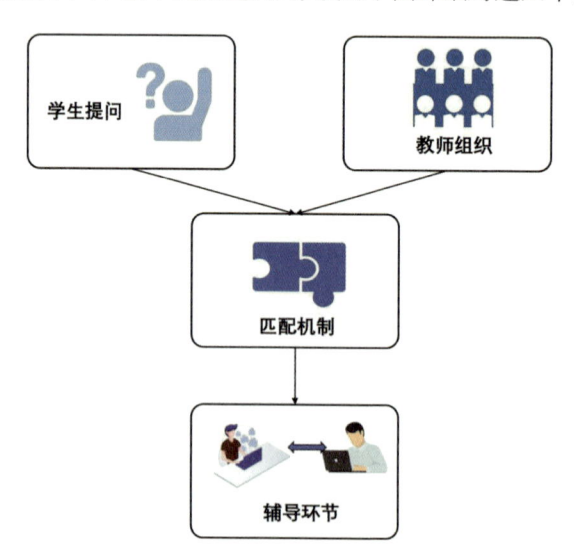

图 16-1　SCOOT 系统所支持在线一对一教学的四个组成部分

（1）学生提问：鼓励学生在家做作业遇到困难时向在线教师寻求帮助。家庭作业由学生的在校教师布置，但这些教师并不会在线上等候为学生提供建议。学生在遇到困难时可以直接向在线教师提问。学生的问题不受任何范围的限制，可能因学校和班级而异，这对在线教师来说是一个挑战。

（2）教师组织：组织有经验的教师，为学生提供在线帮助。为了在学生做作业时提供帮助，教师需要在课余时间登录系统，并在他们方便的地方使用笔记本电脑，通过在线的方式为学生提供帮助。这就需要组织方给予教师足够的动力，让他们可以在工作之外的时间来帮助学生。这种动力可以包括但不限于经济的补偿、职称晋升优先权等。

（3）匹配机制：学生可以选择任何有空闲的教师为他们提供建议。与之不同的是，在线教师必须接受所收到的任何辅导请求，不可以拒绝。在选择教师时，学生可以看到每位教师的职称、性别和所属学校。当学生完成至少一次辅导后，他们就可以通过教师的名字找到自己喜欢的老师。匹配过程可以轻松地通过智能系统来完成。

（4）辅导环节：辅导环节始终以学生的问题作为起始点，因此是以问题为导向的。学生首先与配对的教师分享自己的问题。随后，教师可以在共享屏幕上与学生一起解决问题。在辅导过程中，教师可以直接给出详细的问题解决过程，也可以逐步引导学生找到解决方案。教师和学生可以通过文本和图片的屏幕共享以及系统的实时音频进行在线交流。在 SCOOT 系统中，学生被要求使用智能手机或平板访问系统，以便他们可以拍摄问题并将照片上传到共享屏幕。教师则只能使用笔记本电脑访问系统，以便他们可以使用系统提供的工具包对问题进行注释。

在教师端应用程序中，教师需要登录系统并标记自己的状态为"空闲"。

在学生端应用程序中，学生登录系统后，将看到所有空闲的教师。然后学生可以要求任何一位空闲的教师帮助他解决问题。典型的辅导从学生上传问题照片开始，然后教师讲解如何解决这个问题。在讲解过程中，教师可能会提示学生完成一些解题步骤。当学生的问题完全得到解决后，辅导结束。

16.3 线上一对一教学支持系统的评估方法

如前文所述，线上一对一教学可能会对学生的学习成效产生影响，这种影响往往与辅导的行为模式有关。相关研究利用人工编码、自动的浅层特征抽取等方法对这些教学行为进行量化描述。本节仍以 SCOOT 为例，对线上一对一教学支持系统的评估方法进行详细解释。

在 SCOOT 的实际运行中，笔者和其他研究人员一起采集数据并进行了评估。所有学生参与者在 SCOOT 运行前后都接受了测试，用于量化学习成效。除此之外，SCOOT 还记录了辅导过程的数据，用于抽取浅层特征。评估分析还探究了学生的先验知识和辅导过程的特征如何影响学生在 SCOOT 中的学习。为了进一步深入了解这些一对一的在线辅导，我们还进行了辅导的抽样，并对辅导过程进行详细的人工编码。

在参与人员方面，总共 854 名初一学生参加了这次试运行，64 位数学教师参与了线上辅导。也就是说，在这次运行中，学生只能问数学作业问题。所有学生都被要求必须至少使用一次 SCOOT，这是他们作业的一部分。一些学生在辅导过程中遇到了技术问题，没有跟线上教师进行任何有意义的交流就终止了辅导。因此，时间长度小于 1 分钟的一对一辅导未被纳入分析。一些学生在第一次使用该系统时就遇到了技术问题，并且再也没有使用过该系统，这些学生也被排除在分析之外。最终，剩下810名学生的数据用于后续的分析。以下所有分析均基于这810名学生和64名教师的辅导课程所开展。SCOOT上所有的教师都是中学数学教师，具有至少十年的课堂教学经验。

该试运行总共持续了50天。在这50天里，学生可以通过他们的客户端提出任何数学问题。除SCOOT的使用外，许多变量可能会影响学生在前测和后测之间的能力变化。例如，一些学生的家长可能已经在家里聘请了一对一的教师。这些变量会使数据变得嘈杂。然而，噪声的影响会随着数据量的增加而减轻。鉴于参与者的数量规模，分析中忽略了这些噪声变量。本节的评估分析从自动计算的指标和人工编码两个方面进行具体分析。

（1）基于自动计算指标的分析。评估分析通过自动计算的指标主要解决以下四个研究问题。

问题一：SCOOT的使用是否有助于提高学生的学习成绩？

由于学生可以完全自由地决定是否使用系统以及使用系统的频率，这使得数据分析能够根据学生的使用情况将学生分为活跃用户和非活跃用户。如果SCOOT帮助学生改善学习，那么在后测中，活跃用户的得分将显著高于非活跃用户。为了检验差异，可以用学生的前测成绩作为协变量，后测成绩作为因变量进行协方差分析。使用Cohen's d值计算效应量大小，以量化获得的差异的大小。学生辅导次数的中位数被用作区分活跃和不活跃学生的阈值。任何辅导次数低于中位数的学生被归类为非活跃用户，任何使用次数高于中位数的学生被归类为活跃用户。在本项分析中，所有辅导次数等于中位数的学生都被剔除掉，这样两组学生的活跃度就不会太接近。

问题二：先验知识是否会影响学生在SCOOT中的学习表现？

由于参与者人数众多，所有学生被分为四组：先验知识高且活跃的学生、先验知识高且不活跃的学生、先验知识低且活跃的学生、先验知识低且不活跃的学生。通过这种方式，四组之间的比较就可以揭示使用 SCOOT 是否同样有益于具有不同先验知识水平的学生。

接下来是分析学生的先验知识如何影响辅导过程。已有研究表明，一篇文章的长度通常是学生分数的最强预测因素之一（Shermis et al., 2001）。同样，对 SCOOT 抽样辅导的实证探索也表明，在持续时间比较短的辅导中，学生大多只是寻求即时答案，但持续时间比较长的辅导中，学生和教师之间的互动更为深入。因此，可以利用每名学生的平均辅导时长来大体表征他们在辅导中的投入情况。

问题三：辅导开展的具体特征是否影响学生在 SCOOT 中的学习？

分析从日志文件中提取的辅导会话中的六个特征：

- 辅导的平均时长；
- 辅导时长的中位数；
- 辅导的最长时长；
- 辅导的最短时长；
- 辅导的总时长；
- 辅导的次数。

进一步利用线性回归分析方法，通过学生在前测中的表现以及系统使用因素，来预测他们在后测中的表现。然后使用每个因素的估计系数来表示其重要性。然而，各因素的尺度和值的分布不同，估计系数不能充分反映各因素的重要性。此外，这些因素可能会以非线性方式影响学生的学习表现。因此，实际的分析通过离散化所有特征数据来对其进行预处理。具体来说，每个特征数据均被分为 5 段，使每一类别的样本数大致相同。因为每个学生最初有 7 个特征，所以这种离散化将原本的 7 个特征转化为了 5×7=35 个 0/1 特征。所有的 0/1 特征在同一尺度上都是二分的。利用转换后的 0/1 特征进行线性回归，然后可以为原始特征的不同范围分配不同的系数，从而可以检测非线性关系。线性回归的特征选择上，分析中使用了贪心方法。使用 Weka 3.8 进行线性回归。Weka 是一个开放的数据挖掘和分析平台，可以在交互界面上实现数据预处理、分类、回归、聚类、关联和可视化。

问题四：经验丰富的教师在 SCOOT 中的表现是否一样？

有两个指标可以潜在地用来评估教师的表现：一是教师教过的所有学生的平均后测成绩；二是在接受一次教师的辅导之后，愿意再次向该教师寻求帮助的学生比例。第一个指标存在一个问题：同一名学生可以被不同的教师辅导，进而无法区分哪个教师贡献最大。因此，这里的分析只考虑了第二个指标。在具体计算上，每位教师曾经辅导过的所有学生都被分为两组。一组（第 1 组）学生只与教师一起使用过一次在线服务，而另一组（第 2 组）学生至少接受过两次教师的辅导。我们假设表现良好的教师应该有更多的学生归为后一类。该指标被命名为返生比例，对于每位教师，计算公式为：

返生比例 =（第 2 组学生数量）/（第 1 组学生数量 + 第 2 组学生数量）。

（2）基于人工编码的抽样补充分析。人工编码可以帮助我们进一步深入理解一对一辅导的有效交互模式，但是人工编码所有辅导过于耗时耗力。因此，可以采取抽样的方式进行补充分析，具体来讲，此节的分析是从高先验知识和低先验知识的学生中各自抽取了 20 个辅导记录，对他们的细粒度行为模式进行编码。

在这一步分析中，最重要的环节是定义编码框架。这里所用的编码框架主要来源于 Chi 和 Wylie（2014）制定的 ICAP 学习理论，该框架将学生的外显学习行为映射到内隐认知深度。ICAP 这四个字母描述了学生学习参与的四个不同层次。当学生处于"被动"学习状态（P 层次）时，学生只能将新知识学习并存储在脑海中孤立的单元中，学习后的知识可能不容易被触发。在上面的案例中，如果学生对教师的教学只表现出非常浅层的反应，则学生的参与被认为是被动的。而当学生在"主动"学习（A 层次）时，学生有希望将新知识整合到他现有的知识体系中，以便在需要时更容易被触发。因此，如果学生能够在教师的具体指导下解决问题，则认为学生的参与是积极的。当学生在"建构"性水平（C 层次）上学习时，学生应该对所学知识有深刻的理解。因此，如果学生能够解释解决问题的过程或根据教师的解释进行推理，则学生的参与被认为是建构性的。当学生与他人争论时，学生可能是在"互动"层面（I 层次）上学习。在互动层面上，学生应该对所学知识有最大程度的理解，并可能会有创新。因为学生在一对一辅导中与教师发生争执的可能性很小，因此，这里假设在上述案例中学生不会产生互动层面的学习。除上述三个水平的投入度（即 P、A、C）外，师生还进行了一些课外谈话，例如问候和用户界面讨论等，这构成了编码框架中的第四类。详细的编码框架见表 16-1。

表 16-1　认知投入编码框架

类别	编码	说明
脱离任务	与工具相关的问题	讨论如何使用该系统
	确认问题	教师确认学生是否仍然跟着他的思路
被动学习	关于语法的浅层问题	学生请教师介绍一些单词的意思
	被动听教师讲解	当教师解释解决方案时，学生积极地听
主动学习	指导解释	教师指导学生一步一步地解决这个问题
建构学习	深层问题推理	学生根据教师的解释提出原因，并提出自己的问题
	自我解释	学生解释自己是如何解决这个问题的

16.4 线上一对一教学的优与劣

在为期50天的试运行中，810名学生和64名教师共进行了3611次辅导课程。系统使用次数的中位数为2。大多数学生似乎对使用SCOOT的积极性不高。有340名学生只使用了一次该系统。平均而言，每次辅导持续了587.81秒。用于描述个体之间数据分散程度的指标标准差（SD）=389.297。学生在前测中的平均得分为19.45（SD=8.042），满分为38分；在后测中的平均得分为74.34（SD=19.215），满分为100分。基于四个研究问题以及人工编码，总结出以下五个关于SCOOT系统使用的发现。这些发现对同类线上一对一教学也具有很强的启示作用。

1. 积极使用SCOOT能够改善学生的学习

系统使用次数的中位数为2，系统使用次数为1的学生被分类为非活跃用户（N=340），系统使用次数为3或以上的学生被视为活跃用户（N=345）。活跃用户的前测得分为19.87（SD=8.140），后测得分为76.37（SD=17.475）。非活跃用户的前测得分为18.96（SD=7.939），后测得分为72.62（SD=20.513）。根据方差分析，两组学生的前测差异不显著（t=1.470，p=0.142）。以学生的前测成绩为协变量，进行了协方差分析来比较两组的后测成绩。结果显示，活跃用户的后测成绩明显优于非活跃用户（t=2.109，p=0.035），然而效应量（Cohen's d=0.161）很小。

2. 具有高先验知识的学生往往会从SCOOT中受益更多

当我们将学生分为高先验知识组和低先验知识组时，分析发现SCOOT对高先验知识学生的影响较大。在低先验知识组，活跃用户并没有显著优于非活跃用户。

根据 Pearson 相关分析，学生的先验知识水平与辅导时长呈弱显著相关（$r=0.124$，$p<0.001$）。辅导的平均长度影响了系统使用的数量。起初，学生的系统使用率似乎随着辅导互动的平均长度而增加。当长度大于 600 秒时，使用频率变得稳定。进一步开展 Pearson 相关分析发现，当所有学生都被纳入分析的时候，平均辅导时长与系统使用次数之间的相关性不显著（$N=810$，$r=0.0616$，$p=0.0797$）。但如果只考虑平均辅导时间短于 600 秒的学生，则平均辅导时长与系统使用次数之间的相关性显著（$N=511$，$r=0.232$，$p<0.001$）。

3.后测表现的影响因素

在线性回归中，利用贪心特征进行选择后，留下了11个不同的0/1特征，这11个0/1特征来自3个原始特征。结果表明，学生的前测成绩是他们在后测中表现的最强预测因素。结合为前测分数这个原始特征生成的4个0/1特征，线性模型在不同的分数范围内分配了不同的权重。例如，前测成绩高于26.5的学生在后测中的预期成绩比前测成绩低于12.5的学生高30.36分，这个结果是符合常理的。在6个系统使用因素中，只有辅导的平均时长和辅导的次数似乎会影响后测表现。其余4个用于描述辅导时长的因素均被剔除，可能是因为辅导平均时长与其他辅导时长指标存在高度共线性，而平均时长最能代表其他指标。分析计算了Pearson相关系数以证实这一假设，除了辅导的总长度外，其他都如预期所料。分析结果表明，当辅导平均时长超过307秒时，学生会受益更多。同样，当学生至少使用SCOOT两次时，他们会受益更多。然而，当辅导时长进一步增加或当他们坚持通过SCOOT寻求帮助时，学生几乎没有得到更多的好处，这可能是因为过度使用帮助会阻碍学生深入思考（Aleven et al.，2016）。

4. 教师在吸引学生方面的表现不尽相同

64 位经验丰富的教师的返生比例差异很大（最大=0.431，最小=0.038，平均=0.193，SD=0.071）。考虑到当教师辅导的次数更多时，返生比例也可能会更高，分析计算了 Pearson 相关系数做检验。然而，返生比例与辅导次数之间的相关性不显著（r=0.234，p=0.063）。但返生比例与教师平均辅导时长显著相关（r=0.322，p=0.009）。

5. 人工编码结果——先验知识影响师生交互方式

40 个抽样辅导被转换成文本并进行人工编码。总共编码了 1851 个学生轮次。在这 1851 个学生轮次中，1031 个来自低先验知识的学生，820 个来自高先验知识的学生。分析表明，先验知识高的学生在辅导课程上倾向于在教师有限的帮助下主动解决问题，而先验知识低的学生倾向于跟随教师的脚手架解决问题。该结果在某种程度上解释了为什么高先验知识的学生往往比低先验知识的学生受益更多。

总结来说，积极使用 SCOOT 这种线上一对一教学辅助系统可以帮助学生提高他们的学习成效，但是效果还很有限。Siler 和 Vanlehn（2015）的研究表明，计算机支持的一对一教学可以减轻教师的认知负担，使教学更有效。因此，提高效果的一种可能方法是让计算机在辅导期间协助教师对学生进行引导，减轻教师的教学负担。

一方面，当学生的平均辅导时间较短时，学生可能很容易觉得使用在线一对一辅导没有帮助，并可能停止使用该系统寻求帮助。简短的辅导可能意味着沟通不足。由于学生的先验知识与辅导时长呈正相关，很可能高先验知识的学生与教师的沟通更加充分，从而产生了更长的辅导互动。当按学生的前测表现对学生进行分组时，相关分析也表明 SCOOT 对高先验知识学生的影响更大。

此外，对抽样辅导的人工编码显示，高先验知识的学生往往比低先验知识的学生产生了更多的建构性参与。这些结果表明，先验知识和辅导时长都是影响学生学习成绩的重要因素。为减少先验知识的影响并促进辅导的交互，在机器学习和自然语言处理技术的帮助下，未来可以对师生互动质量和智能干预进行自动评估，进而实现对其互动的智能导学（Zhang et al., 2024）。

另一方面，教师在吸引学生方面表现出截然不同的能力。分析发现，学生更有可能回到辅导互动时间较长的教师那里，这表明教师在引出学生的想法和指导学生解决问题方面的表现可能不同。Hedrick 等人（2000）认为，由职前教师开展一对一辅导教学，可以帮助他们实施未来的实际教学。因此，一对一辅导教学可能也有助于在职教师在解决问题的同时更新他们对学生学习状态的认识，进而对自身的职业发展起到促进作用。需要指出的是，这些教师都有至少十年的教学经验，但他们在使用辅助系统吸引学生方面还是表现出了很不同的能力。

这些结果表明，学生和教师双方都需要进行系统干预，以促进高质量的辅导互动，否则，这类一对一辅导可能会进一步扩大高成就和低成就学生之间的差距。我们也可以看到，即使有经验的教师也需要智能导学技术的帮助来促进其和学生之间的有效交互，提升教学成效。

第 17 章
在教学中提升——智能导学系统的雄心

传统的智能导学系统虽然可以表现出适应性的、个性化的教学行为,但系统中所嵌入的教学策略是固定的。这意味着,导学系统对待相同问题学生的应对方法并不会随着使用时间的增长而产生变化。但智能导学的研究者并不只满足于此,他们希望导学系统能够在实际使用中像人类教师一样不断累积教学经验,提升教学应对方式。也就是说,研究者希望能构造出在教学中不断提升自己的智能导学系统。本章将对智能导学的这一研究方向进行详细阐述。

17.1 智能导学系统的适应性学习与强化学习

1. 适应性学习

因材施教抑或因材促学是充分体现学生主体性的个性化学习价值追求，具有适应性的智能导学系统的创建及其发展是实现这一理念的有效途径之一，它破解了传统班级授课制中学习过程模式化与单一化的弊端。

适应性学习是指学生通过适应性系统获取知识的过程，适应性学习系统参与学生学习的全过程，提供个性化的学习服务，在学习计划制订、学习策略组织、知识构成设计、学习效果评估等方面发挥作用。适应性学习技术涉及两方面内容：一是收集和分析学生个体用户的学习行为数据，以调整教学资源、学习策略和学习进度；二是利用聚合的大样本学生数据，为课程设计和修订提供参照（李海峰，王炜，2018）。

在人工智能时代，适应性学习系统呈现智能化特征，人工智能技术成为适应性学习支持系统形成的关键。人工智能凭借技术优势获取学生的基本特征，充分检视学生的态度动机、兴趣爱好、学习方法、知识构成等特征，依托计算机算法构建学生模型和学生画像，从而为学生提供个性化学习方案，实现个性化的教与学。

通过智能导学系统（ITS）实施教学时，适应性学习主要体现在推荐学习任务和选择教学干预两方面。首先，ITS 可以根据学生的学习兴趣、知识水平、学习风格等个体差异，按照掌握学习等教学策略，智能地推送相应的学习任务。这种适应性的推送，可以提高学生的学习兴趣和参与度，从而更好地吸引学生投入学习。其次，ITS 能够根据学生在学习任务中的学习表现和需求，智能地选择合适的教学干预方式，以帮助学生克服学习困难、强化学习效果。

适应性学习在ITS中的应用可以最大程度地满足学生个性化学习的需求，提高学习成效。同时，也有助于激发学生的学习兴趣，增强他们的学习动力，完成难度适宜的学习任务，还可以提高学生的学习自信心。

2. 智能导学系统的适应性提升

传统来讲，智能导学系统的适应性主要依靠学习者建模，让导学系统可以根据学习者的特征，给出相应的应对方法。在这个过程中，导学系统教学模型中所存储的教学干预触发规则并不会发生改变。然而强化学习（reinforcement learning，RL）在智能导学研究中的应用改变了这一状况，已经逐渐成为ITS中自适应支持和脚手架自我优化的最有效方法之一（Zhou et al.，2019）。深度强化学习（deep reinforcement learning，DRL）为复杂教学策略的优化提供了可能性，已经逐渐应用于ITS中的教学策略归纳和优化。

一般来说，强化学习是一个在线交互过程，智能代理探索周围环境并利用所能感知到的环境反馈进行学习，逐步学会最大化预期累积奖励（Sutton，Barto，2018）。强化学习中不仅仅包含代理（agent）与环境，还包含策略函数（policy function）、环境模型（environment model）、值函数（value function）和奖励函数（reward function）。奖励函数指的是代理在与环境不断交互过程中，环境模型对代理所实施动作效果的一种评价。通常正值代表报酬，负值代表制裁。策略函数也被称为决策函数，代表代理对来自环境的状态信息采取的动作集合和选择方法。

在智能导学中，开展强化学习常常是为了优化智能代理所实施的导学行为的时机和内容，即导学系统应该何时提示学生、如何帮助学生改进答案等等。在强化学习的实施过程中，智能代理根据学生的状态 s，选择要执行的操作，

即导学行为 a，并将实施操作后学生的情况量化为强化的奖励信号 r，指示智能代理实施导学行为的质量。智能代理的最终目标是选择倾向于增加强化的奖励信号 r 值的长期总和的导学行为。在这种强化信号的不断训练下，智能代理的导学行为选择策略得到不断优化提升。

强化学习有两大类：无模型算法和基于模型的算法。无模型算法在代理与环境交互时直接从经验中学习价值函数或策略。学习结束后，代理知道在给定状态下应该如何行动，但并不明确了解基于环境信息进行决策的过程。而基于模型的算法首先构建环境的状态转换和结果结构的模型，然后通过搜索该模型来评估操作。换句话说，基于模型的方法有确实明确的学习状态转换。一般来说，无模型方法适用于收集数据成本相对低的领域，其相应的算法包括蒙特卡洛法（monte carlo，MC）和时间差分法（temporal-difference，TD）。基于模型的方法适用于收集数据成本昂贵的领域，其对应的算法包括策略迭代（policy iteration）、值迭代（value iteration）等动态规划。

17.2 智能导学系统能够自我提升的基本步骤

1. 数据的收集与分析

智能导学系统能够自我提升的先决条件之一是收集和分析相应的学生数据。

首先，当学生与智能导学系统交互时，系统会通过统计、记录学生的学习行为，采集学生的数据，得出准确的学习行为特征数据，这包括学生的学习内容、媒体选择、观看习惯、学习时长等，以结构化和半结构化的形式进行存储。

其次，分析学生的学习行为原始数据，创建模型用于表征学生的状态。这一步需要对学生的特征进行筛选和归纳，抽取重要的特征用以描述学生当前的状态。这种创建模型的过程与构造学生模型是类似的，但不同的是，这里是需要使用一系列可观测的离散变量来表征学生的状态，并假设学生与导学系统的交互会造成学生状态的迁移，这样方便后续强化学习的实施，而强化学习的内容就是对这些交互的不断优化。

2. 以强化学习提升教学干预策略

学生与导学系统交互的具体开展就是由导学系统的教学策略模型所引导的。教学策略指定了学习任务的顺序、如何向学生提供反馈以及如何展示、解释或总结系统内容。

强化学习算法旨在引入有效的优化方法，确定导学系统在任何给定情况下采取的最佳干预行动，以最大化累积奖励信号。如前文所述，强化学习算法的应用，需要定义学生状态、导学行为和奖励信号所构成的集合，表示为$\langle S,A,R \rangle$，通过对该集合的更新，实现导学的优化。

一般来说，强化学习方法可以分为在线和离线。在线方法通过与环境交互来进行实时的教学策略优化，而离线方法则从预先收集的训练数据中进行学习（Zhou et al.，2019）。

由于教学策略的实时变化会导致难以预期的干预结果，所以教学策略的在线强化学习研究通常依赖于模拟学生而非真实教学情境下的学生。这样就造成这些方法的成功在很大程度上取决于模拟学生行为的可靠性。而离线强化学习方法是利用已经采集好的学生行为样本，所采集的数据通常需要强大的收敛保证（Schwab，Ray，2017）。因此，离线强化学习的成功通常在很大程度上取决于训练数据的质量，训练数据需要记载各种不同的教学干预手段以及这些教学干预所最终形成的效果。

Shen 等人（2018）应用离线强化学习方法来制订教学策略，以提高学生的学习成绩。实证评估结果表明，与随机的干预策略相比，强化学习后的干预策略可以提高一些特定学生的学习表现。Mandel 等人（2014）应用部分可见马尔可夫决策过程（partially observable Markov decision process，POMDP）来制订学习收益最大化的教学策略，通过将 POMDP 策略与专家策略和随机策略对模拟学生和真实学生进行比较来评估其有效性。结果表明，POMDP 优化后的策略明显优于其他两种策略。Wang 等人（2017）应用多种深度强化学习方法来优化教学策略，旨在提高学生在教育游戏中的标准化学习收益。仿真评估结果表明，深度强化学习后的策略比基于线性模型的强化学习策略更有效。

3. 强化学习算法的实施

在确定了强化学习在优化教学策略上的应用方式后，就是强化学习算法的具体实施。基本的强化学习的主要算法包括蒙特卡洛法（Tadepalli et al., 2004）、时间差分法（Richardson，Domingos，2006）、Q 学习算法（Dietterich，2000）等。蒙特卡洛法的核心思想是使用部分模拟推算出整体，一般通过使用计算机来生成大量的数据进行模拟，最后采用一系列统计学的方法求出问题的大致答案。时间差分法是采用时间差分的思想来解决时间信度分配的问题。Q 学习算法是 Watkins 在时间差分算法的递归计算过程中记录在不同状态采用动作所形成的状态空间表来作为评估基线，从而形成的一种与模型无关的强化学习算法，该算法被广泛应用于不同的场景下。下面详细介绍 Q 学习算法。

Q 学习算法是指一个目标明确的代理在与未知的环境进行交互的过程中，找到在约束条件下一个最优的决策的过程。Q 学习算法的基本形式如下：

$$Q^*(s,a) = \gamma \sum_{s \in S} P(s,a,s') \left(R(s,a,s') + \max_{a'} Q^*(s',a') \right)$$

$$Q(s_t, a_t) = Q(s_t, a_t) + \alpha \left[R_t + \gamma \max_a Q(s_{t+1}, a) - Q(s_t, a_t) \right]$$

上述公式中 $Q^*(s,a)$ 表示代理在状态 s 下执行动作 a 时得到的累积的最优回报。R_t 表示代理在状态 s_t 时执行动作 a_t 后得到的即时奖励，α 表示代理的学习率，γ 表示折扣因子。

Q 学习算法的迭代优化过程如下。首先会建立一张状态空间表，然后代理通过不断地与环境进行交互，记录下代理所实施的动作和来自环境的反馈，这个反馈可能是奖励也可能是惩罚。基于这些动作和反馈，随后对状态空间表进行更新，优化每个状态下的动作选择，这样系统会根据最新的状态空间表来指导代理实施动作。代理再不断记录新的动作选择以及环境反馈，以此不断进行迭代优化，直至状态空间表不再改变或者达到迭代的最大限制次数。最后的状态空间表就可被认为是实施最优策略的基础。

Q 学习算法可采用改进的贪心探索策略。贪心探索策略是基于贪心算法所构建的，在 Q 学习过程中，一般情况下系统会让代理根据状态空间表选择基于当前状态的最优动作，这符合贪心算法的原则。然而，为充分搜索不同状态下的所有可能动作，防止局部最优，代理会以某一预设概率随机实施一个动作，即使这个动作根据状态空间表来看不是最优的。

17.3　协同阅读批注系统中的干预策略提升方法

本节以第 15 章介绍的协同阅读批注系统为例，说明一下将强化学习用于干预策略提升的具体办法。在该系统中，教学干预发生在学生课上的小组讨论之中。导学系统会设立一个机器代理监测学生的讨论内容，并依据学生的讨论内容确定学生的讨论状态，然后利用强化学习算法确定是否需要给予干预，即判定干预的时机。具体干预的内容则在预先设置的干预库中进行选择。总体的技术路线如图 17-1 所示。

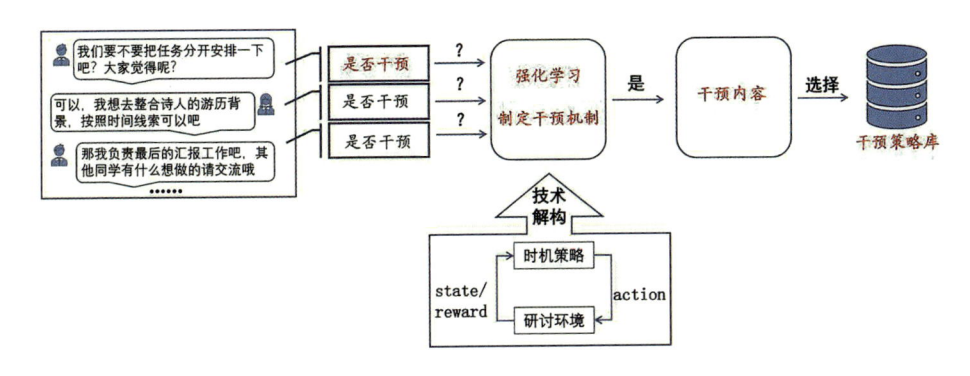

图 17-1 研讨过程干预的技术路线

在干预时机判定方面，学生在研讨中的每一次发言都被视作最小干预检测单位。根据学习科学理论，我们需要同时考虑学生历史研讨状态和当前研讨状态以确定最适宜的干预时机，而历史状态和当前状态的序列组合可能产生组合爆炸的问题。强化学习非常适合解决这个情境下的问题。在奖励设置方面，可以由人工标记固定时间段的干预时机合理性作为训练标签。

至此，状态集合、动作集合和奖励机制都已确定，即确定了 $\langle S,A,R \rangle$。那么，学生协同阅读讨论阶段的教学干预时机的优化，就可采用诸如强化学习中的 Q 学习算法进行解决，不断更新每个状态下的 $Q(s,a)$，最后在导学系统的运行中，依据状态空间表进行干预时机选择。

在具体干预内容选择方面，由于干预内容的可选择范围较大，协同阅读批注系统基于收益－损失学习理论框架构建干预策略库，并采用规则匹配的形式进行内容选择。建立的干预策略库主要提供四个不同类别的建议（见表17-1）：个人元认知建议；小组知识整合建议；促进小组沟通建议；小组进度协调建议。设置干预策略库的另一个好处是为导学系统的进一步自我提升提供了空间。比如，研究人员可以根据导学系统的时机应用效果对干预的内容进行调整，让学生更容易接受。还可以利用大模型技术自动生成更加多样化的干预内容，使得干预的话语更具有吸引力。

表 17-1 干预策略库

匹配规则	内容导向	干预类别	收益框架案例	损失框架案例
发言后静默一段时间	提供群体协作的交流方式建议	个人元认知建议	有问题可以和你的小组同伴发言提问,这可能是你们小组成果之一	如果有问题不和小组同伴发言提问,可能会错失小组成果之一
小组交流互动行为过少	提供群体协作有效互动的方法建议	小组沟通建议	同伴互动的消息就在群中,查收就有收获哦!	同伴互动的消息就在群中,错过就是遗憾哦!
发言复制课前批注阅读材料	提供群体性如何解析阅读材的学习方法建议	小组知识整合建议	小组同学的观点已经提炼整合到学习反馈中,热门内容与焦点直接拿下!	小组同学的观点已经提炼整合到学习反馈中,是否忍心错过小组热门内容?
发言主要是复制课前批注观点内容	提供如何将个人观点与任务结合的学习方法建议	小组知识整合建议	个人观点已经共享至小组,但研讨问题需要进一步被讨论,研讨的深刻性就可以被探索	个人观点已经共享至小组,但研讨问题需要进一步被讨论,否则研讨可能过于浅显
小组发言不平衡	提供任务时长与属性的建议和推荐任务分配方式的建议	小组沟通建议	小组同学可以分配不同的研讨方向,让更多的同学参与进来	小组同学可以分配不同的研讨方向,一部分同学可能会掉队
小组的研讨进度缓慢	提供任务分配建议和执行任务建议	小组进度协调建议	研讨需要进一步了,大家尽快展开研讨活动吧!	研讨需要进一步了,研讨活动再不开始就脱离班级队伍了!

　　本章主要介绍了基于强化学习算法的导学系统自我提升方法,但这并不是唯一的路径。例如,领域知识模型中知识图谱的自我扩展更新,依据多模态大模型技术的教学内容资源自我生成,这些都是导学系统自我提升的办法。总之,智能导学系统的自我提升是一个综合性的任务,既涉及不同技术的应用,也涉及实际教学情境的解构和建模。同时,研究人员还需要注意学生和教师相关伦理和隐私方面的问题,以确保他们的权益得到充分保护。

第五部分 展望

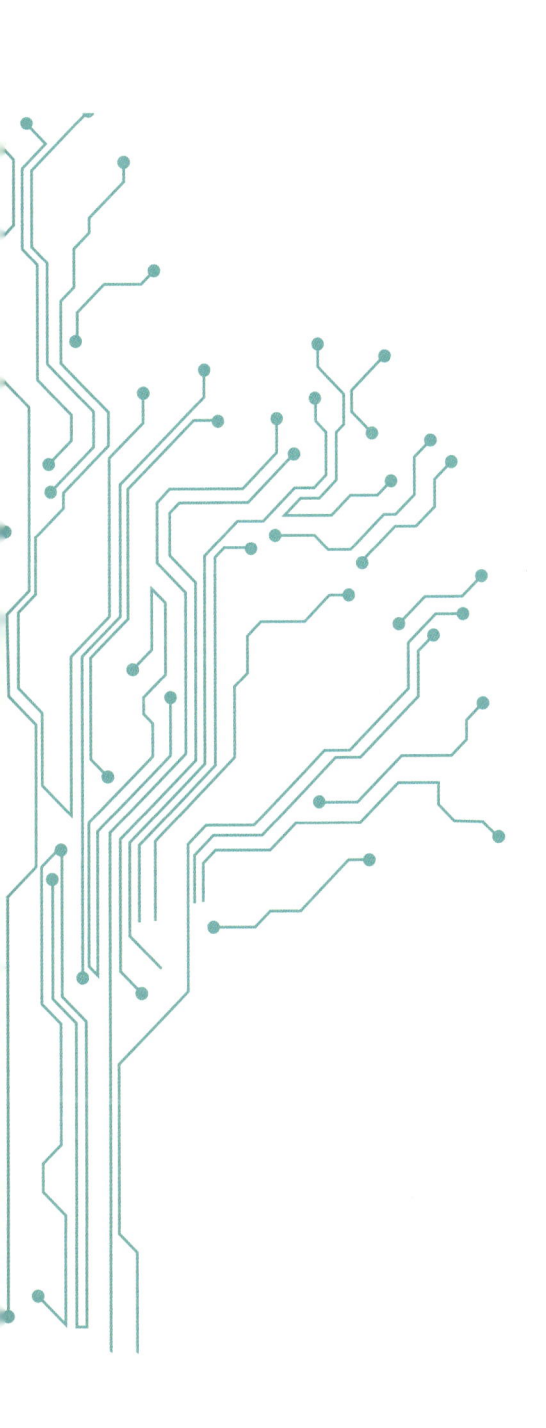

第 18 章
新时代教育下的智能导学

近年来人工智能技术，尤其是基于大语言模型的生成式人工智能技术的飞速发展，对智能导学的研究产生了重大的影响，进一步筑牢了智慧教育和智能教育的研究领域。国家对该领域的发展也越来越重视，先后出台了"双减""教育新基建"等多项政策进行指导和支持。2025 年 1 月，中共中央、国务院印发《教育强国建设规划纲要（2024—2035 年）》，进一步强调了人工智能对教育变革的重要性。可见，智能导学在未来的教育发展中将大有可为。

本章对智能导学的未来发展进行了展望。首先阐述了智能导学在"双减"政策下，对教学提质增效的助力作用，进一步解释了智能导学所实现的个性化教学的重要性，及其在人机协同教学场景下的未来应用方式。与此同时，我们也应该防范智能导学广泛应用时所带来的伦理风险和"信息茧房"等潜在问题。接着又介绍了以 GPT 为代表的大语言模型技术对教育服务变革的影响，并对未来的教师与智能体的协同教学进行了探讨。

18.1 智能导学之于"双减"

1. 什么是"双减"?

2021年7月24日,中共中央办公厅、国务院办公厅印发《关于进一步减轻义务教育阶段学生作业负担和校外培训负担的意见》,旨在有效减轻我国义务教育阶段学生过重作业负担和校外培训负担(简称"双减")。同年8月,国务院教育督导委员会办公室印发专门通知,拟对各省"双减"工作落实进度每半月通报一次。

"双减"政策的主要内容包括但不限于:减少学生作业量,探索适当延长义务教育阶段学生校内学习时间,压减校外培训时间;取消从小学一年级开始的联考联评;规范校外培训行为,严格审批补习机构;加强对作业负担和考试频次的监督检查。"双减"政策的出台,旨在减轻学生学习负担,解决教育领域"应试教育"问题,使学生在快乐中成长,促进学生身心健康发展(杨小微,文琰,2022)。这对优化我国基础教育现状具有重要意义。

2. 智能导学助力"双减"

在"双减"政策背景下,智能导学在基础教育阶段发挥着越来越重要的作用。智能导学是在人工智能技术支持下,根据学生个性化需求提供个性化学习指导和服务的教学模式。通过前面章节的讲解,我们了解到智能导学可以通过沉浸式的交互体验促进学生的学习投入,通过学生模型追踪学生认知和非认知状态的变化,进而依靠领域知识模型所记录的教学内容,结合教学模型中的先进教学方法,根据学生的状态提供符合其特点的导学服务,最终提高学生的学习效率,控制学生的学习时长,培养学生的学习能力,甚至在学习过程中有效调节学生的情绪情感。智能导学已经在一定范围内取得了较好的应用实践效果。"双减"政策所提出的减负、充分尊重学生个性发展的理念，与智能导学强调个性化教学理念高度契合。智能导学还可以辅助教师准确把握每个学生的学习水平和特点，有助于减轻教师在教学过程中的认知负担。智能导学强大的自主学习指导功能，也可以帮助学生在校内完成学习任务，可用于校内的延时服务，减少对校外培训的依赖。因此，智能导学在新时代背景下对推进"双减"政策落地具有重要作用。

具体从应用的角度来讲，智能导学可以实现精准识别每个学生的知识结构和学习特点，制作学生画像，同时对学生进行情绪感知并不断调整教学策略，这种针对性强的教学可以大大提升学习效率。与此同时，智能导学系统可以汇总不同学生在共性知识点上的学习情况，发现统一的知识盲区，以及不同群体的特殊偏差。这些宝贵的学习分析结果可以反馈给教师，帮助教师和相关教育决策部门优化教材编写、课程设置等，实现教育资源的精准化分配，大幅提升教育效率。

另外，智能导学还可对教育公平和全纳教育起到极大的促进作用。智能导学可以提供个性化的教学建议，辅助不同认知水平和知识结构的学生获得适合自己的学习内容，如根据学生的知识图谱推荐相应的新知识点和练习，根据学习风格推荐适宜的学习方式，等等。2021年，安徽省蚌埠市3000名教师使用数字化教学的数据显示：新型教与学终端帮助学生降低了49%的低效重复练习，使学生有时间参加体育、艺术、劳动等课程，这对认知发展相对缓慢的学生群体更为明显。因此，智能导学的应用可以帮助弱势学生群体获取更高质量的教育资源，降低教育不公平。与传统单一的教学模式不同，智能导学可以根据不同需求具体化，实现教育公平和社会公正，这也是"双减"

政策的基本目标。

尽管智能导学在推进"双减"政策落地方面发挥着积极作用，我们也要清醒地看到，过于依赖技术可能会削弱学生的主体性和自主学习能力。同时，算法推荐的内容可能会让学生陷入"信息茧房"，用于模型训练的大数据可能会带来隐私风险，导学系统中的模型构建和使用也还缺乏相应的伦理规范。总体来说，智能导学作为一项在实际教学中的新兴技术，需要在应用中不断完善与发展，以发挥其应有的积极作用。

3. "新基建"助力智能导学

新基建全称为"新型基础设施建设"，是智慧经济时代贯彻新发展理念，吸收新科技革命成果，实现国家生态化、数字化、智能化、高速化，建立现代化经济体系的新型经济建设政策。在教育领域，新基建主要围绕以下六大方面作为主攻方向：新网络（为教育数字化转型建设基座）、新校园（为公平优质校园再造环境）、新平台（为教育融合创新铺路搭桥）、新资源（为深度学习体验提供支持）、新应用（为教育数字化转型积极行动）、新安全（为教育绿色韧性发展护航），从而为教育数字化转型搭桥铺路（祝智庭 等，2022）。

智能导学作为"新平台"和"新应用"的重要一环，同样也受到了相关部门的重视。2021年7月8日，教育部等六部门印发《关于推进教育新型基础设施建设构建高质量教育支撑体系的指导意见》，提出要"开发基于人工智能的智能助教、智能学伴等教学应用，实现'人机共教、人机共育'，提高教育教学质量"，这为智能导学的发展提供了政策支持。智能导学作为一种基于人工智能技术的个性化教学模式，能够发挥机器在大规模辅助教学中的优势，与教师形成教学合力，提升教学质量。这与文件的要求高度契合。可以看出，在新时代背景下，智能导学的发展与我国教育信息化建设及教育创新理念高度一致，得到了政策的大力支持。智能导学作为教育信息技术发展的重要方向，在"教育新基建"政策的促进下，有望助力"双减"政策实施，提高我国的整体教育质量，赋能 2035 教育强国建设。

18.2 大语言模型在教育中的应用

1. 大预言模型简介

大语言模型 (large language models，LLMs) 是一种超大参数规模的预训练模型，基于深度学习的自然语言处理技术而构建，其核心思想是在大规模文本语料库上进行先验学习，以捕获自然语言的语法、语义和世界知识。这些模型通过自动学习单词、短语和句子之间的关系，形成了强大的语言表示。大语言模型技术的进步极大地促进了生成式人工智能技术（特别是文本类生成式人工智能）的发展。其中最典型的代表就是 OpenAI 公司所推出的 GPT，它基于 Transformer 架构的 Decoder 部分，具备自回归生成文本的能力（之后又发展出了图片、音视频等多模态生成能力）。GPT 模型的特点在于其具有无监督学习的方式，能够广泛适用于多个不同领域的自然语言处理任务。

以 GPT 为代表的大语言模型作为一种新兴的智能载体，具有高涌现性、优扩展性、强泛化性等显著特征，对教育的变革具有巨大潜力。首先，大语言模型推动了教育思维的变革，进一步促进教育从传统的知识传授转向学生主动探索和协作学习。学生在与大语言模型所驱动的智能代理的互动中构建知识并得到思考的启发。其次，大语言模型促进了教育载体的现代化，为智能教材、智能题库和智能辅导等高度智能化工具的发展提供了支持，让更加个性化和灵活的学习体验成为可能。最后，大语言模型还催生了新的教育模式，为在线教育、混合教育和自适应教育注入了新的活力，打破了原有深度学习模型和自然语言处理技术门槛高、应用难等桎梏，促进了教育资源的平等分配，提高了教学效率和质量，推动教育向更加开放、高效和平等的方向演进。这些变革共同塑造了未来教育的新面貌。

2. 大语言模型在教育中的已有应用

近期，国内教育科技领域迎来了一波大语言模型研发的浪潮，这些模型的应用正在深刻地改变着教育方式。

好未来机器学习团队以超过2000万条的教育领域中文自动语音识别文本数据为基础，成功建立了教育领域首个在线教学中文预训练模型TAL-EduBERT，并将其开源。这一模型致力于分析在线教学的文本内容。网易有道也推出了国内首个教育领域垂直大模型"子曰"，并发布了多项创新应用，如LLM翻译、虚拟人口语教练、AI作文指导、语法精讲、AI Box以及文档问答等，彰显了大语言模型在英语口语练习等领域的潜力。智海 — 三乐以阿里云通义千问的通用模型为基座，通过进一步的预训练和微调，集成了多项功能，将在高校加以应用，为教育领域提供智能问答、试题生成、学习导航、教学评估等服务。科大讯飞旗下的淘云科技发布了"阿尔法蛋儿童认知模型"，为儿童提供了强大的语言理解和内容生成能力，并集成了情感安慰和价值指导，为儿童教育带来了全新的可能性。

在研究领域，预训练语言模型也在不同的场景下有所应用。有的科研团队尝试使用BERT模型来解决数学应用问题，通过一系列算法的优化，在两个数据集上实验证明了它的优越性（Jia et al., 2022）。还有研究团队开发了EduQG，实现了教育问题自动生成，可有效帮助学生进行可扩展的自我评估

（Muse et al.，2023）。Wambsganss 等人（2021）研发了自适应对话学习系统 ArgueTutor，利用改进的 BERT 分类器自动识别论证中的主张、前提等元素，旨在培养学生的论证能力。

从实现的功能上来看，不同类型的大语言模型实现的功能各有侧重点。功能包括但不限于：学术资源处理，英语口语练习与教育指导，智能问答与知识获取，试卷生成与材料撰写，儿童教育与认知。这一系列大语言模型的应用表明了其正在改变教学的方式，为学生提供了更智能、个性化的学习体验。这一趋势将持续推动国内教育领域的创新和发展，为学生和教育者带来更多机会和便利。

3. 大语言模型对智能导学未来发展的促进

随着大语言模型在近一段时间的快速发展，预期未来该项技术可能会对智能导学的发展有以下几个方面的重要影响。

（1）更加灵活的、低成本的自适应智能导学。当前智能导学系统在教学知识的描述、具体教学策略的制订、教学行为的分析等方面还极大地依赖于人力的工程化构建。随着大语言模型以至多模态大模型的不断成熟，有望在较低人力投入的情况下，利用人与大模型的有效协同生成大规模的高质量教学资源并自动制订、优化有效的教学策略，即以大模型作为智能导学系统的基座，从而实现智能导学系统的高效研发。

（2）大规模高质量数字教学资源的生成。大语言模型已经在作诗、作画等多个领域展示出了卓越的特性，这种自动创作能力在数字化资源建设方面具有巨大的潜力。以大模型为基础，我们有可能通过提示词工程、微调等手段，在有经验教师的辅助下，快速产出海量逻辑清晰、内容准确的数字化教学资源，这些资源可以包括习题甚至短视频课件。这将大幅降低教学内容制作的人力成本，同时节省教学资源和教学知识点间的挂载成本。

（3）沉浸式虚拟实境教学。以往的实践研究已经证明，虚拟现实、增强现实、游戏化学习等技术可以为学生提供沉浸式的学习体验，增强学生的学习投入度。这种沉浸式的体验往往需要很多的情节设计和交互式对话，让学生有身临其境的感觉。然而，这些情节设计和交互式对话的建立，需要高质量的脚本设计，往往要耗费大量的人力成本。以 GPT 为代表的生成式人工智能的大语言模型具有生成逼真情境文本脚本的潜力，甚至能实时生成对话和情节脚本，有望大大提高学生沉浸式的学习体验。

（4）与人类教师教学相长的数字教师。当前，ChatGPT 已经开始承担起一些"数字教师"的职责，帮助学生解答问题，批改学生的作业，等等。可以预见未来的大语言模型将与人类教师有更多的深入协作，进行更加自然的协同教学。在教学过程中，"数字教师"可根据人类教师和学生的行为、认知等方面的反馈，进行教学策略的持续学习和优化。而在此过程中，人类教师也可以借助"数字教师"强大的数据分析功能，将自己从烦冗的事务性教学工作中解放出来，不断进行高阶的教学反思，获得自身的成长，提升职业成就感。

（5）个性化网络学习社群。元宇宙等概念的普及和相关产品的应用会进一步降低人们的沟通成本，丰富人们的在线交互方式，拉近不同物理空间中人与人之间的距离。这使得网络学习社群可能变得更加普遍。而大语言模型所驱动的智能代理，可使得网络学习社群的组成不仅限于人类的学生和教师，还可能含有数字智能学习伙伴。在教育学理论的加持下，这些数字伙伴能够起到有针对性的协调、促进群组学习的作用。

总结来说，当前以 ChatGPT 为代表的大语言模型已经展示出一些与实际教学相融合的案例。但需要注意的是，大语言模型与教育的深度融合还缺乏理论指导，我们对技术促进教育的适用性、迁移性等具体边界的认识还不够清晰，对这些大模型可解释性的认识也不够充足（Gimpel et al.，2023）。进一步构建教育与技术的融合理论，尤其是针对我国教育实际情况的融合理论，是未来需要突破的重点。

参考文献

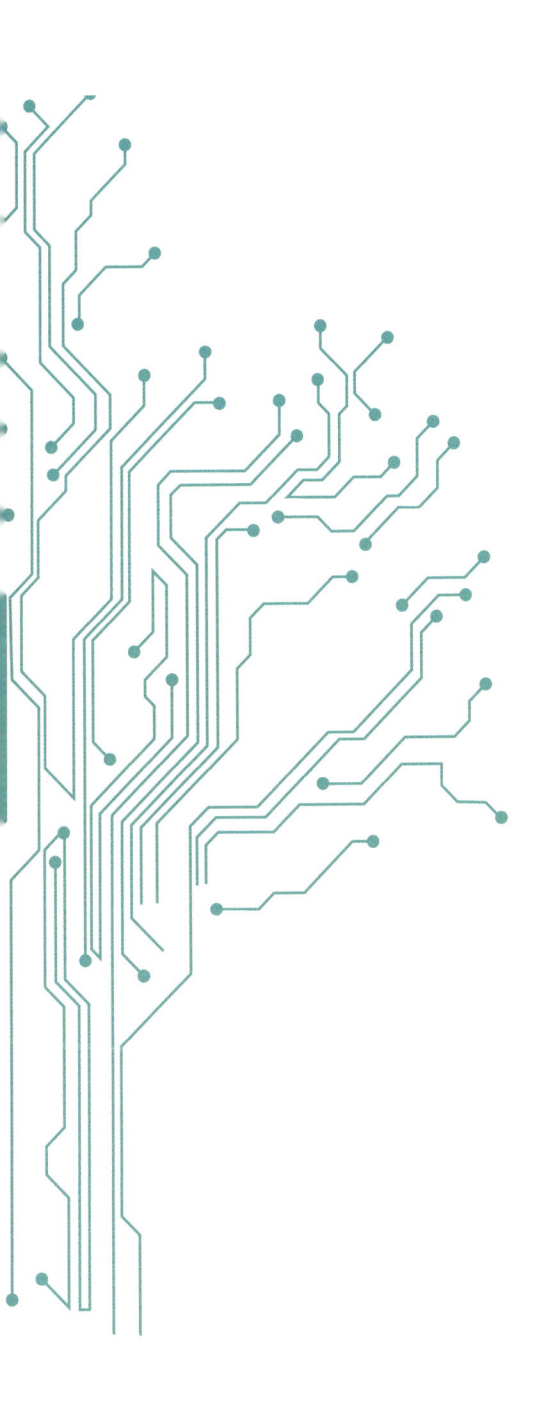

毕丙伟，2019. 一种自适应在线学习测评系统研究与实现［D］. 成都：电子科技大学.

蔡慧英，等，2021."教师—研究者"协同设计提升职前教师在线教学能力的策略研究［J］. 开放教育研究，27（6）：69-79.

陈刚，2004. 基于本体论的 ITS 领域知识建模［J］. 开放教育研究（6）：74-76.

陈玲，等，2023. 实践逻辑下在线同伴教研指导和生成机理研究［J］. 中国电化教育（6）：106-116.

陈连锋，等，2019. 基于 WISE 平台培养小学高年级学生科学探究能力的探索：以"牛顿小车"项目为例［J］. 陕西教育（教学版）（Z1）：7-9.

陈向东，杜健芳，2017. 基于知识建构的社会性批注教学个案研究［J］. 现代远程教育研究（4）：78-87.

丁东，屠莉娅，2021. 网络学习空间：WISE 创设基于网络的科学探究环境［J］. 上海教育（16）：44-45.

董晶，2017.WISE 项目中"太空移民"案例的分析与启示［J］. 中学生物学，33（7）：33-35.

董奇，1989. 论元认知［J］. 北京师范大学学报（1）：68-74.

冯永刚，赵丹丹，2022. 人工智能教育的算法风险与善治［J］. 国家教育行政学院学报（7）：88-95.

冯霞，等，2018. 反馈类型和反馈时间对动作技能获得的影响［J］. 心理科学，41（3）：533-539.

高红丽，等，2016. 智能导学系统 AutoTutor：理论、技术、应用和预期影响［J］. 开放教育研究，22（2）：96-103.

郭锐，等，2007. 一种新的多智能体 Q 学习算法［J］. 自动化学报（4）：367-372.

韩建华，等，2016.智能导师系统研究现状与发展趋势［J］.现代教育技术，26（3）：107-113.

胡航，等，2019.脑机交互促进学习有效发生的路径及实验研究：基于在线学习系统中的注意力干预分析［J］.远程教育杂志，37（4）：54-63.

胡祥恩，等，2019.GIFT：通用智能导学系统框架［J］.人工智能（3）：22-28.

胡小勇，等，2022.人工智能赋能教育高质量发展：需求、愿景与路径［J］.现代教育技术，32（1）：5-15.

贾积有，等，2020.人工智能赋能基础教育的路径与实践［J］.数字教育，6（1）：1-8.

蒋艳，马武林，2013.中国英语写作教学智能导师系统：成就与挑战［J］.电化教育研究，34（7）：76-81.

李海峰，王炜，2018.国际主流适应性学习系统的比较与趋势分析［J］.现代教育技术，28（10）：35-41.

李青，等，2022.教育类App隐私保护评价指标构建和保护现状研究［J］.中国远程教育（9）：69-77.

李睿，等，2011.智能教学系统中知识查询研究［J］.电化教育研究（4）：73-76，80.

李晓英，余亚平，2022.基于多模态感官体验的儿童音画交互设计研究［J］.图学学报，43（4）：736-744.

刘恒宇，等，2019.知识追踪综述［J］.华东师范大学学报（自然科学版）（5）：1-15.

刘徽，等，2020.什么样的失败才是成功之母？：有效失败视角下的STEM教学设计研究［J］.华东师范大学学报（教育科学版），38（6）：43-69.

刘杰，2009.基于强化学习的多机器人围捕策略的研究［D］.长春：东北师范大学.

刘凯，等，2020.AutoTutor背后的技术启思与人文眷注：访美国孟菲斯大学智能导学系统专家亚瑟·格雷泽教授［J］.开放教育研究，26（2）：4-12.

刘明，等，2023.大语言模型的教育应用：原理、现状与挑战：从轻量级BERT到对话式ChatGPT［J］.现代教育技术，33（8）：19-28.

刘瑞娜，刘坤瑜，2014.基于四种教学场景的机器人教师伦理问题研究［J］.晋阳学刊（1）：142-145.

刘晓艳，等，2016.面向教师学习：数字时代教学参考书的功能转变与编制创新［J］.电化教育研究，37（10）：109-115.

刘智，等，2021.人工智能时代机器辅助教学：能力向度及发展进路［J］.开放教育研究，27（3）：54-62.

隆舟，等，2020.通用智能导学框架助力学习科学发展：访美国通用智能导学框架联合创始人罗伯特·索特拉博士［J］.开放教育研究，26（5）：4-11.

卢宇，等，2021a.人工智能+教育：关键技术及典型应用场景［J］.中国电化教育（10）：5-9.

卢宇，等，2021b.智能导学系统中的知识追踪建模综述［J］.现代教育技术，31（11）：87-95.

罗生全，等，2023.人工智能教育应用中的伦理风险及其规避［J］.中国教育科学（中英文），6（2）：79-88.

马婧，等，2023.虚拟现实环境中基于多维传感系统的学习投入综合模型研究［J］.电化教育研究，44（2）：107-113.

屈静，等，2022.对话式智能导学系统研究现状及趋势［J］.开放教育研究，26（4）：112-120.

尚俊杰，等，2022.学习科学视角下的数学空间游戏设计与应用研究［J］.电化教育研究，

43（7）：63-72.

沈书生，祝智庭，2023.ChatGPT类产品：内在机制及其对学习评价的影响［J］.中国远程教育，43（4）：8-15.

史书彦，潘发达，2018.情绪调节研究综述［J］.心理学进展，8（10）：1486-1492.

唐玉溪，何伟光，2022.人工智能时代教师何以存在：规定、窘境与超越［J］.中国远程教育（10）：21-28.

万楠，等，2020.反馈间隔影响反馈加工：整合行为和电生理研究的视角［J］.心理科学进展，28（2）：230-239.

魏培文，等，2023.面向精准教学的多级认知诊断模型构建与应用［J］.现代教育技术，33（8）：117-126.

王莉莉，等，2021.利用学习者画像实现个性化课程推荐［J］.电化教育研究，42（12）：55-62.

王雪，等，2021.生成性学习策略促进VR环境下学习发生的机制研究［J］.远程教育杂志，39（3）：65-74.

王一岩，郑永和，2022.多模态数据融合：破解智能教育关键问题的核心驱动力［J］.现代远程教育研究，34（2）：93-102.

王志锋，等，2021.智慧教育视域下的知识追踪：现状、框架及趋势［J］.远程教育杂志，39（5）：45-54.

沃建中，曹凌雁，2003.中学生情绪调节能力的发展特点［J］.应用心理学，9（2）：11-15.

吴娟，等，2021.数据驱动的小学语文句式测评工具研究：以三余阅读APP为依托［J］.现代教育技术，31（12）：103-109.

邢强,等,2018.反馈时间、反馈类型和掩蔽类型对概率类别学习的影响[J].心理学探新,38(5):409-415.

徐墨客,等,2018.多知识点知识追踪模型与可视化研究[J].电化教育研究,39(10):53-59.

闫志明,等,2018.多媒体学习研究中眼动指标述评[J].现代教育技术,28(5):33-39.

杨华利,等,2020.人机协同支持下的小学英语写作教学研究[J].现代教育技术,30(4):74-80.

杨丽娜,等,2020.教育大数据驱动的个性化学习服务机制研究[J].电化教育研究,41(9):68-74.

杨现民,魏顺平,2008.网络环境下共享阅读体验工具的设计与实现[J].中国电化教育(12):103-107.

杨现民,等,2010.SURF 工具对小学生阅读层次的影响研究[J].电化教育研究(4):103-108.

杨小微,文琰,2022."双减"政策实施研究的现状、难点及未来之着力点[J].新疆师范大学学报(哲学社会科学版),43(4):25-38.

姚海霞,2019.利用 WISE "光合作用" 项目促进初中生物学实验教学创新[J].中学教学参考(17):11-13.

于琪,2023.利用 WISE 平台对线上教学环境下探究式教学的实践探索[J].中学物理,41(6):61-65.

袁为,2022.基于深层语言学表示的自动问题生成技术[D].南京:南京大学.

张浩,等,2020.AR 在幼儿美术教育活动中的应用与实证研究[J].中国电化教育(11):

97-103.

张琪，武法提，2016.学习分析中的生物数据表征：眼动与多模态技术应用前瞻［J］.电化教育研究，37（9）：76-81.

张立山，等，2021.面向课堂教学评价的形式化建模与智能计算［J］.现代远程教育研究，33（1）：13-25.

钟正，陈卫东，2018.基于VR技术的体验式学习环境设计策略与案例实现［J］.中国电化教育（2）：51-58.

祝智庭，等，2022.新基建赋能教育数字转型的需求分析与行动建议［J］.开放教育研究，28（2）：22-33.

ADIREDJA A P，LOUIE N，2020.Untangling the web of deficit discourses in mathematics education［J］.For the learning of mathematics，40（1）：42-46.

ADRIANSON L，2001.Gender and computer-mediated communication：group processes in problem solving［J］.Computers in human behavior，17（1）：71-94.

AHMAD M，et al.，2022.Automatic content analysis of asynchronous discussion forum transcripts：a systematic literature review［J］.Education and information technologies，27（8）：11355-11410.

ALAVI H S，DILLENBOURG P，2012.An ambient awareness tool for supporting supervised collaborative problem solving［J］.IEEE transactions on learning technologies，5（3）：264-274.

ALAVI H S，et al.，2009.Distributed awareness for class orchestration［C］//Learning in the Synergy of Multiple Disciplines：4th European Conference on Technology Enhanced Learning：211-225.

ALESSI S, 2000.The application of system dynamics modeling in elementary and secondary school curricula [C] //RIBIE 2000-The Fifth Iberoamerican Conference on Informatics in Education: 3-18.

ALEVEN V, KOEDINGER K R, 2002.An effective metacognitive strategy: learning by doing and explaining with a computer-based cognitive tutor [J] .Cognitive science, 26 (2): 147-179.

ALEVEN V, et al., 2004.Toward tutoring help seeking: applying cognitive modeling to meta-cognitive skills [C] //Intelligent Tutoring Systems: 7th International Conference: 227-239.

ALEVEN V, et al., 2006.Toward meta-cognitive tutoring: a model of help seeking with a Cognitive Tutor [J] .International journal of artificial intelligence in education, 16 (2): 101-128.

ALEVEN V, et al., 2016.Help helps, but only so much: research on help seeking with intelligent tutoring systems [J] .International journal of artificial intelligence in education, 26 (1): 205-223.

ALPHEN E V, BAKKER S, 2016.Lernanto: using an ambient display during differentiated instruction [C] //Proceedings of the 2016 CHI Conference Extended Abstracts on Human Factors in Computing Systems: 2334-2340.

ALZAID M, et al., 2017.The effects of bite-size distributed practices for programming novices [C] //2017 IEEE Frontiers in Education Conference (FIE): 1-9.

AMARASINGHE I, et al., 2020.An actionable orchestration dashboard to enhance collaboration in the classroom [J] .IEEE transactions on learning technologies, 13 (4): 662-675.

AMERSHI S, et al., 2006.Using feature selection and unsupervised clustering to identify affective expressions in educational games [C] //Proceedings of the Intelligent Tutoring Systems Workshop on Motivational and Affective Issues in ITS (ITS 2006): 21-28.

AMNUEYPORNSAKUL B, et al., 2014.Predicting attrition along the way: the UIUC model [C] //Proceedings of the EMNLP 2014 Workshop on Analysis of Large Scale Social Interaction in MOOCs: 55-59.

ANDERSON R C, et al., 1972.Conditions under which feedback facilitates learning from programmed lessons [J] .Journal of educational psychology, 63 (3): 186-188.

ANDERSON J R, et al., 1995.Cognitive tutors: lessons learned [J] .The journal of the learning sciences, 4 (2): 167-207.

AREVALILLO-HERRÁEZ M, et al., 2013.Domain-specific knowledge representation and inference engine for an intelligent tutoring system [J] .Knowledge-based systems, 49: 97-105.

ATILA O, ŞENGÜR A, 2021.Attention guided 3D CNN-LSTM model for accurate speech based emotion recognition [J] .Applied acoustics, 182: 108260.

AUSIN M S, 2019. Leveraging deep reinforcement learning for pedagogical policy induction in an intelligent tutoring system [C] // Proceedings of the 12th International Conference on Educational Data Mining (EDM 2019): 168-177.

AUSUBEL D P, 1962.A subsumption theory of meaningful verbal learning and retention [J] . The journal of general psychology, 66 (2): 213-224.

BACHOUR K, et al., 2008.Reflect: an interactive table for regulating face-to-face collaborative learning [C] //Times of Convergence. Technologies Across Learning

Contexts: 39-48.

BAKER R S, et al., 2004.Off-task behavior in the cognitive tutor classroom: when students "game the system" [C] //Proceedings of the SIGCHI Conference on Human Factors in Computing Systems: 383-390.

BAKER R S, et al., 2006.Adapting to when students game an intelligent tutoring system [C] //Intelligent Tutoring Systems.ITS 2006: 392-401.

BAKER R S, et al., 2008. More accurate student modeling through contextual estimation of slip and guess probabilities in Bayesian knowledge tracing [C] // Intelligent Tutoring Systems. ITS 2008: 406-415.

BALAAM M, 2013.A part practical and part conceptual response to orchestration [J]. Computers & education, 69: 517-519.

BALESTRINI M, et al., 2013.Technology-supported orchestration matters: outperforming paper-based scripting in a jigsaw classroom [J].IEEE transactions on learning technologies, 7 (1): 17-30.

BANGERT-DROWNS R L, et al., 1991.The instructional effect of feedback in test-like events [J]. Review of educational research, 61 (2): 213-238.

BARNARD L, et al., 2008.Online self-regulatory learning behaviors as a mediator in the relationship between online course perceptions with achievement [J].The international review of research in open and distributed learning, 9 (2): 1-11.

BARNES T, 2005. The Q-matrix method: mining student response data for knowledge [C] // American Association for Artificial Intelligence 2005 Educational Data Mining Workshop: 1-8.

BATES S P, et al., 2014.Assessing the quality of a student-generated question repository [J]. Physical review special topics-physics education research, 10（2）: 020105.

BATSON C D, et al., 1995.Information function of empathic emotion: learning that we value the other's welfare [J].Journal of personality and social psychology, 68（2）: 300.

BEARDSLEY M, et al., 2019.ClassMood App: a classroom orchestration tool for identifying and influencing student moods [C] //Transforming Learning with Meaningful Technologies. EC-TEL 2019: 723-726.

BEARDSLEY M, et al., 2020.The challenge of gathering self-reported moods: cases using a classroom orchestration tool [C] //2020 IEEE 20th International Conference on Advanced Learning Technologies（ICALT）: 355-359.

BECK F W, LINDSEY J D, 1979.Effects of immediate information feedback and delayed information feedback on delayed retention [J].The journal of educational research, 72（5）: 283-284.

BECK J, et al., 1996.Applications of AI in education [J].ACM crossroads, 3（1）: 11-15.

BENNEDSEN J, CASPERSEN M E, 2007.Failure rates in introductory programming [J]. ACM SIGCSE Bulletin, 39（2）: 32-36.

BERLAND M, et al., 2015.Amoeba: designing for collaboration in computer science classrooms through live learning analytics [J].International journal of computer-supported collaborative learning, 10（4）: 425-447.

BIASUTTI M, FRATE S, 2018.Group metacognition in online collaborative learning: validity and reliability of the group metacognition scale（GMS）[J].Educational technology research and development, 66: 1321-1338.

BIEL C, et al., 2015.Influencing cognitive density and enhancing classroom orchestration [A] //Measuring and Visualizing Learning in the Information-Rich Classroom.New York and London: Routledge: 11-20.

BILLINGHURST M, et al., 2001.The MagicBook-moving seamlessly between reality and virtuality [J] .IEEE computer graphics and applications, 21 (3): 6-8.

BIOCCA F, 1992.Virtual reality technology: a tutorial [J] .Journal of communication, 42 (4): 23-72.

BISWAS G, et al., 2005. Learning by teaching: a new agent paradigm for educational software [J]. Applied artificial intelligence, 19 (3-4): 363-392.

BISWAS G, et al., 2006. Feedback for metacognitive support in learning by teaching environments [C] // Proceedings of the Annual Meeting of the Cognitive Science Society: 828-833.

BISWAS G, et al., 2016.From design to implementation to practice a learning by teaching system: Betty's Brain [J] .International journal of artificial intelligence in education, 26 (1): 350-364.

BLOOM B S, 1956.Taxonomy of educational objectives: the classification of educational goals [M] .New York: David McKay.

BODZIN A, et al., 2020.An immersive virtual reality game designed to promote learning engagement and flow [C] //2020 6th International Conference of the Immersive Learning Research Network (ILRN): 193-198.

BOZKURT A, SHARMA R C, 2023.Challenging the status quo and exploring the new boundaries in the age of algorithms: reimagining the role of generative AI in distance education and online learning [J] .Asian journal of distance education, 18（1）: 1-8.

BRAVO C, et al., 2009. Using co-lab to build system dynamics models: students' actions and on-line tutorial advice [J] . Computers & education, 53（2）: 243-251.

BREZOVSZKY B, et al., 2019.Effects of a mathematics game-based learning environment on primary school students' adaptive number knowledge [J] .Computers & education, 128: 63-74.

BROWN A L, 1978.Knowing when, where, and how to remember: a problem of metacognition [R] .Champaign, Illinois: Illinois University, Urbana.Center for the Study of Reading.

BROWN J S, et al., 1975.SOPHIE: a step toward creating a reactive learning environment [J]. International journal of man-machine studies, 7（5）: 675-696.

BUDÉ L, et al. 2011.The effect of distributed practice on students' conceptual understanding of statistics [J] .Higher education, 62（1）: 69-79.

BURNS H L, CAPPS C G, 1988.Foundations of intelligent tutoring systems: an introduction[A] //Foundations of Intelligent Tutoring Systems.New York: Psychology Press: 1-19.

BURTON R R, BROWN J S, 1979.An investigation of computer coaching for informal learning activities [J] .International journal of man-machine studies, 11（1）: 5-24.

BUTLER A C, ROEDIGER H L, 2008.Feedback enhances the positive effects and reduces the negative effects of multiple-choice testing [J] .Memory & cognition, 36（3）: 604-616.

BUTLER A C, et al., 2008.Correcting a metacognitive error: feedback increases retention of low-confidence correct responses [J] .Journal of experimental psychology: learning, memory, and cognition, 34（4）: 918-928.

CABADA R Z, et al., 2012.Fermat: merging affective tutoring systems with learning social networks［C］//2012 IEEE 12th International Conference on Advanced Learning Technologies: 337-339.

CALDERÓN J F, et al., 2016.A single-display groupware collaborative language laboratory［J］. Interactive learning environments, 24（4）: 758-783.

CARBONELL J R, 1970.AI in CAI: an artificial-intelligence approach to computer-assisted instruction［J］.IEEE transactions on man-machine systems, 11（4）: 190-202.

CECCHINATO G, 2021.Threaded forums and social annotation in higher education: a comparison in supporting collaborative knowledge construction［C］//International Workshop on Higher Education Learning Methodologies and Technologies Online: 3-15.

CHEN C M, CHEN F Y, 2014.Enhancing digital reading performance with a collaborative reading annotation system［J］.Computers & education, 77: 67-81.

CHEN C, REN J, 2017.Forum latent Dirichlet allocation for user interest discovery［J］. Knowledge-based systems, 126: 1-7.

CHEN C M, et al., 2021.A collaborative reading annotation system with formative assessment and feedback mechanisms to promote digital reading performance［J］.Interactive learning environments, 29（5）: 848-865.

CHEN C M, et al., 2022.The effects of web-based inquiry learning mode with the support of collaborative digital reading annotation system on information literacy instruction［J］. Computers & education, 179: 104428.

CHEN L, et al., 2011.Exploring effective dialogue act sequences in one-on-one computer science tutoring dialogues [C] //Proceedings of the Sixth Workshop on Innovative Use of NLP for Building Educational Applications: 65-75.

CHEN Q, et al., 2020.Personalized course recommendation based on eye-tracking technology and deep learning [C] //2020 IEEE 7th International Conference on Data Science and Advanced Analytics (DSAA): 692-968.

CHEN W, LOOI C K, 2011. Active classroom participation in a Group Scribbles primary science classroom [J]. British journal of educational technology, 42 (4): 676-686.

CHI M, VANLEHN K, 2007. The impact of explicit strategy instruction on problem-solving behaviors across intelligent tutoring systems [C] // Proceedings of the Annual Meeting of the Cognitive Science Society: 167-172.

CHI M, VANLEHN K, 2010.Meta-cognitive strategy instruction in intelligent tutoring systems: how, when, and why [J].Journal of educational technology & society, 13 (1): 25-39.

CHI M, et al., 2011.An evaluation of pedagogical tutorial tactics for a natural language tutoring system: a reinforcement learning approach [J].International journal of artificial intelligence in education, 21 (1-2): 83-113.

CHI M T H, GLASER R, 1985.Problem solving abilities [R].Pittsburgh, PA: Learning Research & Development Center.

CHI M T H, WYLIE R, 2014.The ICAP framework: linking cognitive engagement to active learning outcomes [J].Educational psychologist, 49 (4): 219-243.

CHI M T H, et al., 1989.Self-explanations: how students study and use examples in learning to solve problems [J].Cognitive science, 13 (2): 145-182.

CHI M T H, et al., 1994.Eliciting self-explanations improves understanding [J] .Cognitive science, 18（3）：439-477.

CHI M T H, et al., 2001.Learning from human tutoring [J] .Cognitive science, 25（4）：471-533.

CHI M T H, et al., 2004.Can tutors monitor students' understanding accurately? [J] .Cognition and instruction, 22（3）：363-387.

CHI M T H, et al., 2018.Translating the ICAP theory of cognitive engagement into practice [J] .Cognitive science, 42（6）：1777-1832.

CHIN D B, et al., 2010.Preparing students for future learning with teachable agents [J] .Educational technology research and development, 58（6）：649-669.

CHOI H, et al., 2023.The benefit of reflection prompts for encouraging learning with hints in an online programming course [J] .The internet and higher education, 58：100903.

CICCHETTI D, TUCKER D, 1994.Development and self-regulatory structures of the mind [J] .Development and psychopathology, 6（4）：533-549.

CLARK H H, BRENNAN S E, 1991.Grounding in communication [A] //Perspectives on Socially Shared Cognition.Washington, DC：American Psychological Association.

CLARK I, 2012.Formative assessment：assessment is for self-regulated learning [J] .Educational psychology review, 24（2）：205-249.

CLARKE A J, 2021.Perusall：social learning platform for reading and annotating（perusall LLC, perusall.com）[J] .Journal of political science education, 17（1）：149-154.

CLAYPHAN A, et al., 2016.An in-the-wild study of learning to brainstorm：comparing cards, tabletops and wall displays in the classroom [J] .Interacting with computers, 28（6）：

788-810.

CLOUDE E B, et al., 2020.How do emotions change during learning with an intelligent tutoring system?Metacognitive monitoring and performance with MetaTutor [C] //CogSci: 423-429.

CLOW D, 2013.An overview of learning analytics [J].Teaching in higher education, 18(6): 683-695.

COETZEE D, et al., 2015.Structuring interactions for large-scale synchronous peer learning [C] //Proceedings of the 18th ACM Conference on Computer Supported Cooperative Work & Social Computing: 1139-1152.

CONATI C, VANLEHN K, 2000.Toward computer-based support of meta-cognitive skills: a computational framework to coach self-explanation [J].International journal of artificial intelligence in education, 11: 389-415.

CONN C A, et al., 2022.Expected data literacy knowledge and skills for early career teachers: perspectives from school and district personnel [J]. Teaching and teacher education, 111: 103607.

CORBETT A T, ANDERSON J R, 1994.Knowledge tracing: modeling the acquisition of procedural knowledge [J].User modeling and user-adapted interaction, 4(4): 253-278.

CORE M G, et al., 2003.The role of initiative in tutorial dialogue [C] //10th Conference of the European Chapter of the Association for Computational Linguistics: 67-74.

CRAIG S D, et al., 2004.Constructing knowledge from dialog in an intelligent tutoring system: interactive learning, vicarious learning, and pedagogical agents [J].Journal of educational multimedia and hypermedia, 13(2): 163-183.

CRAIG S D, et al., 2006.The deep-level-reasoning-question effect: the role of dialogue and deep-level-reasoning questions during vicarious learning [J].Cognition and instruction, 24 (4): 565-591.

CRAIG S D, et al., 2009.Incorporating vicarious learning environments with discourse scaffolds into physics classrooms [C] //Proceedings of the 14th International Conference on Artificial Intelligence in Education: 680-682.

CRAIG S D, et al., 2012.Promoting vicarious learning of physics using deep questions with explanations [J].Computers & education, 58 (4): 1042-1048.

CRAIG S D, et al., 2013.The impact of a technology-based mathematics after-school program using ALEKS on student's knowledge and behaviors [J].Computers & education, 68: 495-504.

CROWLEY R S, MEDVEDEVA O, 2006.An intelligent tutoring system for visual classification problem solving [J].Artificial intelligence in medicine, 36 (1): 85-117.

CUKUROVA M, et al., 2022.A learning analytics approach to monitoring the quality of online one-to-one tutoring [J].Journal of learning analytics, 9 (2): 105-120.

DA SILVA JÚNIOR J N, et al., 2021.HSG400: design, implementation, and evaluation of a hybrid board game for aiding chemistry and chemical engineering students in the review of stereochemistry during and after the COVID-19 pandemic [J].Education for chemical engineers, 36: 90-99.

DALIPI F, et al., 2018.MOOC dropout prediction using machine learning techniques: review and research challenges [C] //2018 IEEE Global Engineering Education Conference (EDUCON): 1007-1014.

DAMIANO L, DUMOUCHEL P, 2018.Anthropomorphism in human-robot co-evolution [J]. Frontiers in psychology, 9: 363437.

DAVID H, JAIME S, 2013.CloudCoder: a web-based programming exercise system [J]. Journal of computing sciences in colleges, 28 (3): 30.

DAVIS M H, 1983.Measuring individual differences in empathy: evidence for a multidimensional approach [J].Journal of personality and social psychology, 44 (1): 113-126.

DE CECCO J P, 1968.The psychology of learning and instruction: educational psychology[M]. Englewood Cliffs, N.J.: Prentice-Hall.

DE VICENTE A, 2003. Owards tutoring systems that detect students' motivation: an investigation [D].University of Edinburgh.

DEEB F A, HICKEY T, 2021.Reflective debugging in spinoza V3.0 [C] //Proceedings of the 23rd Australasian Computing Education Conference: 125-130.

DEEB F A, et al., 2019.Using spinoza log data to enhance CS1 pedagogy [C] //Computer Supported Education. CSEDU 2018. Communications in Computer and Information Science: 14-36.

DENNER J, et al., 2014.Pair programming: under what conditions is it advantageous for middle school students? [J].Journal of research on technology in education, 46 (3): 277-296.

DEVLIN J, et al., 2018.Bert: pre-training of deep bidirectional transformers for language understanding [J].arXiv preprint arXiv: 1810.04805.

DIETTERICH T G, 2000.Hierarchical reinforcement learning with the MAXQ value function decomposition [J] .Journal of artificial intelligence research, 13: 227-303.

DILLENBOURG P, 2005.Designing biases that augment socio-cognitive interactions [A] //Barriers and Biases in Computer-Mediated Knowledge Communication.Boston, MA: Springer: 263-264.

DILLENBOURG P, 2013.Design for classroom orchestration [J] .Computers & education, 69: 485-492.

DILLENBOURG P, et al., 2009.The evolution of research on computer-supported collaborative learning: from design to orchestration [A] // Technology-Enhanced Learning.Dordrecht: Springer: 3-19.

DILLENBOURG P, et al., 2018.Classroom orchestration [A] //International Handbook of the Learning Sciences.London, UK: Routledge: 180-190.

D'MELLO S, GRAESSER A C, 2012.Dynamics of affective states during complex learning [J] .Learning and instruction, 22（2）: 145-157.

D'MELLO S, GRAESSER A C, 2013.AutoTutor and affective AutoTutor: learning by talking with cognitively and emotionally intelligent computers that talk back [J] .ACM transactions on interactive intelligent systems (TiiS), 2（4）: 1-39.

D'MELLO S, et al., 2007.Toward an affect-sensitive AutoTutor [J] .IEEE intelligent systems, 22（4）: 53-61.

D'MELLO S, et al., 2008.Automatic detection of learner's affect from conversational cues [J] . User modeling and user-adapted interaction, 18（1-2）: 45-80.

D'MELLO S, et al., 2009.Responding to learners'cognitive-affective states with supportive and shakeup dialogues [C] //Human-Computer Interaction.Ambient, Ubiquitous and

Intelligent Interaction.HCI 2009: 595-604.

D'MELLO S, et al., 2011.A motivationally supportive affect-sensitive AutoTutor [A] //New Perspectives on Affect and Learning Technologies.

D'MELLO S, et al., 2014.Confusion can be beneficial for learning [J] .Learning and instruction, 29: 153-170.

DOERR H M, 1996.Stella ten years later: a review of the literature [J] .International journal of computers for mathematical learning, 1 (2) : 201-224.

DO-LENH S, et al., 2012.TinkerLamp 2.0: designing and evaluating orchestration technologies for the classroom [C] //21st Century Learning for 21st Century Skills.EC-TEL 2012: 65-78.

DRISCOLL D M, et al., 2003.Vicarious learning: effects of overhearing dialog and monologue-like discourse in a virtual tutoring session [J] .Journal of educational computing research, 29 (4) : 431-450.

DUTTON TILLERY A, et al., 2010.General education teachers' perceptions of behavior management and intervention strategies [J] .Journal of positive behavior interventions, 12 (2) : 86-102.

DWECK C S, 2002.Messages that motivate: how praise molds students' beliefs, motivation, and performance (in surprising ways) [A] //Improving Academic Achievement.San Diego: Academic Press: 37-60.

DWECK C S, LEGGETT E L, 1988.A social-cognitive approach to motivation and personality [J] .Psychological review, 95 (2) : 256-273.

ECHEVERRÍA A, et al., 2012.Exploring different technological platforms for supporting co-located collaborative games in the classroom [J] .Computers in human behavior, 28（4）: 1170-1177.

ERENLI K, 2013.The impact of gamification-recommending education scenarios [J] . International journal of emerging technologies in learning, 8（2013）: 15-21.

ERKENS M, et al., 2016.Improving collaborative learning in the classroom: text mining based grouping and representing [J] .International journal of computersupported collaborative learning, 11（4）: 387-415.

ERÜMIT A K, ÇETIN İ, 2020.Design framework of adaptive intelligent tutoring systems [J] . Education and information technologies, 25（5）: 4477-4500.

EVENS M, MICHAEL J, 2006.One-on-one tutoring by humans and computers [M] .New York: Psychology Press.

FENG S, et al., 2021.An integrated observing technic for collaborative learning: the multimodal learning analytics based on the video coding and EEG data mining [C] //2021 IEEE International Conference on Engineering, Technology & Education（TALE）: 1097-1101.

FENG W, et al., 2019.Understanding dropouts in MOOCs [C] //Proceedings of the AAAI Conference on Artificial Intelligence: 517-524.

FESTINGER L, 1962.Cognitive dissonance [J] .Scientific American, 207（4）: 93-106.

FLAVELL J H, 1979.Metacognition and cognitive monitoring: a new area of cognitive-developmental inquiry [J] .American psychologist, 34（10）: 906-911.

FLUCKIGER J, et al., 2010.Formative feedback: involving students as partners in assessment to enhance learning [J] .College teaching, 58（4）: 136-140.

FONG C, SLOTTA J D, 2018.Supporting communities of learners in the elementary classroom: the common knowledge learning environment[J].Instructional science, 46(4): 533-561.

FORBES-RILEY K, et al., 2008.Responding to student uncertainty during computer tutoring: an experimental evaluation [C] //Intelligent Tutoring Systems.ITS 2008: 60-69.

FOX B A, 1993 Discourse structure and anaphora: written and conversational English [M]. Cambridge: Cambridge University Press.

FRASSON C, CHALFOUN P, 2010.Managing learner's affective states in intelligent tutoring systems [A] //Advances in Intelligent Tutoring Systems. Berlin, Heidelberg: Springer: 339-358.

FREEDMAN D H, 2010.Why scientific studies are so often wrong: the streetlight effect [J]. Discover magazine, 26: 1-4.

FUHL W, et al., 2018.Rule-based learning for eye movement type detection [C] //Proceedings of the Workshop on Modeling Cognitive Processes from Multimodal Data: 1-6.

FWA H L, 2018.An architectural design and evaluation of an affective tutoring system for novice programmers [J].International journal of educational technology in higher education, 15 (1): 1-19.

GAO F, 2013.A case study of using a social annotation tool to support collaboratively learning [J].The internet and higher education, 17: 76-83.

GARBARINO M, et al, 2014.Empatica E3: a wearable wireless multi-sensor device for real-time computerized biofeedback and data acquisition [C] //2014 4th International Conference on Wireless Mobile Communication and Healthcare-Transforming Healthcare Through

Innovations in Mobile and Wireless Technologies（MOBIHEALTH）：39-42.

GERARD L F, LINN M C, 2016.Using automated scores of student essays to support teacher guidance in classroom inquiry［J］.Journal of science teacher education, 27（1）：111-129.

GERBIER E, TOPPINO T C, 2015.The effect of distributed practice: neuroscience, cognition, and education［J］.Trends in neuroscience and education, 4（3）：49-59.

GERVET T, et al., 2020.When is deep learning the best approach to knowledge tracing?［J］.Journal of educational data mining, 12（3）：31-54.

GHOLSON B, et al., 2009.Exploring the deep-level reasoning questions effect during vicarious learning among eighth to eleventh graders in the domains of computer literacy and Newtonian physics［J］.Instructional science, 37（5）：487-493.

GILLANI N, EYNON R, 2014.Communication patterns in massively open online courses［J］.The internet and higher education, 23：18-26.

GIMPEL H, et al., 2023.Unlocking the power of generative AI models and systems such as GPT-4 and ChatGPT for higher education: a guide for students and lecturers［R］.Hohenheim Discussion Papers in Business, Economics and Social Sciences.

GOBERT J D, et al., 2015.Operationalizing and detecting disengagement within online science microworlds［J］.Educational psychologist, 50（1）：43-57.

GOLDMAN S R, et al., 2022.Collaborative design as a context for teacher and researcher learning: introduction to the special issue［J］.Cognition and instruction, 40（1）：1-6.

GOMBERT S, et al., 2023.Coding energy knowledge in constructed responses with explainable NLP models［J］.Journal of computer assisted learning, 39（3）：767-786.

GOMEZ K, et al., 2018.Participatory design and the learning sciences [A] //International Handbook of the Learning Sciences.New York and London: Routledge: 401-409.

GOMOLL A, et al., 2022.Co-constructing professional vision: teacher and researcher learning in co-design [J] .Cognition and instruction, 40 (1) : 7-26.

GONG Y, et al., 2011.How to construct more accurate student models: comparing and optimizing knowledge tracing and performance factor analysis [J] .International journal of artificial intelligence in education, 21 (1-2) : 27-46.

GOODYEAR V A, CASEY A, 2015.Innovation with change: developing a community of practice to help teachers move beyond the 'honeymoon' of pedagogical renovation [J] . Physical education and sport pedagogy, 20 (2) : 186-203.

GRAESSER A C, et al., 1995.Collaborative dialogue patterns in naturalistic one-to-one tutoring [J] .Applied cognitive psychology, 9 (6) : 495-522.

GRAESSER A C, et al., 2001.Intelligent tutoring systems with conversational dialogue [J] . AI magazine, 22 (4) : 39-51.

GRAESSER A C, et al., 2004.AutoTutor: a tutor with dialogue in natural language [J] . Behavior research methods, instruments, & computers, 36 (2) : 180-192.

GRAESSER A C, et al., 2007.AutoTutor holds conversations with learners that are responsive to their cognitive and emotional states [J] .Educational technology, 47 (1) : 19-23.

GRAESSER A C, 2016.Conversations with AutoTutor help students learn [J] .International journal of artificial intelligence in education, 26 (1) : 124-132.

GRANDA R X, et al., 2015.Supporting the assessment of collaborative design activities in multi-tabletop classrooms [C] //2015 Asia-Pacific Conference on Computer Aided System

Engineering: 270-275.

GREIFF S, et al., 2014.Domain-general problem solving skills and education in the 21st century [J].Educational research review, 13: 74-83.

HARMON-JONES E, HARMON-JONES C, 2007.Cognitive dissonance theory after 50 years of development [J].Zeitschrift für sozialpsychologie, 38 (1): 7-16.

HARTLEY J R, SLEEMAN D H, 1973.Towards more intelligent teaching systems [J].International journal of man-machine studies, 5 (2): 215-236.

HASHEM K, MIODUSER D, 2011.The contribution of learning by modeling (LbM) to students' understanding of complexity concepts [J].International journal of e-education, e-business, e-management and e-learning, 1 (2): 151-157.

HASSANI K, et al., 2016.Design and implementation of an intelligent virtual environment for improving speaking and listening skills [J].Interactive learning environments, 24 (1): 252-271.

HAYASHI Y, 2019.Detecting collaborative learning through emotions: an investigation using facial expression recognition [C] //Intelligent Tutoring Systems.ITS 2019: 89-98.

HEDRICK W B, et al., 2000.Pre-service teacher learning through one-on-one tutoring: reporting perceptions through e-mail [J].Teaching and teacher education, 16 (1): 47-63.

HERAZ A, FRASSON C, 2007.Predicting the three major dimensions of the learner's emotions from brainwaves [J].International journal of computer and information engineering, 1 (7): 1994-2000.

HERNÁNDEZ-LEO D, et al., 2012.SOS: orchestrating collaborative activities across digital and physical spaces using wearable signaling devices [J] .Journal of universal computer science, 18 (15) : 2165-2186.

HMELO-SILVER C E, et al., 2007.Scaffolding and achievement in problem-based and inquiry learning: a response to Kirschner, Sweller, and Clark (2006) [J] . Educational psychologist, 42 (2) : 99-107.

HOFFMAN D M, et al., 2011.A web-based generation and delivery system for active code reading [C] //Proceedings of the 42nd ACM Technical Symposium on Computer Science Education: 483-488.

HOFFMAN D D, 2016.Considering the crossroads of distance education: the experiences of instructors as they transitioned to online or blended courses [D] .Utah State University.

HOFFMANN J D, et al., 2020.Teaching emotion regulation in schools: translating research into practice with the RULER approach to social and emotional learning [J] .Emotion, 20 (1) : 105-109.

HOGAN K, THOMAS D, 2001.Cognitive comparisons of students' systems modeling in ecology [J] .Journal of science education and technology, 10 (4) : 319-345.

HOLSTEIN K, et al., 2018.Student learning benefits of a mixed-reality teacher awareness tool in AI-enhanced classrooms [C] //Artificial Intelligence in Education. AIED 2018: 154-168.

HOLSTEIN K, et al., 2019.Co-designing a real-time classroom orchestration tool to support teacher-AI complementarity [J] .Journal of learning analytics, 6 (2) : 27-52.

HOOSHYAR D, et al., 2016.Applying an online game-based formative assessment in a flowchart-based intelligent tutoring system for improving problem-solving skills [J] . Computers & education, 94: 18-36.

HSIAO I H, et al., 2010.Guiding students to the right questions: adaptive navigation support in an E-Learning system for Java programming [J].Journal of computer assisted learning, 26(4): 270-283.

IBRAHIM M E, et al., 2018.Ontology-based personalized course recommendation framework [J].IEEE access, 7: 5180-5199.

IMRAN A S, et al., 2019.Predicting student dropout in a MOOC: an evaluation of a deep neural network model [C] //Proceedings of the 2019 5th International Conference on Computing and Artificial Intelligence: 190-195.

JAKOŠ F, VERBER D, 2017.Learning basic programing skills with educational games: a case of primary schools in Slovenia [J].Journal of educational computing research, 55(5): 673-698.

JAQUES N, et al., 2014.Predicting affect from gaze data during interaction with an intelligent tutoring system [C] //Intelligent Tutoring Systems.ITS 2014: 29-38.

JÄRVELÄ S, et al., 2021.What multimodal data can tell us about the students' regulation of their learning process? [J].Learning and instruction, 72: 101203.

JIA Y, et al., 2022.A BERT-based pre-training model for solving math application problems [C] //2022 International Conference on Intelligent Education and Intelligent Research (IEIR): 71-77.

JIANG J, et al., 2021.A hierarchical model for interpersonal verbal communication [J].Social cognitive and affective neuroscience, 16(1-2): 246-255.

JOHNSON T E, et al., 2010.Individual and team annotation effects on students' reading comprehension, critical thinking, and meta-cognitive skills [J].Computers in human behavior, 26（6）：1496-1507.

JOPLING M, 2012.1：1 online tuition: a review of the literature from a pedagogical perspective [J] .Journal of computer assisted learning, 28（4）：310-321.

JOYCE-GIBBONS A, 2017.Observe, interact and act: teachers' initiation of mini-plenaries to scaffold small-group collaboration [J] .Technology, pedagogy and education, 26（1）：51-68.

JU S, et al., 2021.Evaluating critical reinforcement learning framework in the field [C] // Artificial Intelligence in Education.AIED: 215-227.

JUROW S, et al., 2019.Re-mediating knowledge infrastructures: a site for innovation in teacher education [J] .Journal of education for teaching, 45（1）：82-96.

JUSLIN P N, et al., 2005.Vocal expression of affect [A] //The New Handbook of Methods in Nonverbal Behavior Research.New York: Oxford University Press: 65-135.

KAKLAUSKAS A, et al., 2015.Affective tutoring system for built environment management [J] .Computers & education, 82: 202-216.

KALIR J H, 2020.Social annotation enabling collaboration for open learning [J] .Distance education, 41（2）：245-260.

KAPUR M, 2008.Productive failure [J] .Cognition and instruction, 26（3）：379-424.

KAPUR M, BIELACZYC K, 2012.Designing for productive failure [J] .Journal of the learning sciences, 21（1）：45-83.

KARPICKE J D, BAUERNSCHMIDT A, 2011.Spaced retrieval: absolute spacing enhances learning regardless of relative spacing [J] .Journal of experimental psychology: learning, memory, and cognition, 37（5）：1250-1257.

KE F, et al., 2016.Teaching training in a mixed-reality integrated learning environment [J]. Computers in human behavior, 62: 212-220.

KELLEY H H, MICHELA J L, 1980.Attribution theory and research [J].Annual review of psychology, 31 (1): 457-501.

KETONEN E E, et al., 2023.Can you feel the excitement? physiological correlates of students' self-reported emotions [J].British journal of educational psychology, 93 (1): 113-129.

KIM J, ANDRÉ E, 2008.Emotion recognition based on physiological changes in music listening [J].IEEE transactions on pattern analysis and machine intelligence, 30 (12): 2067-2083.

KIM S, CHO S, 2017.How a tutor uses gesture for scaffolding: a case study on L2 tutee's writing [J].Discourse processes, 54 (2): 105-123.

KIPPEL G M, 1975.Information feedback, need achievement and retention [J].The journal of educational research, 68 (7): 256-261.

KIRSCHNER P A, et al., 2006.Why minimal guidance during instruction does not work: an analysis of the failure of constructivist, discovery, problem-based, experiential, and inquiry-based teaching [J].Educational psychologist, 41 (2): 75-86.

KLEINMAN E, et al., 2022.Analyzing students' problem-solving sequences: a human-in-the-loop approach [J].Journal of learning analytics, 9 (2): 138-160.

KLOFT M, et al., 2014.Predicting MOOC dropout over weeks using machine learning methods [C]//Proceedings of the EMNLP 2014 Workshop on Analysis of Large Scale Social Interaction in MOOCs: 60-65.

KO M L M, et al., 2022.Making teacher and researcher learning visible: collaborative design as a context for professional growth [J] .Cognition and instruction, 40（1）: 27-54.

KOCHMAR E, et al., 2022.Automated data-driven generation of personalized pedagogical interventions in intelligent tutoring systems [J] .International journal of artificial intelligence in education, 32（2）: 323-349.

KOEDINGER K R, et al., 2010.A quasi-experimental evaluation of an online formative assessment and tutoring system [J] .Journal of educational computing research, 43（4）: 489-510.

KOH E, et al., 2024.Revolutionizing word clouds for teaching and learning with generative artificial intelligence: cases from China and Singapore [J] .IEEE transaction on learning technologies, 17: 1416-1427.

KOLÅS L, 2015.Application of interactive videos in education [C] // 2015 International Conference on Information Technology Based Higher Education and Training (ITHET): 1-6.

KORT B, et al., 2001.An affective model of interplay between emotions and learning: reengineering educational pedagogy-building a learning companion [C] //Proceedings IEEE International Conference on Advanced Learning Technologies: 43-46.

KOUMOUTSAKIS T, et al., 2016.Gesture in instruction: evidence from live and video lessons [J] .Journal of nonverbal behavior, 40（4）: 301-315.

KULHAVY R W, ANDERSON R C, 1972.Delay-retention effect with multiple-choice tests [J] .Journal of educational psychology, 63（5）: 505.

KULKARNI C, et al., 2015.Talkabout: making distance matter with small groups in massive classes [C] //Proceedings of the 18th ACM Conference on Computer Supported Cooperative

Work & Social Computing: 1116-1128.

LACHAND V, et al., 2019.Toccata: supporting classroom orchestration with activity based computing [C] //Proceedings of the ACM on Interactive, Mobile, Wearable and Ubiquitous Technologies: 1-24.

LAI C, et al., 2016.Teacher agency and professional learning in cross-cultural teaching contexts: accounts of Chinese teachers from international schools in Hong Kong [J]. Teaching and teacher education, 54: 12-21.

LANG A, BETSCH T, 2018.Children's neglect of probabilities in decision making with and without feedback [J].Frontiers in psychology, 9: 191.

LATHAM A, et al., 2012.A conversational intelligent tutoring system to automatically predict learning styles [J].Computers & education, 59 (1): 95-109.

LECUN Y, et al., 2015.Deep learning [J].Nature, 521: 436-444.

LEE M C, et al., 2020.Study on emotion recognition and companion Chatbot using deep neural network [J].Multimedia tools and applications, 79: 19629-19657.

LEE U S A, et al., 2022.Equity conjectures: a methodological tool for centering social change in learning and design [J].Cognition and instruction, 40 (1): 77-99.

LEELAWONG K, BISWAS G, 2008.Designing learning by teaching agents: the Betty's Brain system [J].International journal of artificial intelligence in education, 18 (3): 181-208.

STAR S L, 2010.This is not a boundary object: reflections on the origin of a concept [J]. Science, technology, & human values, 35 (5): 601-617.

LI B P, et al., 2021.Evaluation of a practice system supporting distributed practice for novice programming students [J].Journal of pacific rim psychology.

LI K C, WONG B T M, 2021.Features and trends of personalised learning: a review of journal publications from 2001 to 2018 [J].Interactive learning environments, 29（2）: 182-195.

LI S, et al., 2021.Automated detection of cognitive engagement to inform the art of staying engaged in problem-solving [J].Computers & education, 163: 104114.

LIANG Z, et al., 2022.Increased or decreased? interpersonal neural synchronization in group creation [J].NeuroImage, 260: 119448.

LIAO M Y, et al., 2019.Virtual classmates: embodying historical learners' messages as learning companions in a VR classroom through comment mapping [C]//2019 IEEE Conference on Virtual Reality and 3D User Interfaces（VR）: 163-171.

LIAROKAPIS F, et al., 2004.Web3D and augmented reality to support engineering education [J].World transactions on engineering and technology education, 3（1）: 11-14.

LITMAN D, FORBES-RILEY K, 2006.Correlations between dialogue acts and learning in spoken tutoring dialogues [J].Natural language engineering, 12（2）: 161-176.

LITMAN D, et al., 2003.Towards emotion prediction in spoken tutoring dialogues [C]// Companion Volume of the Proceedings of HLT-NAACL 2003-Short Papers: 52-54.

LIU D, et al., 2020.Deep knowledge tracking based on attention mechanism for student performance prediction [C]//2020 IEEE 2nd International Conference on Computer Science and Educational Informatization（CSEI）: 95-98.

LIU S, et al., 2022.Automated detection of emotional and cognitive engagement in MOOC discussions to predict learning achievement [J].Computers & education, 181: 104461.

LÖHNER S, et al., 2003.The effect of external representation on constructing computer models of complex phenomena [J].Instructional science, 31（6）: 395-418.

LONG Y, ALEVEN V, 2013.Supporting students' self-regulated learning with an open learner model in a linear equation tutor [C] //Artificial Intelligence in Education.AIED 2013: 219-228.

LOOI C K, SONG Y, 2013.Orchestration in a networked classroom: where the teacher's real-time enactment matters [J].Computers & education, 69: 510-513.

LOZADA-YÁNEZ R, et al., 2019.Augmented reality and MS-Kinect in the learning of basic mathematics: KARMLS case [J].International education studies, 12（9）: 54-69.

MANDEL T, et al., 2014.Offline policy evaluation across representations with applications to educational games [C] //Proceedings of the 13th International Conference on Autonomous Agents and Multiagent Systems（AAMAS 2014）: 1077-1084.

MANDINACH E B, CLINE H F, 1993.Classroom dynamics: implementing a technology-based learning environment [M].New York and London: Routledge.

MANDINACH E B, CLINE H F, 1994.Modeling and simulation in the secondary school curriculum: the impact on teachers [J].Interactive learning environments, 4（3）: 271-289.

MARISSA K L, 2021.Using an online social annotation tool in a content-based instruction（CBI）classroom [J].International journal of TESOL studies, 3（2）: 5-23.

MARSHALL S P, et al., 1989.Story problem solver: a schema-based system of instruction [R].San Diego, CA: San Diego State Univ., CA.Center for Research in Mathematics and Science Education.

MARTINEZ-MALDONADO R, 2019.A handheld classroom dashboard: teachers' perspectives on the use of real-time collaborative learning analytics [J] .International journal of computer-supported collaborative learning, 14: 383-411.

MARTINEZ-MALDONADO R, et al., 2012.Orchestrating a multi-tabletop classroom: from activity design to enactment and reflection [C] //Proceedings of the 2012 ACM International Conference on Interactive Tabletops and Surfaces: 119-128.

MARTINEZ-MALDONADO R, et al., 2014.MTFeedback: providing notifications to enhance teacher awareness of small group work in the classroom [J] .IEEE transactions on learning technologies, 8(2): 187-200.

MATHAN S, 2003.Recasting the feedback debate: benefits of tutoring error detection and correction skills [D] .Carnegie Mellon University.

MATHAN S A, KOEDINGER K R, 2002.An empirical assessment of comprehension fostering features in an intelligent tutoring system [C] //Intelligent Tutoring Systems.ITS 2002: 330-343.

MATSUDA N, et al., 2005.Applying programming by demonstration in an intelligent authoring tool for cognitive tutors [C] //AAAI Workshop on Human Comprehensible Machine Learning: 1-8.

MATSUDA N, et al., 2007.Predicting students' performance with SimStudent: learning cognitive skills from observation [J] Frontiers in artificial intelligence and applications, 158: 467.

MATSUDA N, et al., 2013.Cognitive anatomy of tutor learning: lessons learned with SimStudent [J] .Journal of educational psychology, 105(4): 1152-1163.

MATSUDA N, et al., 2015.Teaching the teacher: tutoring SimStudent leads to more effective cognitive tutor authoring［J］.International journal of artificial intelligence in education, 25（1）: 1-34.

MAVRIDIS A, TSIATSOS T, 2017.Game-based assessment: investigating the impact on test anxiety and exam performance［J］.Journal of computer assisted learning, 33（2）: 137-150.

MCGRATH A, 2020.Bringing cognitive dissonance theory into the scholarship of teaching and learning: topics and questions in need of investigation［J］.Scholarship of teaching and learning in psychology, 6（1）: 84-90.

MENDENHALL A, JOHNSON T E, 2010.Fostering the development of critical thinking skills, and reading comprehension of undergraduates using a Web2.0 tool coupled with a learning system［J］.Interactive learning environments, 18（3）: 263-276.

MERRILL M D, et al., 1992.Teaching concepts: an instructional design guide［M］. Englewood Cuffs, New Jersey: Educational Technology Publications.

METCALF S J, et al., 2000.Model-It: a design retrospective［A］//Innovations in Science and Mathematics Education.New York and London: Routledge: 77-115.

MILLER D T, ROSS M, 1975.Self-serving biases in the attribution of causality: fact or fiction?［J］.Psychological bulletin, 82（2）: 213-225.

MILLER K, et al., 2018.Use of a social annotation platform for pre-class reading assignments in a flipped introductory physics class［J］.Frontiers in education, 3: 8.

MITCHELL C M, et al., 2012.Recognizing effective and student-adaptive tutor moves in task-oriented tutorial dialogue［C］//Proceedings of the Twenty-Fifth InternationalFlorida Artificial Intelligence Research Society Conference: 450-455.

MORIDIS C N, ECONOMIDES A A, 2012.Affective learning: empathetic agents with emotional facial and tone of voice expressions [J] .IEEE transactions on affective computing, 3 (3) : 260-272.

MUBARAK A A, et al., 2022.Prediction of students' early dropout based on their interaction logs in online learning environment [J] .Interactive learning environments, 30 (8) : 1414-1433.

MULDER Y G, et al., 2012.Validating and optimizing the effects of model progression in simulation-based inquiry learning [J] .Journal of science education and technology, 21 (6) : 722-729.

MULDNER K, et al., 2011.An analysis of students' gaming behaviors in an intelligent tutoring system: predictors and impacts [J] .User modeling and user-adapted interaction, 21 (1-2) : 99-135.

MULJANA P S, LUO T, 2019.Factors contributing to student retention in online learning and recommended strategies for improvement: a systematic literature review [J] .Journal of information technology education: research, 18: 19-57.

MURRAY I R, ARNOTT J L, 1993.Toward the simulation of emotion in synthetic speech: a review of the literature on human vocal emotion [J] .The journal of the acoustical society of America, 93 (2) : 1097-1108.

MUSE H, et al., 2023.Pre-training with scientific text improves educational question generation (student abstract) [C] //Proceedings of the AAAI Conference on Artificial Intelligence: 16288-16289.

NA T, et al., 2017.A fill-in-blank problem workbook for Java programming learning assistant system [J] .International journal of web information systems, 13 (2): 140-154.

NATHAN M J, 1998.Knowledge and situational feedback in a learning environment for algebra story problem solving [J] .Interactive learning environments, 5 (1): 135-159.

NIETO-ESCAMEZ F A, ROLDÁN-TAPIA M D, 2021.Gamification as online teaching strategy during COVID-19: a mini-review [J] .Frontiers in psychology, 12: 648552.

NIRAMITRANON J, et al., 2010.Orchestrating learning in a one-to-one technology classroom [A] //New Science of Learning.New York: Springer: 451-467.

NOROOZI F, et al., 2017.Vocal-based emotion recognition using random forests and decision tree [J] .International journal of speech technology, 20 (2): 239-246.

NOROOZI O, et al., 2019.Multimodal data to design visual learning analytics for understanding regulation of learning [J] .Computers in human behavior, 100: 298-304.

NYE B D, et al., 2014.AutoTutor and family: a review of 17 years of natural language tutoring [J] .International journal of artificial intelligence in education, 24 (4): 427-469.

OECD, 2014.PISA 2012 results: creative problem solving: students' skills in tackling real-life problems (Volume V) [M] .Paris: OECD Publishing.

OLSEN J K, et al., 2020.Transferring interactive activities in large lectures from face-to-face to online settings [J] .Information and learning sciences, 121 (7/8): 559-567.

OLSEN J K, et al., 2021.Designing for the co-orchestration of social transitions between individual, small-group and whole-class learning in the classroom [J] .International journal of artificial intelligence in education, 31: 24-56.

ONAH D, et al., 2014.Dropout rates of massive open online courses: behavioural patterns [M] . EDULEARN14 proceedings: 5825-5834.

OSTRANDER A, et al., 2020.Evaluation of an intelligent team tutoring system for a collaborative two-person problem: surveillance [J].Computers in human behavior, 104: 105873.

PALEARI M, et al., 2005.Virtual agent for learning environment reacting and interacting emotionally [C] //Proceedings of Workshop on Motivation and Affect in Educational Software at the AIED2005 12th International Conference on Artificial Intelligence in Education: 3-5.

PAMUNGKAS Y, et al., 2021.EEG data analytics to distinguish happy and sad emotions based on statistical features [C] //2021 4th International Seminar on Research of Information Technology and Intelligent Systems (ISRITI): 345-350.

PANDEY S, KARYPIS G, 2019.A self-attentive model for knowledge tracing [J].arXiv preprint arXiv: 1907.06837.

PARDOS Z A, HEFFERNAN N T, 2010.Modeling individualization in a Bayesian networks implementation of knowledge tracing [C] //User Modeling, Adaptation, and Personalization.UMAP 2010: 255-266.

PAVLIK P, et al., 2009.Performance factors analysis: a new alternative to knowledge tracing [C] //Proceedings of the 14th International Conference on Artificial Intelligence in Education: 531-538.

PEECK J, TILLEMA H H, 1978.Delay of feedback and retention of correct and incorrect responses [J].The journal of experimental education, 47 (2): 171-178.

PEKRUN R, et al., 2009.Achievement goals and achievement emotions: testing a model of their joint relations with academic performance [J].Journal of educational psychology,

101（1）：115-135.

PELLEGRINO J W, QUELLMALZ E S, 2010.Perspectives on the integration of technology and assessment［J］.Journal of research on technology in education, 43（2）：119-134.

PENG X, et al., 2016.Mining learners' topic interests in course reviews based on like-LDA model［J］.International journal of innovative computing, information and control, 12（6）：2099-2110.

PENUEL W R, 2019.Co-design as infrastructuring with attention to power: building collective capacity for equitable teaching and learning through design-based implementation research［A］//Collaborative Curriculum Design for Sustainable Innovation and Teacher Learning.Cham, Switzerland: Springer International Publishing: 387-401.

PÉREZ-SANAGUSTÍN M, et al., 2012.Discovering the campus together: a mobile and computer-based learning experience［J］.Journal of network and computer applications, 35（1）：176-188.

PHILIP T M, et al., 2022.Intentionally addressing nested systems of power in schooling through teacher solidarity co-design［J］.Cognition and instruction, 40（1）：55-76.

PHIRI L, et al., 2016.Streamlined orchestration: an orchestration workbench framework for effective teaching［J］.Computers & education, 95：231-238.

PICARD R W, 2000.Affective computing［M］.Cambridge, Massachusetts: MITpress.

PIECH C, et al., 2015.Deep knowledge tracing［C］//Advances in Neural Information Processing Systems: 505-513.

PODOLSKY A, et al., 2019.Does teaching experience increase teacher effectiveness? A review of US research［J］.Journal of professional capital and community, 4（4）：286-308.

PRESSLEY M, AFFLERBACH P, 2012.Verbal protocols of reading: the nature of constructively responsive reading [M] .New York, London: Routledge.

PRICE C B, PRICE-MOHR R, 2019.PhysLab: a 3D virtual physics laboratory of simulated experiments for advanced physics learning [J] .Physics education, 54 (3) : 035006.

PRICE L, et al., 2007.Face-to-face versus online tutoring support in distance education [J] .Studies in higher education, 32 (1) : 1-20.

PRIETO L P, et al., 2011.Orchestrating technology enhanced learning: a literature review and a conceptual framework [J] .International journal of technology enhanced learning, 3 (6) : 583-598.

PRIETO L P, et al., 2014.Supporting orchestration of CSCL scenarios in web-based distributed learning environments [J] .Computers & education, 73: 9-25.

PRIETO L P, et al., 2017.Orchestration load indicators and patterns: in-the-wild studies using mobile eye-tracking [J] .IEEE transactions on learning technologies, 11 (2) : 216-229.

PUNTAMBEKAR S, HUBSCHER R, 2005.Tools for scaffolding students in a complex learning environment: what have we gained and what have we missed? [J] .Educational psychologist, 40 (1) : 1-12.

PUTNAM R T, 1987.Structuring and adjusting content for students: a study of live and simulated tutoring of addition [J] .American educational research journal, 24 (1) : 13-48.

QIU Y, et al., 2011.Does time matter? Modeling the effect of time with Bayesian knowledge tracing [C] //Proceedings of the 4th International Conference on Educational Data Mining: 139-148.

RADENKOVIĆ B L, et al., 2011.Web portal for adaptive e-learning [C] //2011 10th International Conference on Telecommunication in Modern Satellite Cable and Broadcasting Services (TELSIKS): 365-368.

RAU M A, et al., 2009.Intelligent tutoring systems with multiple representations and self-explanation prompts support learning of fractions [C] //Artificial Intelligence in Education: 441-448.

RAYNER K, 2009.The 35th Sir Frederick Bartlett Lecture: eye movements and attention in reading, scene perception, and visual search [J] .Quarterly journal of experimental psychology, 62 (8): 1457-1506.

RAZZAQ L, et al., 2005.The assistment project: blending assessment and assisting [C] // Proceedings of the 12th Annual Conference on Artificial Intelligence in Education: 555-562.

RESNICK M, et al., 2009.Scratch: programming for all [J] .Communications of the ACM, 52 (11): 60-67.

REYNOLDS C, PICARD R, 2004.Affective sensors, privacy, and ethical contracts [C] // CHI' 04 Extended Abstracts on Human Factors in Computing Systems: 1103-1106.

RICHARDSON M, DOMINGOS P, 2006.Markov logic networks [J] .Machine learning, 62 (1-2): 107-136.

ROHRER D, TAYLOR K, 2006.The effects of overlearning and distributed practise on the retention of mathematics knowledge [J] .Applied cognitive psychology: the official journal of the society for applied research in memory and cognition, 20 (9): 1209-1224.

ROLL I, et al., 2006.The help tutor: does metacognitive feedback improve students' help-seeking actions, skills and learning? [C] //Intelligent Tutoring Systems.ITS 2006:

360-369.

ROLL I, et al., 2011.Improving students' help-seeking skills using metacognitive feedback in an intelligent tutoring system [J] .Learning and instruction, 21 (2) : 267-280.

ROSCHELLE J, et al., 2016.Online mathematics homework increases student achievement[J]. AERA open, 2 (4) : 1–12.

ROSÉ C P, et al., 2001.A comparative evaluation of socratic versus didactic tutoring [C] // Proceedings of the Annual Meeting of the Cognitive Science Society: 869–874.

ROY M, CHI M T H, 2005.The self-explanation principle in multimedia learning [A] // The Cambridge Handbook of Multimedia Learning.Cambridge: Cambridge University Press: 271–286.

RUSSELL S J, NORVIG P, 2010.Artificial intelligence: a modern approach [M]. Hoboken, NJ: Pearson Education.

SABOURIN J, et al., 2011.Modeling learner affect with theoretically grounded dynamic Bayesian networks [C] //Affective Computing and Intelligent Interaction.ACII 2011: 286–295.

SALVADOR-HERRANZ G, et al., 2013.Management of distributed collaborative learning environments based on a concept map paradigm and natural interfaces [C] //2013 IEEE Frontiers in Education Conference (FIE): 1486–1491.

SAMUEL R D, et al., 2011. A study of a social annotation modeling learning system [J]. Journal of educational computing research, 45 (1) : 117–137.

SARRAFZADEH A, et al., 2008. "How do you know that I don't understand?" a look at the future of intelligent tutoring systems [J] .Computers in human behavior, 24 (4) :

1342-1363.

SCHECKER H, 1993.Learning physics by making models [J] .Physics education, 28（2）: 102-106.

SCHERER R, et al., 2020.All the same or different?Revisiting measures of teachers' technology acceptance [J] .Computers & education, 143: 103656.

SCHROTH M L, 1992.The effects of delay of feedback on a delayed concept formation transfer task [J] .Contemporary educational psychology, 17（1）: 78-82.

SCHWAB D, RAY S, 2017.Offline reinforcement learning with task hierarchies [J] .Machine learning, 106: 1569-1598.

SCHWARZ B B, et al., 2018.Orchestrating the emergence of conceptual learning: a case study in a geometry class [J] .International journal of computer-supported collaborative learning, 13: 189-211.

SCHWARZ B B, et al., 2021.Collaborative learning in mathematics classrooms: can teachers understand progress of concurrent collaborating groups? [J] .Computers & education, 165: 104151.

SCOTT M, 2019.Forming a math crew: supporting beginning teachers to navigate the tensions and contradictions of equity-oriented mathematics teaching [D] .Berkeley: University of California.

SEGEDY J, et al., 2012a.Supporting student learning using conversational agents in a teachable agent environment [C] //The Future of Learning: Proceedings of the 10th International Conference of the Learning Sciences（ICLS 2012）: 251-255.

SEGEDY J R, et al., 2012b.Relating student performance to action outcomes and context in a choice-rich learning environment [C] //Intelligent Tutoring Systems.ITS 2012: 505-510.

SHEN S, CHI M, 2016.Reinforcement learning: the sooner the better, or the later the better? [C] //Proceedings of the 2016 Conference on User Modeling Adaptation and Personalization: 37-44.

SHEN S, et al., 2018.Empirically evaluating the effectiveness of pomdp vs. mdp towards the pedagogical strategies induction [C] //Artificial Intelligence in Education.AIED 2018: 327-331.

SHERMIS M D, et al., 2001.On-line grading of student essays: PEG goes on the World Wide Web [J] .Assessment & evaluation in higher education, 26 (3) : 247-259.

SHIMONI R, et al., 2013.Addressing the needs of diverse distributed students [J] . International review of research in open and distributed learning, 14 (3) : 134-157.

SHUTE V J, 2008.Focus on formative feedback [J] .Review of educational research, 78 (1) : 153-189.

SIDNEY K D, et al., 2005.Integrating affect sensors in an intelligent tutoring system [C] // Affective Interactions: The Computer in the Affective Loop Workshop at IUI 2005: 7-13.

SILER S A, VANLEHN K, 2009.Learning, interactional, and motivational outcomes in one-to-one synchronous computer-mediated versus face-to-face tutoring [J] .International journal of artificial intelligence in education, 19 (1) : 73-102.

SILER S A, VANLEHN K, 2015.Investigating microadaptation in one-to-one human tutoring [J] .The journal of experimental education, 83 (3) : 344-367.

SIMÕES J, et al., 2013.A social gamification framework for a K-6 learning platform [J] . Computers in human behavior, 29 (2) : 345-353.

SKINNER B F, 1958.Teaching machines: from the experimental study of learning come devices which arrange optimal conditions for self-instruction [J].Science, 128 (3330): 969-977.

SLEEMAN D H, 1983.Inferring student models for intelligent computer-aided instruction [A] //Machine Learning.San Mateo, California: Morgan Kaufmann: 483-510.

SOBEL H S, et al., 2011.Spacing effects in real-world classroom vocabulary learning [J]. Applied cognitive psychology, 25 (5): 763-767.

SODERSTROM N C, et al., 2016.The critical importance of retrieval-and spacing-for learning [J].Psychological science, 27 (2): 223-230.

SONG Y, 2018.Improving primary students' collaborative problem solving competency in project-based science learning with productive failure instructional design in a seamless learning environment [J].Educational technology research and development, 66: 979-1008.

SONG Y, LOOI C K, 2012.Linking teacher beliefs, practices and student inquiry-based learning in a CSCL environment: a tale of two teachers [J].International journal of computer-supported collaborative learning, 7 (1): 129-159.

SOTTILARE R A, et al., 2012.The generalized intelligent framework for tutoring (GIFT) [A] //Fundamental Issues in Defense Training and Simulation.

SOTTILARE R A, et al., 2014.Design recommendations for intelligent tutoring systems: volume 2 - instructionalmanagement [M].Orlando, FL: U.S.Army Research Laboratory.

SRIRAM K A, KUMAR S S, 2021.Artificial intelligence: a revolution for smarter systems [C] //Proceedings of the Second International Conference on Information Management and

Machine Intelligence: 385-393.

STAMPER J, et al., 2010.PSLC DataShop: a data analysis service for the learning science community [C] //Intelligent Tutoring Systems.ITS 2010: 455-455.

STRATFORD S J, 1997.A review of computer-based model research in precollege science classrooms [J] .Journal of computers in mathematics and science teaching, 16 (1) : 3-23.

SU S H, et al., 2016.Multi-modal affective computing technology design the interaction between computers and human of intelligent tutoring systems [J] .International journal of online pedagogy and course design, 6 (1) : 13-28.

SULLINS J, et al., 2010.The influence of modality on deep-reasoning questions [J] .International journal of learning technology, 5 (4) : 378-387.

SUTTON R S, BARTO A G, 2018.Reinforcement learning: an introduction [M] .Cambridge, Massachusetts: MIT press.

SWEENEY L B, STERMAN J D, 2000.Bathtub dynamics: initial results of a systems thinking inventory [J] .System dynamics review: the journal of the system dynamics society, 16 (4) : 249-286.

SWIDAN O, et al., 2019.Fostering teachers' understanding of progression of multiple groups towards the orchestration of conceptual learning [J] .Unterrichtswissenschaft, 47 (2) : 159-176.

TABA H, 1963.Learning by discovery: psychological and educational rationale [J] .The elementary school journal, 63 (6) : 308-316.

TADEPALLI P, et al., 2004.Relational reinforcement learning: an overview [C] // Proceedings of the ICML-2004 Workshop on Relational Reinforcement Learning: 1-9.

TANAKA H, et al., 2018.Listening skills assessment through computer agents [C] // Proceedings of the 20th ACM International Conference on Multimodal Interaction: 492-496.

TIMMS M J, 2007.Using Item Response Theory (IRT) to select hints in an ITS [C] //Artificial Intelligence in Education: Building Technology Rich Learning Contexts that Work: 213-221.

TISSENBAUM M, SLOTTA J D, 2019.Supporting classroom orchestration with real-time feedback: a role for teacher dashboards and real-time agents [J].International journal of computer-supported collaborative learning, 14: 325-351.

TSENG S S, YEH H C, 2018.Integrating reciprocal teaching in an online environment with an annotation feature to enhance low-achieving students' English reading comprehension [J]. Interactive learning environments, 26 (6): 789-802.

TU C H, 2000.On-line learning migration: from social learning theory to social presence theory in a CMC environment [J].Journal of network and computer applications, 23 (1): 27-37.

TYNG C M, et al., 2017.The influences of emotion on learning and memory [J].Frontiers in psychology, 8: 235933.

UM E, et al., 2012.Emotional design in multimedia learning [J].Journal of educational psychology, 104 (2): 485-498.

VAIL A K, BOYER K E, 2014.Identifying effective moves in tutoring: on the refinement of dialogue act annotation schemes [C] //Intelligent Tutoring Systems.ITS 2014: 199-209.

VAIRINHOS V M, et al., 2022.Framework for classroom student grading with open-ended questions: a text-mining approach [J].Mathematics, 10 (21): 4152.

VAN DER KLEIJ F M, et al., 2015.Effects of feedback in a computer-based learning environment on students' learning outcomes: a meta-analysis [J].Review of educational research, 85 (4): 475-511.

VAN SOMEREN M, et al., 1994.The think aloud method: a practical approach to modelling cognitive [M].London: Academic Press.

VANLEHN K, 2006.The behavior of tutoring systems [J].International journal of artificial intelligence in education, 16 (3): 227-265.

VANLEHN K, 2011.The relative effectiveness of human tutoring, intelligent tutoring systems, and other tutoring systems [J].Educational psychologist, 46 (4): 197-221.

VANLEHN K, 2013.Model construction as a learning activity: a design space and review [J]. Interactive learning environments, 21 (4): 371-413.

VANLEHN K, 2016.Regulative loops, step loops and task loops [J].International journal of artificial intelligence in education, 26 (1): 107-112.

VANLEHN K, et al., 2004.Implicit versus explicit learning of strategies in a nonprocedural cognitive skill [C] //Intelligent Tutoring Systems.ITS 2004: 521-530.

VANLEHN K, et al., 2005.The Andes physics tutoring system: lessons learned [J]. International journal of artificial intelligence in education, 15 (3): 147-204.

VANLEHN K, et al., 2007.When are tutorial dialogues more effective than reading? [J]. Cognitive science, 31 (1): 3-62.

VANLEHN K, et al., 2011.The level up procedure: how to measure learning gains without pre-and post-testing [C] //Proceedings of the 19th International Conference on Computers in Education: 96-100.

VANLEHN K, et al., 2016.Can a non-cognitive learning companion increase the effectiveness of a meta-cognitive learning strategy? [J] .IEEE transactions on learning technologies, 10 (3): 277-289.

VANLEHN K, et al., 2021.Can an orchestration system increase collaborative, productive struggle in teaching-by-eliciting classrooms? [J] .Interactive learning environments, 29 (6): 987-1005.

VELETSIANOS G, HOULDEN S, 2019.An analysis of flexible learning and flexibility over the last 40 years of distance education [J] .Distance education, 40 (4): 454-468.

VIE J J, KASHIMA H, 2019.Knowledge tracing machines: factorization machines for knowledge tracing [C] //Proceedings of the AAAI Conference on Artificial Intelligence: 50-757.

VU T M H, TCHOUNIKINE P, 2021.Supporting teacher scripting with an ontological model of task-technique content knowledge [J] .Computers & education, 163: 104098.

WALTON G M, et al., 2012.Mere belonging: the power of social connections [J] .Journal of personality and social psychology, 102 (3): 513-532.

WAMBSGANSS T, et al., 2021.ArgueTutor: an adaptive dialog-based learning system for argumentation skills [C] //Proceedings of the 2021 CHI Conference on Human Factors in Computing Systems: 1-13.

WANG C H, LIN H C K, 2018.Constructing an affective tutoring system for designing course learning and evaluation [J] .Journal of educational computing research, 55 (8): 1111-1128.

WANG P, et al., 2017.Interactive narrative personalization with deep reinforcement learning [C] //Proceedings of the Twenty-Sixth International Joint Conference on Artificial Intelligence: 3852-3858.

WANG X, et al., 2015.Investigating how student's cognitive behavior in MOOC discussion forums affect learning gains [C] //Proceedings of the 8th International Conference on Educational Data Mining: 226-233.

WEINER B, 2012.An attributional theory of motivation and emotion [M].New York: Springer Science & Business Media.

WEN Y, 2019.An augmented paper game with socio-cognitive support [J].IEEE transactions on learning technologies, 13 (2): 259-268.

WERBOS P, 1974.Beyond regression: new tools for prediction and analysis in the behavioral sciences [D].Harvard University.

WESTERFIELD G, et al., 2015.Intelligent augmented reality training for motherboard assembly [J].International journal of artificial intelligence in education, 25 (1): 157-172.

WETZEL J, et al., 2017.The design and development of the dragoon intelligent tutoring system for model construction: lessons learned [J].Interactive learning environments, 25 (3): 361-381.

WHEELER J L, REGIAN J W, 1999.The use of a cognitive tutoring system in the improvement of the abstract reasoning component of word problem solving [J].Computers in human behavior, 15 (2): 243-254.

WILLIAMS J J, et al., 2016.Axis: generating explanations at scale with learnersourcing and machine learning [C] //Proceedings of the Third (2016) ACM Conference on Learning@

Scale: 379-388.

WITTWER J, et al., 2010.Can tutors be supported in giving effective explanations?[J]. Journal of educational psychology, 102(1): 74-89.

WOO C W, et al., 2006.An intelligent tutoring system that generates a natural language dialogue using dynamic multi-level planning[J].Artificial intelligence in medicine, 38(1): 25-46.

WOOD D, et al., 1976.The role of tutoring in problem solving[J].Journal of child psychology and psychiatry, 17(2): 89-100.

WU C H, et al., 2016.Review of affective computing in education/learning: trends and challenges[J].British journal of educational technology, 47(6): 1304-1323.

WU C H, et al., 2022.Affective mobile language tutoring system for supporting language learning[J].Frontiers in psychology, 13: 833327.

XU G, et al., 2021.Personalized course recommendation system fusing with knowledge graph and collaborative filtering[J].Computational intelligence and neuroscience, 2021: 1-8.

XUE G, et al., 2013.Complementary role of frontoparietal activity and cortical pattern similarity in successful episodic memory encoding[J].Cerebral cortex, 23(7): 1562-1571.

YANG T C, et al., 2015.A two-tier test-based approach to improving students' computer-programming skills in a web-based learning environment[J].Journal of educational technology & society, 18(1): 198-210.

YANG W, et al., 2019.A distributed case-and project-based learning to design 3D lab on electronic engineering education[J].Computer applications in engineering education, 27(2): 430-451.

YEH H C, et al., 2017.The use of online annotations in reading instruction and its impact on students' reading progress and processes [J] .ReCALL, 29（1）: 22-38.

ZAKHAROV K, 2007.Affect recognition and support in intelligent tutoring systems [D] . New Zealand: University of Canterbury.

ZARAZA R, FISHER D, 1993.Introducing system dynamics into the traditional secondary curriculum: the CC-Stadus project's search for leverage points [J] .The creative learning exchange, 7（1）: 3.

ZARAZA R, FISHER D M, 1999.Training system modelers: the NSF CC-STADUS and CC-SUSTAIN projects [A] //Modeling and Simulation in Science and Mathematics Education. Modeling Dynamic Systems.New York: Springer: 38-69.

ZARRA T, et al., 2018.Student interactions in online discussion forums: visual analysis with LDA topic models [C] //Proceedings of the International Conference on Learning and Optimization Algorithms: Theory and Applications: 1-5.

ZENG L, et al., 2012.Business intelligence in enterprise computing environment [J] . Information technology and management, 13（4）: 297-310.

ZHANG D, et al., 2006.Instructional video in e-learning: assessing the impact of interactive video on learning effectiveness [J] .Information & management, 43（1）: 15-27.

ZHANG L, VANLEHN K, 2016.How do machine-generated questions compare to human-generated questions? [J] .Research and practice in technology enhanced learning, 11（1）: 1-28.

ZHANG L, et al., 2014.Evaluation of a meta-tutor for constructing models of dynamic systems [J] .Computers & education, 75: 196-217.

ZHANG L, et al., 2019.Can fragmentation learning promote students' deep learning in C programming?[C]//Foundations and Trends in Smart Learning: 51-60.

ZHANG L, et al., 2020.Does a distributed practice strategy for multiple choice questions help novices learn programming?[J].International Journal of Emerging Technologies in Learning (iJET), 15(18): 234-250.

ZHANG L, et al., 2021.Evaluation of a student-centered online one-to-one tutoring system[J]. Interactive learning environments, 31(7): 4251-4269.

ZHANG L, et al., 2022.Higher education-oriented recommendation algorithm for personalized learning resource[J].International journal of emerging technologies in learning (online), 17(16): 4-20.

ZHANG L, et al., 2024.How well can tutoring audio be auto-classified and machine explained with XAI: a comparison of three types of methods[J].IEEE transactions on learning technologies, 17: 1302-1312.

ZHAO G, et al., 2021.A lightweight mobile outdoor augmented reality method using deep learning and knowledge modeling for scene perception to improve learning experience[J]. International journal of human-computer interaction, 37(9): 884-901.

ZHENG L, et al., 2020.Affiliative bonding between teachers and students through interpersonal synchronisation in brain activity[J].Social cognitive and affective neuroscience, 15(1): 97-109.

ZHOU G, et al., 2019.Hierarchical reinforcement learning for pedagogical policy induction [C]//Artificial Intelligence in Education.AIED 2019: 544-556.

ZHU X, et al., 2020.Reading and connecting: using social annotation in online classes[J].

Information and learning sciences, 121（5/6）: 261-271.

ZINGARO D, et al., 2013.Facilitating code-writing in PI classes [C] //Proceeding of the 44th ACM Technical Symposium on ComputerScience Education: 585-590.

ZUCKERMAN M, 1979.Attribution of success and failure revisited, or: the motivational bias is alive and well in attribution theory [J].Journal of personality, 47（2）: 245-287.